W0320194

vegane Suppen
MIT WOCHEN-
PLAN

SUPPEN DETOX

Das Kochbuch

KÖSTLICHE SUPPEN
FÜR EINEN RUNDUM
GESUNDEN KÖRPER

VON US-DETOX-PÄPSTIN
Nicole Centeno

BOOKS4SUCCESS

Die Rezepte und Anleitungen in diesem Buch sind keine medizinischen Empfehlungen. Sollten Sie diesbezüglich Fragen haben, konsultieren Sie bitte Ihren Arzt.

Die Originalausgabe erschien unter dem Titel
The Soup Cleanse Cookbook by Nicole Centeno
ISBN 978-1-62336-731-2

Copyright der Originalausgabe 2016:
Copyright © 2016 by Nicole Centeno. All rights reserved. Published by arrangement with RODALE INC., Emmaus, PA, U.S.A.

Copyright der deutschen Ausgabe 2017:
© Börsenmedien AG, Kulmbach

Fotos: Tara Donne
Übersetzung: Birgit Irgang
Gestaltung Cover: Johanna Wack
Gestaltung, Satz und Herstellung: Martina Köhler
Lektorat: Karla Seedorf
Druck: Florjančič Tisk d.o.o., Slowenien

ISBN 978-3-86470-424-6

Alle Rechte der Verbreitung, auch die des auszugsweisen Nachdrucks, der fotomechanischen Wiedergabe und der Verwertung durch Datenbanken oder ähnliche Einrichtungen vorbehalten.

Bibliografische Information der Deutschen Nationalbibliothek:
Die Deutsche Nationalbibliothek verzeichnet diese Publikation in der Deutschen Nationalbibliografie; detaillierte bibliografische Daten sind im Internet über <http://dnb.d-nb.de> abrufbar.

BÖRSEN MEDIEN
AKTIENGESELLSCHAFT

Postfach 1449 · 95305 Kulmbach
Tel: +49 9221 9051-0 · Fax: +49 9221 9051-4444
E-Mail: buecher@boersenmedien.de
www.books4success.de
www.facebook.com/books4success

Für Mama

Inhalt

Einleitung

„HOBIE, HÖR BITTE AUF ZU BELLEN.“, bat ich. In meiner Wohnung in Brooklyn ertönte die Klingel und brachte meinen ängstlichen Hund in Rage. Auch mein zwei Monate alter Sohn begann zu weinen, nachdem er soeben mit zwei Bäuerchen eine Menge Muttermilch auf sich selbst und auf mir verteilt hatte. „Stimmt mit mir irgendetwas nicht?“, fragte ich mich, als ich damit kämpfte, mein schreiendes Baby zu halten, den Wasserhahn aufzudrehen und meine in Milch gebadete Hose auszuziehen. Und dann übergab sich auch noch Hobie, vermutlich weil er solche Angst hatte. Mit einem Bein in der Yogahose begab ich mich wie ein Zombie in die Küche, um ein Geschirrtuch zu holen. Bis dahin hatte ich mich immer vehement gegen Küchenpapier gewehrt. Keine Papierverschwendung, wenn ich doch auch wiederverwendbare Geschirrtücher nutzen konnte! Doch ein realistischerer Teil meiner Person schien sich über mich lustig zu machen: Dir werd ich's zeigen! Ich versuchte, mir zu merken, dass ich Küchenrolle kaufen wollte. Ich konnte den Schweiß im Nacken spüren, die stressbedingten Verspannungen in meinen Schultern und das Gewicht meines Neugeborenen. Als Nächstes würden mir die Tränen kommen. Es ging jetzt ums Überleben. Reiß dich zusammen, sagte ich mir.

Einfach einen Fuß vor den anderen setzen und dann konzentrierst du dich darauf, dich und dein Baby zu waschen. Alles halb so wild – Erbrochenes ist nicht das Ende der Welt! Wirf ein Handtuch auf die Hundekotze und kümmere dich zuerst um das Erbrochene des Babys. Also das Kind ausziehen. Dann klingelte das Telefon. Das nackte Baby protestierte. Es war mein Küchenproduktionsleiter, ich musste also drangehen. „Hallo?“ Das Baby in ein Handtuch wickeln, damit ihm nicht zu kalt wurde. „Tut mir leid, Grover weint gerade. Was gibt's?“, fragte ich. „Was?! Welche Temperatur hat die Suppe?“ Jemand hatte die Tür zum Kühlraum offen gelassen, in dem meine Suppe aufbewahrt wurde und auf die Auslieferung an meinen größten und wichtigsten Kunden wartete. In der brütenden Julihitze war die Temperatur der Suppe auf 21 Grad angestiegen. Anders ausgedrückt: Sie war verdorben. Mir kamen die Tränen. Da klingelte es erneut an der Tür. Es war meine Mama. Oh, meine *Mama* stand vor der Tür. Was für ein Glück, dass ich sie gebeten hatte, rüberzukommen. Wie hatte ich das bloß vergessen können?

Das war der Tag, an dem über 500 Liter Spargelsuppe schlecht wurden. Kaum 24 Stunden zuvor waren rund 1.000 Kilo Spargel aus regionalem Anbau von einem Bauernhof in Familienbesitz aus Long Island angekommen (in von Hand gestempelten Holzkisten). Die knackigen, grünen Stangen waren von Hand geputzt, dann blanchiert und in ein Eisbad getaucht worden, bevor sie in der Suppe landeten. Mein Zweierteam hatte aus den holzigen Spargelstrünken Spargelbrühe gekocht, um sicherzustellen, dass wir auch noch die letzten Nährstoffe und Geschmacksmoleküle für unsere Suppe nutzen konnten. Von einer Kiste Zitronen hatten wir die Schale abgerieben und von Hand den Saft ausgepresst. Der Zitronensaft mit Fruchtfleisch wurde nach und nach hineingegossen, um das grüne Aroma des Spargels, die Salzigkeit und den intensiven Geschmack des Olivenöls auszubalancieren. So war ein kräftiges, lebensspendendes Cremesüppchen entstanden, das satt machte und erfrischend schmeckte. Und nun war dieses Zweierteam damit beschäftigt, alle von Hand beschrifteten Gefäße zu öffnen und ihren Inhalt in den Ausguss zu schütten. Wenn ich meinem wichtigen Kunden gegenüber das Gesicht wahren wollte, musste ich mir etwas einfallen lassen, um die ganze Lieferung zu erneuern, die er in wenigen Stunden erhalten sollte.

Die Zeit vergeht so schnell. Innerhalb von nur vier Jahren hatte ich eine Kochschule besucht, ein Geschäft eröffnet, mein erstes Kind bekommen, ein prosperierendes Unternehmen geleitet, mein zweites wunderschönes Baby bekommen und die wechselnde Dynamik einer wachsenden Familie kennengelernt. Trotzdem gibt es eine immer länger werdende Liste von Dingen, die ich öfter tun möchte: mehr lesen, mehr laufen gehen, mehr meditieren, mehr Konzerte besuchen, mehr Zeit mit meinen Freunden verbringen – und öfter baden! Ein ähnliches Phänomen habe ich bei meinen Freundinnen und den Kunden von „Splendid Spoon" wahrgenommen. Wir sagen immer öfter Ja. Ja zur Arbeit. Ja zur Familie. Ja zum guten Essen. Ja zu allem, was unsere Sinne anspricht, unsere Neugier weckt und zu einer stärkeren Verbindung mit der Welt führt. Das ist möglich, aber manchmal vergessen wir, wie wichtig Einfachheit ist.

Bevor ich das „Splendid Spoon" eröffnete, hatte ich eine lächerlich naive Vorstellung davon, was Vereinfachung bedeutet: Ich zeichnete Mengendiagramme. Ich dachte, ich könne eine Schnittmenge für all meine Jas und eine Lösung finden.
Wie das Herzstück meines perfekt organisierten, hoch produktiven Lebens wäre diese Schnittmenge meine Antwort. Mein Diagramm sah ungefähr aus wie die unten stehende Abbildung.

Die reine Dummheit dieses Mengendiagramms ist so peinlich, dass es schon wieder lustig ist. Meine Antwort war also tatsächlich, ein Unternehmen zu gründen? Lassen Sie es sich von meiner mit Milch und Suppe durchtränkten Hose gesagt sein, liebe Freunde: Wenn Einfachheit die allerwichtigste Lektion überhaupt ist, dann sollten Sie einen Schritt nach dem anderen gehen.

Es gab viel emotionsgeladenes Hin und Her, als ich versuchte, diese Diagrammphilosophie zu optimieren, um sie dann schließlich doch aufzugeben. Die Geschichte mit der Spargelsuppe hatte gezeigt, dass ich meine richtige Schnittmenge nicht

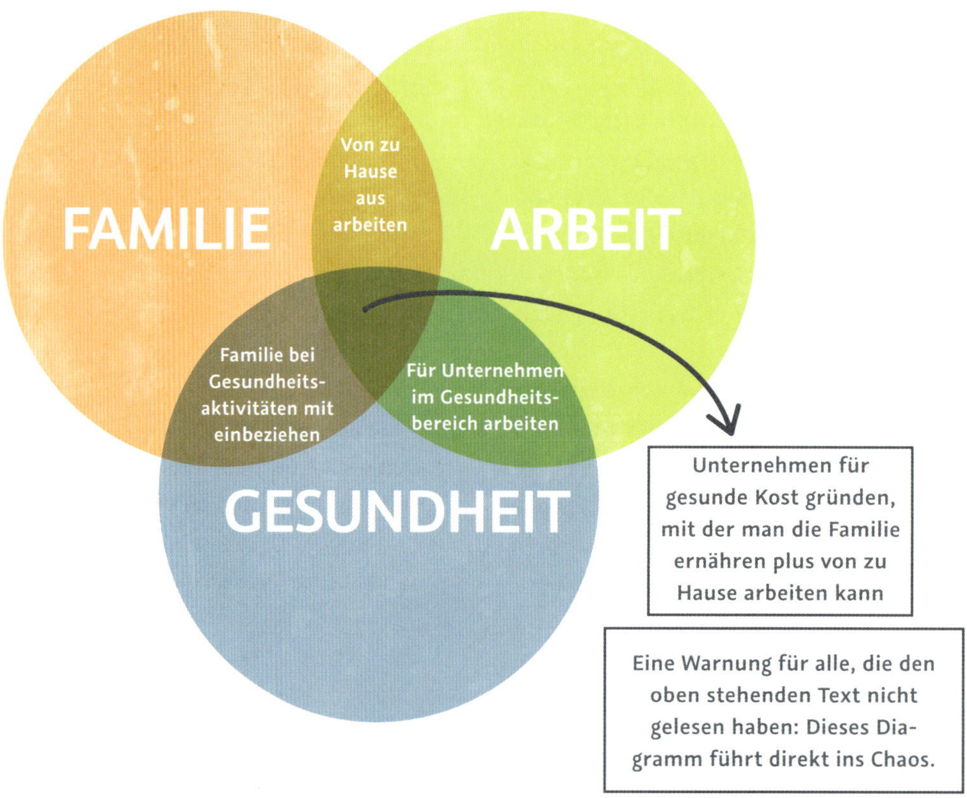

gefunden hatte; ich hatte ein Loch in das Herzstück meines schönen, kleinen Diagramms gebrannt. Es waren nicht nur meine Wimpern versengt – mein ganzes Haar stand in Flammen. So geht es uns allen. Wir haben eine Tendenz dazu, uns für Projekte und Beziehungen zu begeistern und hart dafür zu arbeiten, wobei wir ihnen häufig eine höhere Priorität einräumen als unseren eigenen Bedürfnissen. So erging es auch mir: Ich war so aufgeregt aufgrund meiner neuen Rollen als Mama und Geschäftsführerin, dass ich einen wichtigen Teil meiner Person vergessen hatte – und zwar jenen, der sich für das einsetzt, was ich selbst brauche. Das war der Teil, der davon überzeugt war, dass Yoga und Meditation ebenso wichtig sind wie wöchentliche Teambesprechungen. Der Teil von mir, der sagt: „Mach mal langsam, du triffst bessere Entscheidungen, wenn du einmal darüber geschlafen hast." Ich wollte eine Super-Mama und eine erfolgreiche Geschäftsführerin sein, doch ich hatte vergessen, dass ich nur dann für andere Leute toll sein konnte, wenn ich zuallererst für mich selbst toll war.

Also warf ich mein altes Diagramm in den Mülleimer und versuchte es mit einer einfacheren Version des Ja-Sagens. Statt nach Überschneidungen zwischen all meinen Wünschen und Träumen zu suchen, um auf diese Weise herauszufinden, wie ich alles auf einmal tun konnte, sagte ich zuerst mal Ja zu mir selbst. Ich beschwor eine zukünftige Version meiner selbst herauf, die sagte: „Das hast du verdient, Nicole! Du bist eine starke, kluge und engagierte Frau. Du hast es verdient, mehr Zeit für dich selbst zu haben, damit du deine Ziele erreichen und die Reise genießen kannst, auf der du dich befindest!" Ja zu mir selbst zu sagen war wichtig, doch diese zukünftige Version meiner selbst zu erreichen, erfordert ein wenig mehr Planung. Zu erkennen, wohin man möchte, ist das eine, doch tatsächlich dorthin zu gelangen, ist etwas anderes.

Ich schrieb Begriffe auf, die mein zukünftiges Selbst beschrieben: *gesund, energiegeladen, produktiv, fröhlich, engagiert*. So sahen meine Absichten aus, und das erste Wort sagte eine Menge: *gesund*. Mich um meine Gesundheit zu kümmern, war das Allerwichtigste. Und in der Tat gilt: Du bist, was du isst. Als ich Vollzeit-Unternehmerin wurde und Anfang 2013 „Splendid Spoon" eröffnete, war die Absicht dahinter, während meiner ersten Schwangerschaft mehr Gemüse zu mir zu nehmen. Ich hatte mich darauf konzentriert, eine Menge Suppen auf Pflanzenbasis zu entwickeln, da ich mich im Laufe meiner Schwangerschaft und kurz danach wirklich toll fühlte, wenn ich mich größtenteils vegan ernährte. Ich hatte allerdings keinen Plan rund um diese Suppen entwickelt, doch ich brauchte einen solchen. Es wurde Zeit, meine Gewohnheiten zu überdenken, um die Veränderungen in meinem Leben zu unterstützen. So entstand „Suppen-Detox – Das Kochbuch".

Ich verfügte über alle Bausteine, um auf einfachem Weg zu mehr Wohlbefinden zu gelangen: Ich hatte mich im Rahmen meiner Ausbildung zur Köchin mit dem Stoffwechsel und den Vorteilen alter Diättherapien wie dem Fasten beschäftigt, und ich wusste aus Erfahrung, dass Meditation und Achtsamkeit dazu beitragen würden, dass ich mich an meinen Plan hielt, um meine Ziele zu erreichen. Ich hatte den großen Vorteil, dass mein Umfeld es mir ermöglichte, diesen Ansatz schnell und effektiv umzusetzen – und es funktionierte. Ich kann mit Überzeugung sagen, dass ich in meinem Leben gesund, energiegeladen, produktiv, unglaublich fröhlich und engagiert bin. Es ist nicht immer alles perfekt, doch ich habe einen Sinn für das Gleichgewicht gefunden, und all das hängt mit dem Suppen-Detox-Programm zusammen. Nun kann ich Ihnen davon erzählen, damit auch Sie aufstehen, in den Spiegel blicken und Ja sagen können.

Teil 1

GRUND-LAGEN-WISSEN ÜBER SUPPEN

Kapitel 1

EINE WEITERE ENT SCHLACKU

Ihr Arzt wird das befürworten, wirklich!

NGSKUR?!

EINE ENTSCHLACKUNGSKUR? WIRKLICH? DAS SOLL DIE ANTWORT SEIN?

Das Letzte, was ein engagierter, produktiver Mensch braucht, ist eine komplizierte Diät, die viel Arbeit macht und Ängste auslöst. Häufig ist die einfachste Antwort die richtige – und das ist auch beim Suppen-Detox der Fall. Im Gegensatz zu anderen sogenannten Entschlackungs-, Entgiftungs- oder Detox-Kuren handelt es sich bei meinem Suppen-Detox nicht um eine schnelle Scheinlösung, sondern um eine regelmäßige Routine. Diese kombiniert einen sehr intensiven Neustart mit meinen einfachen Austauschmahlzeiten, um zu hervorragender Gesundheit zu führen, und lässt dabei eine Menge Flexibilität, damit Sie auch andere Dinge außer Suppe essen können (seufz!). Der Suppen-Detox basiert auf dem Prinzip, dass tägliche kleine Veränderungen sehr wirkungsvoll sein können.

Es stimmt: Unser Körper verfügt über wunderbare natürliche Reinigungsmechanismen. Die Leber entfernt Giftstoffe aus unserem Blut und die Nieren filtern das Blut weiter und sorgen dafür, dass diese Giftstoffe richtig ausgeschieden werden. Unter Suppen-Detox verstehe ich eine Möglichkeit, unsere Organe bei ihrer Arbeit zu unterstützen. So können Sie Ihre Zellen mit Energie aus reiner Pflanzennahrung versorgen und mehr Antioxidantien zu sich nehmen, die bei der Bekämpfung von Krankheiten helfen und die Funktion Ihres Blutkreislaufes, des Herzens und des Verdauungssystems verbessern. Es gibt massenweise Studien, die beweisen, wie viel besser unser Körper funktioniert, wenn wir ihn mit mehr Pflanzennahrung versorgen.

Mehr pflanzliche Nahrung zu sich zu nehmen und nur dann zu essen, wenn man wirklich Hunger hat (auch Portionskontrolle genannt), sind wichtige Bestandteile jedes gesunden Lebensstils. Doch dabei scheitern wir häufig aufgrund unserer Umwelt: Versuchungen, Auslöseimpulse und alte Gewohnheiten bringen uns vom Kurs ab und halten uns in einem frustrierenden Kreislauf gefangen, in dem wir zwar wissen, was gut für uns ist, uns aber nicht an unseren Handlungsplan halten. Der Schlüssel zum Erfolg besteht darin, neue Verhaltensmuster zu etablieren, die gesünder sind als die aktuellen – doch Veränderungen sind schwierig. Wir entwickeln neue Muster und behalten sie bei, wenn wir belohnt werden (je schneller die Belohnung erfolgt, umso besser) und wenn die neuen Muster tatsächlich einfacher sind als die alten (wie der SMS-Kontakt mit einer Freundin, statt anzurufen oder Sprachnachrichten zu hinterlassen). Das ist das Wesentliche beim Suppen-Detox. Ich wollte neue Muster kreieren, mit denen ich mich so gut fühlte, dass ich sie für immer durchhalten könnte. Wenn wir mit einem einfacheren Muster eine Belohnung erhalten, ergibt alles einen Sinn. Ich bezeichne das als praktische Umsetzbarkeit.

Suppen sind perfekt geeignet, um neue Muster zu etablieren, da viele von uns positive emotionale Verbindungen zu Suppen haben – zum Beispiel: Ein lieber Mensch serviert uns einen Teller Suppe, nachdem wir den ganzen Tag im Schnee gespielt haben; wir machen es uns mit einer Schale Suppe gemütlich, wenn wir uns krank fühlen; wir bereiten einen Topf Chili für eine Party mit Freunden zu. Suppe verbindet, Suppe heilt und Suppe macht, dass wir uns gut fühlen. Auch aus allerlei mehr oder weniger wissenschaftlichen Gründen ist sie perfekt. Suppe macht bei einer niedrigeren Kaloriendichte länger satt, und da sie in der Regel gekocht ist, beginnt der Verdauungsprozess schon vor Ihrem ersten Löffel, sodass Ihr Körper die Nährstoffe leichter aufnehmen und nutzen kann. Das waren die Hauptgründe, die mich dazu brachten, Suppen zu kochen.

Bevor ich den „Splendid Spoon" gründete, hatte ich ein anderes Suppenunternehmen: „Sea Bean Goods". Das war ein vorübergehend existierendes Cateringprojekt, das ich ins Leben gerufen hatte, während ich einer Vollzeitbeschäftigung in der Werbeabteilung des Verlags Condé Nast nachging. Zweieinhalb Jahre lang kochte ich nebenbei Suppen, um meine Fähigkeiten als professionelle Köchin und Unternehmerin unter Beweis zu stellen. Gegen vier Uhr morgens spritzte ich mir etwas kaltes Wasser ins Gesicht, sprang auf mein Fahrrad und fuhr zu einer Pizzaküche in der Greenpoint Avenue in Brooklyn. Wenn Sie dort in den Jahren 2011 oder 2012 eine meiner Suppen gegessen haben, ist die Chance groß, dass sie in einem kleinen Topf neben einem unglaublich heißen, gemauerten Pizzaofen zubereitet worden ist. Die Arbeit neben diesem Ofen vor einem 8-Stunden-Tag im Büro stellte meinen Eifer auf die Probe, doch meine körperliche Müdigkeit inspirierte einige der erfolgreichsten Aromen des „Splendid Spoon". Suppen wurden mein Trost, meine Energiequelle und meine Stärke. Tatsächlich waren sie die Mahlzeit, zu der ich Zuflucht nahm, wenn ich irgendwann im Laufe dieser 15-Stunden-Tage hundemüde war. Ich trank morgens eine Suppe mit Eiswürfeln, nahm Suppen in Thermosflaschen als heißes Mittagessen mit und genoss eine Schale Suppe als Abendessen. Meinen Kollegen und Freunden gab ich immer etwas ab. Es kam häufig vor, dass ich an einem Tag nichts anderes als Suppen zu mir nahm.

Suppe zu essen, vereinfachte auf diese Weise mein Leben. Ich hätte wohl auch den ganzen Tag lang Croissants gegessen, wenn ich zufällig Croissants hergestellt hätte. Doch zum Glück bekam ich eine gesunde Belohnung für das Suppenessen, sodass ich in dieser Richtung weitermachte. Es gab drei verschiedene Belohnungen: 1.) Man konnte Suppe bequem jederzeit essen, heiß oder kalt. 2.) Sie machte mehrere Stunden lang satt. 3.) Ich hatte mehr Energie und entschied mich auch dann für gemüsereichere Nahrung, wenn ich mal keine Suppe aß. Das war alles positiv, doch ich wusste: Wenn der Suppenverzehr dauerhaft anhalten sollte, mussten die Belohnungen noch größer ausfallen.

Meditation und Achtsamkeit sind ein positiver Bestandteil meines Lebens, seit ich mich als kleines Kind zum ersten Mal mit dem Buddhismus beschäftigt habe. Ich erinnere mich, wie ich bei der RISD (Rhode Island School of Design) eine Buddha-Statue intensiv betrachtete. Ihr Ausdruck war friedlich und zufrieden. Es war so beruhigend, diesen Buddha anzusehen, dass ich noch lange vor ihm stand, als die Gruppe schon weitergezogen war. Ich setzte meine eigene Recherche über Meditation (oder Achtsamkeit, wie sie im Buddhismus oft heißt und wie ich sie auch in diesem Buch nennen werde) und ihre Auswirkungen auf Körper und Seele fort. War das wirklich der Schlüssel zu Frieden und Lebensglück? Vielleicht. Doch was für den Verzehr von Suppen noch wichtiger ist: Die Achtsamkeit liefert eine sofortige Belohnung.

Sich beim Essen Zeit zu nehmen, ist eine Form der Achtsamkeit. Ihr Geist wird in eine Verbindung mit den Aktionen Ihres Körpers gebracht, weil Sie Suppe langsamer zu sich nehmen als ein Sandwich, einen Smoothie oder Nudeln. Ja, natürlich können Sie die Aufnahme aller Speisen und Getränke verlangsamen, doch Suppe hilft Ihnen tatsächlich dabei, das Tempo zu reduzieren, da sie meist warm ist (Pause, pusten, vorsichtig probieren) und flüssig (Löffel füllen, nicht zu voll, ja, genau so, nun langsam anheben, damit die Suppe nicht heruntertropft). Wenn wir uns einige zusätzliche Minuten Zeit nehmen, um unseren Geist durch Achtsamkeit mit unserem Körper zu verbinden, entstehen in unserem Gehirn positive neue Verbindungen. Wir regen Endorphine an. Wir beruhigen den Geist und aktivieren das Belohnungszentrum. Regelmäßige Achtsamkeitsübungen über einen langen Zeitraum haben nachgewiesenermaßen tief greifende Auswirkungen auf unsere Gesundheit und Zufriedenheit, und viele Menschen fühlen sich schon nach nur fünf bis zehn Minuten Achtsamkeitsübungen ruhiger und klarer.

Mein Wochen-Suppenplan kombiniert vier wichtige Elemente miteinander: vegane Ernährung, praktische Durchführbarkeit, Portionskontrolle (Intervallfasten) und Achtsamkeit. Diese vier Grundpfeiler bilden die Grundlage für ein besseres Ich, ein besseres Du, ein tolleres Selbst. (Darauf gehe ich weiter unten genauer ein.)
Die Idee dahinter ist, dass die Suppe den Hauptteil für Sie erledigt, indem sie die vier Elemente miteinander verbindet. Sie müssen also nur noch die Suppenrituale in Ihren Alltag integrieren.

Sind Sie noch unsicher, obwohl Mediziner diese Ernährungsweise gutheißen? Es dürfte Ihnen schwerfallen, einen Arzt zu finden, der nicht mit meiner Philosophie übereinstimmt: Essen Sie mehr Gemüse, kontrollieren Sie die Größe Ihrer Portionen und nehmen Sie kleine Veränderungen vor, die zu Gewohnheiten werden können. Diese Verhaltensweisen sind entscheidend für einen gesünderen Umgang mit Nahrung. Es gibt keine raschen Lösungen, doch manchmal können die nahrhaftesten und einfachsten Optionen Ihr Leben verbessern. So funktioniert mein Suppenansatz. Auch wenn er keine schnellen Lösungen liefert, ist er relativ simpel und verbessert nachweislich Ihre Lebensqualität. Nehmen Sie dieses Buch doch zu Ihrem nächsten Besuch beim Arzt mit und fragen Sie ihn, ob er zustimmt.

Künste und Wissenschaften

Mein Großvater war Chirurg, seine Schwester Kinderärztin, meine Tante arbeitet als Allergologin und auch mein Onkel ist Arzt. Da ich umgeben von Medizinern aufwuchs, wurde in meiner Familie der menschliche Körper schon immer als eine Kombination komplexer Systeme betrachtet; wenn Sie krank sind, bedeutet dies, dass eines der Systeme Hilfe braucht. Ich habe stets die wissenschaftlichen Erklärungen und Lösungsansätze für Krankheiten respektiert. Doch während meine Familie väterlicherseits an die Regeln der westlichen Medizin glaubte, vertraute meine Familie mütterlicherseits eher auf die Kraft von Mutter Natur, um Erkrankungen zu vermeiden und zu lindern. Wenn ich eine Erkältung habe, bietet mir mein Vater bis heute ein abschwellendes Nasenspray an, während meine Mutter einen Tee aus Echinacea, Goldrute und Süßholz aufbrüht und einen Tag Ruhe empfiehlt.

Meine Mutter ist auch in Extremsituationen aufgeschlossen für die traditionelle Medizin, glaubt aber, dass 99 Prozent all unserer Krankheiten nicht extrem sind. Sie brachte mir bei, dass die meisten Leiden durch den Verzehr von mehr Gemüse, mehr Bewegung und häufiges Lachen verhindert oder gelindert werden können. Gehen Sie jeden Tag an die frische Luft. Umarmen Sie die Menschen, die Sie lieben. Springen Sie ins Meer, wann immer es möglich ist. Und die verschiedenen Dinge, die Tag für Tag unsere Geduld und Toleranz auf die Probe stellen, sollten Sie nicht allzu eingehend analysieren. „Zerbrich dir nicht den Kopf über Kleinigkeiten!" ist ein Spruch, den ich im Laufe meiner Kindheit häufig gehört habe. Machen Sie sich weniger Stress und üben Sie sich in Gelassenheit. Die positive Bestärkung durch den Gesundheitsansatz meiner Mutter habe ich immer sehr gemocht. Er fühlte sich eher wie eine Kunst als wie eine Wissenschaft an und führte dazu, dass ich meinem Körper und seinen Fähigkeiten vertraute, mich zu stärken und zu unterstützen. Dennoch bin ich auch die Tochter meines Vaters, und so genieße ich das Wissen, dass im Hintergrund der Entscheidungen für mein Wohlbefinden die Wissenschaft steht.

In der Tat ist die Wissenschaft wichtig, aber es geht nicht um alles oder nichts. Wir haben das Glück, in einer Zeit zu leben, in der Menschen sich wissenschaftlicher Forschung widmen können, um herauszufinden, wie wir länger und zufriedener leben können. Doch tatsächlich wollen die meisten von uns nicht über die relativen gesundheitlichen Vorzüge von Brokkoli gegenüber Spinat nachdenken. Es macht keinen Spaß, bei jeder Entscheidung, die man trifft, nach einem wissenschaftlichen Beleg zu fragen – insbesondere, wenn man Hunger hat.

Es ist beispielsweise toll, eine Woche gesunder, pflanzlicher Mahlzeiten zu planen, doch kontraproduktiv, sich Stress zu machen, wenn ein guter Freund kurzfristig eine Geburtstagsfeier unter der Woche anberaumt. Statt die Party als Hindernis für Ihre wohldurchdachten Pläne zu betrachten, sollten Sie sich lieber freuen, Ihre Freunde zu treffen, denn auch das wirkt sich positiv auf Ihr Wohlbefinden aus; und dann essen Sie eine Schale Suppe vor der Party, sodass Ihr Kuchenstück bei der Feier kleiner ausfallen kann. Das Leben ist voller Überraschungen, Grauzonen und Unvorhergesehenem – warum sollte unser Gesundheitsansatz also „Alles oder nichts" lauten? Wenn Sie sich wegen ungeplanter, kurzfristiger Änderungen in Ihrem Alltag Sorgen machen, wird das nur Ihr Selbstvertrauen beeinträchtigen. Bei meinem Suppenplan geht es um das Wissen, dass wir unser Bestes geben, um gesunde Entscheidungen zu treffen, dass unser Körper von allen Arten kleiner Veränderungen profitiert und dass Selbstvertrauen das allerbeste Gefühl überhaupt ist.

Ich habe den Suppen-Detox erfunden, damit ich mir über meine Ernährungsentscheidungen nicht mehr den Kopf zerbrechen muss. Jeder spricht von Ausgewogenheit, doch es fühlt sich deutlich eher wie ein Balanceakt an. Bevor wir alle wichtigen Elemente, aus denen unser Leben besteht, ausbalancieren können, müssen wir zuerst stärken, was in uns ist. Das können Sie sich folgendermaßen vorstellen: Wenn Sie eine Yogastunde besuchen, beginnen Sie nicht gleich mit einem Kopfstand; vorher suchen Sie Ihre Mitte durch Atemübungen und kräftigende Körperstellungen, um größere Herausforderungen meistern zu können. Den Suppen-Detox-Wochenplan habe ich aus dem unumgänglichen Bedürfnis heraus zusammengestellt, mich zu zentrieren. Es begann mit einer großen Portion Eigenliebe, sodass ich alles von innen heraus gestalten konnte.

Das mag alles nach gesundem Menschenverstand klingen, doch ich brauchte tatsächlich einige Zeit, um vollumfänglich zu begreifen, wie wichtig es ist, meiner eigenen Gesundheit Priorität einzuräumen. Über ein Jahr lang hatte ich neben meiner Vollzeitbeschäftigung in der Werbeabteilung des Verlags Condé Nast Suppen verkauft und Rezepte ausgearbeitet, doch erst als ich schwanger wurde, gründete ich den „Splendid Spoon" als pflanzliche Wellness-Marke; und der 7-Tage-Plan entstand erst nach dem großen Spargelfiasko im Jahr 2013 als Lösung für mein anstrengendes Leben.

Dieses Buch ist die Krönung zahlreicher Anläufe und missglückter Versuche, verschütteter und verdorbener Suppen, explodierter Brühen und verpfuschter Aromen. Ich habe vereinfacht und all meine Lektionen in einen unglaublich schlichten Plan gepackt, den jeder umsetzen und an seine Nahrungsvorlieben anpassen kann, um zu einer verbesserten Gesundheit zu gelangen. Der Plan basiert auf meiner Vier-Säulen-Philosophie (die nun auch dem „Splendid Spoon" zugrunde liegt): vegane Ernährung, praktische Durchführbarkeit, Portionskontrolle (Intervallfasten) und Achtsamkeit. Suppe verhilft mir zu meinem bestmöglichen Ich, da sie auf einer Grundlage steht, die mich unterstützt, statt mich aufzufordern, mehr zu tun. Nachfolgend werde ich die Geschichte dieser vier Säulen erzählen.

Erwachsene Frau auf der Suche nach veganer Ernährung:

Mein weniger tolles früheres Ich

Die durchschnittliche Kost der US-Amerikaner besteht zu 28 Prozent aus Produkten tierischen Ursprungs, zu 41 Prozent aus fettigen und zuckerigen „Extras", zu 23 Prozent aus Getreide und nur zu 8 Prozent aus Obst und Gemüse.[1,2] 69 Prozent der US-amerikanischen Bevölkerung sind übergewichtig.[3] Und zu den häufigsten Todesursachen zählen Herzerkrankungen, Krebs und Krankheiten der unteren Atemwege.[4] Es besteht kein Zweifel daran, dass eine Ernährung mit viel Gemüse die Gesundheit in vielerlei Hinsicht fördert – von einer Senkung der Wahrscheinlichkeit, an Typ-2-Diabetes und vielen Krebsarten zu erkranken, bis hin zu einer Verlängerung der Lebenserwartung und einer Besserung buchstäblich jedes Systems in unserem Körper.[5] Doch 87 Prozent der US-Amerikaner essen nicht genügend Gemüse.[6] Das ist nicht gut. Da läuft etwas schief. Aber was?

Gemüse zu meiden, ist unglücklicherweise der Weg des geringsten Widerstands. Diese Wahrheit ärgert mich wirklich, denn ich weiß (ebenso wie Sie), wie toll Gemüse für die Gesundheit ist. Ein nicht zu unterschätzender Grund für den schweren Kampf, mehr Gemüse in unseren Speiseplan zu integrieren, ist das Angebot in den Restaurants und an abgepackter Fertignahrung. Hinzu kommt die Tatsache, dass leckere, zuckerige, stärkehaltige und salzige Speisen in unserem Gehirn besonders gut ankommen und eine Art Abhängigkeit von solchen Dingen auslösen.

Meine eigene Ernährung war ein Beweis dafür. Besonders schlimm war es, als ich 2010 „The French Culinary Institute" in Manhattan besuchte: Ich aß eine Unmenge an Fleisch. Und „irgendwie" waren Kartoffeln mein bevorzugtes Gemüse geworden – dank der Kochschule hatte ich 100 Möglichkeiten kennengelernt, Kartoffeln zu stampfen, zu braten und zu backen. Woche für Woche nahm ich etwa ein Pfund Butter zu mir, da ich sie für die Zubereitung praktisch jedes Rezeptes verwendete. Häufig gelang es mir, die wunderbaren gesundheitlichen Vorzüge beispielsweise von Spinat zu unterwandern, indem ich ihn in Mehlschwitze, Sahne und Käse erstickte. Bei mir zählte ausschließlich der Geschmack.

Der Gedanke, Nahrung zuzubereiten, die gut für mich war, wurde nebensächlich. Ja, es ist wichtig, Speisen zu kochen, welche in vielerlei Hinsicht die Geschmacksknospen erfreuen, doch ich fühlte mich aus dem Gleichgewicht geraten. Nahrung war wie eine Droge. Äußerst fette, zuckerige und salzige Nahrung zu sich zu nehmen, machte für die Dauer der Mahlzeit Spaß, doch kurz nach dem Essen stürzte ich ab – und in fast jedem anderen Bereich meines Lebens ebenso. Ich brauchte tagsüber eine ständige Koffeinzufuhr, um mich arbeitsfähig zu fühlen. Müsliriegel klassifizierte ich als Lebensmittelgruppe, und am Ende des Tages verschaffte ich mir mit einem großen Glas Rotwein (oder dreien, wenn ich ehrlich bin) Erleichterung. Mein Gewicht kontrollierte ich durch Laufen und Spinning, wie eine Frau am Rande des Nervenzusammenbruchs.

Als ich Ende 2012 schwanger wurde, holte mich die Realität meiner Ernährung ein. Wie konnte es so weit kommen? Ich hatte auf dem College Biologie studiert und mich ausgerechnet auf Ernährungstherapien konzentriert. Ehrlich gesagt schämte ich mich, denn ich konnte mich nicht auf Unwissenheit herausreden. Durch meine Arbeit im Forschungslabor wusste ich, dass die Nahrung, die man zu sich nimmt, enorme Auswirkungen auf das Wohlbefinden hat, und trotzdem bewahrte ich ein Kilo Entenfett in meinem Kühlschrank auf. Auch wenn Sie das vielleicht gar nicht hören wollen: Tatsächlich konnte ich damals nicht jeden Tag aufs Klo. Es ist verrückt, wie stark einen das beeinträchtigt. Es kann ganz schön ablenken, mit all den komprimierten Fleisch- und Kartoffelmengen im Dickdarm herumzusitzen. Man fühlt sich dann einfach nicht gut. Ich erinnere mich, dass ich eines Tages auf dem Klo saß und dachte: „Deshalb hat Mama uns gesagt, wir sollten Ballaststoffe zu uns nehmen – ich sollte mehr Gemüse essen." Ich stellte mir vor, dass mein Baby nicht groß genug wurde, weil es darum kämpfen musste, Nährstoffe aus einem beständigen Strom von durchwachsenem Steak und Erdnussbutter-Soufflé zu ziehen. Ich hoffte, dass es mir gelingen würde, mich rasch an eine bessere Lebensweise zu gewöhnen, doch was ich wirklich brauchte, war eine Nahrungsentziehungskur.

Doch ein kalter Entzug ist bekanntlich in unserer Welt der Pizza-Lieferdienste, Konditortörtchen und Tortillachips an der Kasse nicht so einfach. Die meisten Lebensmittelkonzerne stellen nährstoffarme Fertignahrung her. Schätzungen zufolge stammen 61 Prozent unserer Kalorien aus stark industriell bearbeiteten Lebensmitteln.[7] Und diese stark industriell verarbeitete Nahrung erfüllt einen Zweck, wie meine Vorliebe für Müsliriegel bewies. (Bequemlichkeit ist im Leben einer modernen Frau besonders wichtig.) Das war meine Herausforderung, als ich begann, mich mit dem Ernährungskonzept des „Clean Eating" zu beschäftigen. Warum war es so unbequem, eine einfache Verschiebung vorzunehmen, die auf jeden Fall meiner Gesundheit zugutekäme? Warum war es so schwierig, mehr Gemüse zu essen?

Ich erstellte eine „Ja"-Liste (Vollkorngetreide, rohes und gegartes Gemüse, Nüsse, ganze Früchte) und eine „Nie"-Liste (Essen zum Mitnehmen, alles mit mehr als acht Gramm Zucker pro Portion, Fertigsnacks, alle Produkte, die in zerknitterten Tüten verkauft wurden). Ich kaufte riesige Mengen frisches Gemüse auf dem Markt und gelobte, all meine Mahlzeiten selbst zuzubereiten – und scheiterte. Unweigerlich brach ich meine guten Vorsätze und holte mir nach einem zwölfstündigen Arbeitstag ein Gericht zum Mitnehmen. Als ich nachmittags um drei Uhr einen Durchhänger hatte, schlürfte ich einen sehr süßen Joghurt-Smoothie. Bei geselligen Treffen feilschte ich mit mir selbst: Wenn ich die Chicken Wings weglasse, kann ich ein Indian Pale Ale trinken – Mist! Wie viel Gramm Zucker enthält ein solches Bier? Viele Rote Rüben und Karotten verfaulten infolge solcher Fehlentscheidungen, und was noch schlimmer war: Jeder Fehltritt gab mir das Gefühl, eine Versagerin zu sein.

Ich probierte teure Speisenlieferdienste aus und war dann mittags besonders frustriert, als ich feststellte, dass mein 17 Dollar teurer Salat zu Hause im Kühlschrank vor sich hin welkte. Ich erwog, Säfte zu mir zu nehmen. Machte es Sinn, einen Einkaufswagen voller Obst und Gemüse zu einem einzigen Glas Saft zu konzentrieren und zu einem sehr teuren, zuckerigen Getränk zu verarbeiten? Wahrscheinlich nicht, antwortete mir mein rationales Ich. Aber all diese gut aussehenden Models, die grüne Säfte tranken, konnten sich doch nicht irren, oder? Entgegen jede Vernunft stürzte ich mich auf Smoothies aus Grünkohl, Salatgurke, Zitrone und Ingwer, um eine dreitägige Reinigung zu machen; insgeheim hoffte ich wohl, das könne allmonatlich eine schnelle Lösung darstellen. Mir fehlte das Kauen und ich konnte keine positiven gesundheitlichen Auswirkungen dieser Nahrung feststellen, die im Übrigen gleichfalls industriell stark verarbeitet war: eine Menge Fruchtsaft, keine Ballaststoffe und viel sexy Marketing. Ich hatte mich von diesen bezaubernden Models mit ihren langen Beinen und weißen Zähnen reinlegen lassen, die rätselhafterweise keine Flecken von Rote Rüben-Saft aufwiesen.

Säfte zu trinken war quasi das sichtbare Äquivalent meiner fettigen, französischen Kochweise: schön anzusehen, leicht herunterzuschlucken, doch dann kam der *Absturz*. Wie Butter oder Entenfett spielten diese hübschen Säfte mit dem Lustprinzip. Allerdings lernte ich durch die Säfte und Speisenbaukästen etwas wirklich Wertvolles: Sie lieferten ein einfaches Programm, dem man leicht folgen konnte. Ich hatte noch kein Programm gefunden, das zu mir passte, doch eine solche Wochenstruktur gefiel mir. Schritt 1, Schritt 2, Schritt 3, wiederholen.

Zu diesem Zeitpunkt kochte ich seit etwa einem Jahr Suppe in jener Pizzaküche, doch ich hatte kein formales Suppenprogramm entwickelt. Meine Ernährung war mit Suppe *besser* geworden, doch sie hatte kein bestmögliches Niveau erreicht, da ich noch keinen narrensicheren Plan erarbeitet hatte, an den auch ich mich halten konnte und der einem das Durchhalten ermöglichte. Ich brauchte etwas liebevolle Strenge – einen einfachen Plan, der Raum für Flexibilität ließ, aber dennoch ein strukturiertes Programm darstellte. Es dauerte bis nach der Geburt meines wundervollen ersten Babys (hallo Grover!), bis ich alle Elemente beisammen hatte, aus denen später mein 7-Tage-Plan entstehen sollte.

Die praktische Umsetzung für die moderne Frau

Die existierenden Programme rund um gesunde Ernährung machten mein Leben komplizierter. Ich wollte einen Plan mit ausreichend Struktur haben, sodass selbst mein leicht ablenkbares Gehirn sich darauf konzentrieren konnte, der aber zugleich genügend Flexibilität ermöglichte, um ihn an mein dynamisches Leben anzupassen. Nichts bleibt, wie es ist – warum sollte also meine Ernährung übermäßig streng sein?

Allzu häufig geraten Diäten in Konflikt mit sozialen Verpflichtungen und führen dann dazu, dass die Menschen das Gefühl haben, nicht dazuzugehören, da ihre Ernährungsweise ihnen es nicht erlaubt, nachts noch einen Imbiss zu sich zu nehmen. Daran scheitern Diäten in der Regel. Der emotionale Druck, sich mit seinen Freunden und der Familie durch Nahrung verbunden zu fühlen, kann enorm sein, und ohne gute Gewohnheiten als Unterstützung ist es unter Umständen fast unmöglich, die guten Vorsätze durchzuhalten.

Ich begann, meinen wöchentlichen Suppen-Detox-Plan zusammenzustellen, als ich mit meinem ersten Sohn schwanger war. Nein, ich beschränkte mich nicht ausschließlich auf Suppen. Nein, ich versuchte nicht, während meiner Schwangerschaft Gewicht zu verlieren. Ich suchte in der Tat nach einer Struktur, die mir helfen sollte, mich für eine gesunde Suppe statt für ein billiges Stück knusprige Pizza aus dem Kohlen- oder Holzofen zu entscheiden. Brooklyn bietet wirklich viel gute Pizza-Auswahl – aber ich schweife ab. Sehen Sie: Selbst beim Schreiben lasse ich mich leicht ablenken! Der Plan machte es leichter, Gesundem gegenüber überbackenem Mozzarella den Vorzug zu geben. Ich begann folgendermaßen: Eine Mahlzeit am Tag sollte eine Suppe sein. Punkt. Das war's. Ich wusste, dass die Entwicklung gesunder Angewohnheiten für meine langfristige Gesundheit (und die meiner wachsenden Familie) wichtig war. Je komplexer die Lösung war, desto geringer war die Wahrscheinlichkeit, dass ich mich an den Plan hielt. Ich bewahrte im Kühlschrank jede Menge Suppe auf. Und da es immer einen Rest gab, geriet ich nie in eine Klemme.

Nach Grovers Geburt (und nach den ersten zwei Monaten voller Adrenalin und Staunen, Müdigkeit und Chaos, die ein Neugeborenes mit sich bringt), wollte ich mein früheres Gewicht wieder erreichen. Meine täglichen Suppenmahlzeiten hatten mich im Laufe der Schwangerschaft wunderbar in Form gehalten, doch ich wollte wirklich meine Umstandsmode loswerden. Unabhängig davon, welchen Körpertyp Sie haben, hat es etwas Symbolisches an sich, wenn Sie die elastischen Hosen aussortieren können, die Sie bis nach der Geburt Ihres Babys getragen haben. Es ging weniger um mein Gewicht als um das, was es für mich als Frau bedeutete. Diese Hosen loszuwerden, erinnerte mich daran, dass ich nicht nur eine frisch gebackene Mama war, sondern auch eine fitte Frau, eine sexy Frau. Wieder normale Hosen anzuziehen (nicht zwangsläufig die Kleidung, die ich vor der Schwangerschaft getragen hatte, sondern einfach nur *keine* Umstandsmode), brachte mich wieder in Kontakt mit mir selbst als Individuum. Ich trug mein Baby nicht mehr in mir. Die nächste Phase im Leben meines Kindes hatte begonnen: Es war ein eigenes Wesen. Und ich ebenfalls.

Ich wollte also diese verdammten Umstandshosen verbrennen. Zu diesem Zeitpunkt integrierte ich einen vollständigen Suppentag in meinen Wochenalltag. Ich erkannte, dass ich mit diesem fettarmen Ernährungstag und einem Mahlzeitenersatz durch Suppe pro Tag an den anderen Wochentagen ein System des Intervallfastens geschaffen hatte. Das war interessant, denn ich wusste durch meine Arbeit im Forschungslabor, dass das Fasten eine Reihe von Vorteilen hatte. Im nächsten Kapitel werde ich darauf genauer eingehen. Zu diesem Zeitpunkt war die Struktur meines 7-Tage-Plans schon komplett ausgestaltet und sehr einfach: ein Suppen-Detox-Tag (nur Suppe, den ganzen Tag), fünf Suppen-Tauschtage (eine Mahlzeit täglich durch eine Suppe ersetzt), ein freier Tag (ohne Regeln).

Der Plan funktionierte, weil er jede Menge Raum für Flexibilität ließ, aber auch genügend Struktur bot, um mich Woche für Woche in einem gesunden Zyklus zu halten und eine zunehmend positive Auswirkung auf meine Gesundheit zu haben. Der freie Tag ermöglichte es mir, zu Geburtstagspartys zu gehen und an einem Tag Pfannkuchen *und* Bier zu mir zu nehmen. Es fühlte sich wie ein vernünftiger und entspannter Weg an, um alles zu genießen, wonach mir der Sinn stand; und nach einem verrückten Schlemmertag musste ich nicht das Gefühl haben, mich für meine eingeschränkte Ernährungsweise „belohnen" zu müssen. Es fühlte sich natürlich an. Die Suppen-Tauschtage verliehen jedem Tag eine Einheitlichkeit, ohne dass es einschränkend oder langweilig gewirkt hätte. Der Suppen-Detox-Tag glich Woche für Woche verlässlich meine Gewohnheiten aus und sorgte für eine verstärkte Gemüsezufuhr. Es war ein Plan. Er war praktisch. Ich war fast am Ziel.

Die Struktur des wöchentlichen Suppenplans ist nun umrissen. Bei den meisten Wellness- und Ernährungsbüchern geht es an dieser Stelle gleich mit der praktischen Umsetzung weiter. Und das können Sie auch so handhaben: Wenn Sie möchten, springen Sie gleich zum Kapitel „Die vier Säulen der Suppenernährung" auf Seite 28 und fahren dann mit Kapitel 3 fort. Das macht mir nichts aus. Wenn Sie allerdings wirklich etwas über das Warum erfahren und dadurch Ihre Erfolgschancen deutlich steigern wollen, sollten Sie hier weiterlesen: Ich werde Ihnen etwas über die Wissenschaft hinter meinem wöchentlichen Suppen-Detox-Plan erzählen, und Sie werden verstehen, warum der Verzehr von Suppen der natürlichste Weg für Ihren Körper ist, sein Gleichgewicht zu finden.

Vorweg erfahren Sie etwas über den geschichtlichen Hintergrund und dann versuche ich Ihnen nahezubringen, wie kraftvoll Achtsamkeit ist.
In Kapitel 2 gibt es weitere Enthüllungen über die positiven Auswirkungen von Suppen und Gemüse.
Sie möchten Ihr Leben verbessern, dauerhaft?
Sie möchten Ihr bestmögliches Selbst entdecken?
Dann beginnen Sie zu löffeln.

Die Geschichte des Intervallfastens

Werfen wir mal einen Blick zurück. Weit zurück. Vor 100.000 Jahren, als die Menschen begannen, aufrecht auf zwei Beinen herumzulaufen, wurden sie Jäger und Sammler. Damals waren Herzerkrankungen nicht die häufigste Todesursache, es grassierte keine Fettleibigkeitsepidemie und Krebs gab es so gut wie gar nicht. Damit will ich nicht sagen, dass unsere Vorfahren keine Probleme hatten; natürlich starben viel mehr Menschen eines gewaltsamen Todes und die häufigste Todesursache bei den Frauen stand mit der Geburt im Zusammenhang. Entscheidend ist, dass die meisten Krankheiten, an denen die Menschheit heute leidet, relativ neu sind, wenn man bedenkt, wie lange wir schon die Erde bevölkern. Unser Gesundheitsprofil hat sich dramatisch verändert, seit die moderne Landwirtschaft vor lediglich 2000 Jahren entstanden ist. In den vergangenen 200 Jahren haben wir die Landwirtschaft so sehr vereinheitlicht, dass wir Monokulturen ohne die genetische Vielfalt haben, die unserem Körper guttut; und mehr als ein Drittel unserer Kalorien stammen heute aus Fetten und Zuckern, die abgepackter Nahrung zugesetzt werden.[8]

Die am stärksten verarbeiteten Nahrungsmittel weisen eine hohe Kaloriendichte und wenige Nährstoffe auf. Große Unternehmen stecken Milliarden Dollar in die Vermarktung ihrer Lebensmittel, um das Verlangen und die Nachfrage nach Nahrung zu stärken, die eigentlich als Droge eingestuft werden sollte: Diese Produkte enthalten viel Zucker, viel Salz, viele Kalorien und haben im wahrsten Sinne des Wortes keinen Nährwert – abgesehen von den Kalorien, die sie liefern. Und wie Sie wissen, funktioniert das Lustprinzip in diesem Bereich gut. Es fühlt sich gut an, Mist zu essen – zumindest kurzfristig. (Oh, wow, ja, diese Chips sind eigentlich Mist, aber ich werde die ganze Tüte aufessen, einfach weil ich's kann …) Und dann gibt es da noch die Zeit danach, sozusagen den Rest Ihres normalen Lebens. Man fühlt sich mies, knöpft seine Hose auf, weil sie zu eng ist, und fragt sich, warum man seit drei Tagen nicht auf dem Klo war. Man hat keine Zeit zum Kochen und deswegen auch noch ein schlechtes Gewissen, beschließt aber, ins mexikanische Restaurant zu gehen und Tortillas mit ganz viel Käse zu essen, damit man sich wieder kurzfristig richtig gut fühlt. Das ist ein echter Teufelskreis.

In den letzten Jahren haben Mediziner und Wissenschaftler unsere moderne Ernährungsweise untersucht und herauszufinden versucht, wie schädlich sie wirklich für unsere Gesundheit ist. Ein Schwerpunkt wurde darauf gelegt, unser modernes Ich mit der Gesundheit unserer Vorfahren wieder zusammenzuführen. Wenn man Gesellschaften betrachtet, die zu einer modernen, westlichen Ernährungsweise übergehen, stellt man fest, dass die Frappuccinos und Chicken-Nuggets den Menschen auch westliche Krankheiten frei Haus liefern. Bei den Maya in Mittelamerika war beispielsweise Diabetes praktisch unbekannt, bis sie in den 1950er-Jahren zur zuckerreichen, westlichen Ernährungsweise übergingen – daraufhin schoss die Diabetesrate nach oben.[9]

Die Paleo-Diät ist wahrscheinlich die bekannteste aller Ernährungsweisen, die auf das Verhalten unserer Vorfahren zurückgeht. Der Paleo-Diät zufolge sollte unsere Nahrung zu 30 Prozent aus Eiweiß bestehen. Ich selbst lebe nicht nach der Paleo-Ernährung, weil ich all die großartigen Auswirkungen auf die Umwelt schätze, die eine größtenteils vegane Ernährung hat. (Lesen Sie dazu auch den Bonus-Abschnitt in dem Kapitel „Die vier Säulen der Suppenernährung" auf Seite 28.) Abgesehen davon funktioniert die Paleo-Ernährung für eine zunehmende Anzahl an Menschen wirklich gut und der Verzehr von Suppen kann diesen Lebensstil sogar noch verbessern, indem fettarme Elemente mit aufgenommen werden. Dr. Amanda G. Henry, Paläobiologin am Max-Planck-Institut für evolutionäre Anthropologie in Leipzig, hat herausgefunden, dass unsere Vorfahren sich nach viel Fleisch gesehnt, aber in erster Linie von Pflanzen gelebt haben; und obgleich 30 Prozent ihrer Kalorienzufuhr aufs Jahr gerechnet durch tierisches Eiweiß gedeckt wurde, mussten sie auch magere Zeiten ertragen, in denen sie weniger als eine Handvoll Fleisch pro Woche aßen.[10]

Die Menschen sind aus biologischer Sicht immer noch Jäger und Sammler. Vor dem Aufkommen der modernen Landwirtschaft mussten wir jagen und töten, um an Nahrung zu gelangen, und lebten oft wochenlang von hauptsächlich pflanzlicher Kost. Oft gab es nur wenig Nahrung und nach der Jagd kamen wiederum fette Zeiten mit mehr Essbarem. Diese genügsamen Tage mit größtenteils pflanzlicher Nahrung waren deutlich häufiger als die fetten Zeiten. Heutzutage haben die Menschen in Gemeinschaften, die diese Art der größtenteils genügsamen pflanzlichen Ernährung unter der Woche praktizieren, eine höhere Lebenserwartung und ein deutlich niedrigeres Risiko, an Herzleiden, Diabetes und Krebs zu erkranken.[11] Es ist ein wunderbarer Nebeneffekt, wenn Sie dadurch Ihr Idealgewicht erreichen, doch das eigentliche Ziel besteht darin, ein Gefühl für Ausgewogenheit zu erreichen und dem schädlichen Teufelskreis der typischen US-amerikanischen Ernährung zu entkommen.

Die Wissenschaft hinter der Suppenernährung schließt die Theorie mit ein, dass Fasten viele positive Auswirkungen auf unsere Gesundheit hat. Eine Zeit lang auf bestimmte Lebensmittel oder vollständig auf Nahrung zu verzichten, um Geist und Körper zu reinigen, ist eine alte Therapieform. In jeder Weltreligion gibt es das Fasten für einen spirituellen Nutzen. Philosophen der Antike wie Aristoteles, Plato und Sokrates rieten aufgrund der heilenden Wirkung zum Fasten. Tausende von Jahren alte Ayurveda- und Yogapraktiken kennen die therapeutischen Eigenschaften des Fastens. Zu den Vorteilen des Fastens zählen eine höhere Lebenserwartung, mehr Energie und Gewichtsverlust – und das Tollste ist, dass Sie nicht tagelang ohne Nahrung aushalten müssen, um diese Effekte zu erzielen.

Der Suppen-Detox ist eine Form des Fastens, da Sie auf viele andere Lebensmittel verzichten, die Sie sonst möglicherweise regelmäßig zu sich nehmen. Ärzte bezeichnen das als Intervallfasten oder intermittierendes Fasten – also eine Ernährungsform, bei der sich Zeiten der normalen Nahrungsaufnahme und des Fastens abwechseln. Nachgewiesenermaßen hilft es unserem Körper, widerstandsfähiger gegenüber Krankheiten zu werden, Entzündungen zu reduzieren und viele der körperlichen Alterungserscheinungen zu verhindern.[12] Einige der Untersuchungen rund um das Intervallfasten wurden durch Gemeinschaften inspiriert, in denen es viele Hundertjährige gibt, während Fälle von Krebs, Herzerkrankungen und Diabetes deutlich seltener vorkommen als beim Durchschnitt der US-amerikanischen Bevölkerung. Studien über Gemeinschaften mit einer hohen Lebenserwartung zeigten auch, dass deren Mitglieder wesentlich weniger Fleisch essen als wir heutzutage.[13] Natürlich müssen Sie nicht im Hinblick auf die medizinische Forschung auf dem Laufenden sein, um zu wissen, dass der Verzehr von mehr Gemüse toll für Ihre Gesundheit ist; und der erhöhte Gemüsekonsum ist ein wichtiger Bestandteil der Detox-Formel. Sie müssen nicht zu 100 Prozent vegan leben, um von den positiven Effekten des Suppen-Detox zu profitieren. Entscheidend ist, dass die Suppen die Kalorienzufuhr insgesamt reduzieren und die Anzahl der pflanzlichen Mahlzeiten steigern, die Sie im Laufe der Woche zu sich nehmen.

Je nach Ihrer sonstigen Ernährungsweise ist der Suppenverzehr wahrscheinlich kalorienärmer, und wenn Sie nicht ohnehin schon vegan leben, legen Sie auf diese Weise eine Pause vom Fleisch- und Milchproduktekonsum ein. Wenn Sie sich an entscheidenden Tagen und Mahlzeiten im Laufe der Woche auf pflanzliche Nahrung konzentrieren, werden Sie Woche für Woche Ihren Stoffwechsel entlasten und etwas für Ihr körperliches Wohlbefinden und Ihre Gesundheit tun.

Die Kunst der Achtsamkeit

Die letzte, entscheidende Komponente des Plans, die angesprochen werden muss, ist die Gewohnheit. Mehr als 60 Prozent der Frauen nehmen nach dem Ende einer Diät mehr Kilos zu, als sie zuvor abgenommen haben. Sie können nicht nach Belieben das Fundament besteigen und wieder verlassen – Sie müssen das Fundament *sein*. Der Schlüssel für den Erhalt einer guten Gesundheit ist die Entwicklung einfacher Verhaltensweisen, die Sie belohnen, sodass Sie sie stets wiederholen. Wenn Sie dieses Verhalten häufig genug wiederholen, wird es zu einer echten Gewohnheit.

Das Abnehmen steht nicht im Zentrum dieses Buches und ich habe mich anfangs nie auf den Gewichtsverlust konzentriert. Ich bin zierlich, insofern war Gewicht für mich kein dauerhaftes Problem. Die Sorge um meine Ernährung und ein ungesundes Körperbild hingegen haben mich wirklich geplagt, und das wollte ich wahrhaftig in den Griff bekommen. Ich wollte, dass meine Ernährung mit Freude und Zuversicht einhergeht, und aus diesem Grund wurde Achtsamkeit zu einer Säule meines Wochenplans.

Ich mag am regelmäßigen Suppenverzehr besonders, wie ich mich damit fühle. Es hat viel mit der Loslass-Philosophie meiner Mama zu tun. Es gibt einige nicht so tolle Elemente in meiner Umwelt (bezeichnen wir sie ruhig als Verunreinigungen) und viele davon haben mit meiner Ernährung zu tun. Ich nehme mir einen ganzen Tag, um auf Fertignahrung und zu stark gewürzte Speisen im Restaurant zu verzichten. Ich packe mehr frisches Gemüse in meine Ernährung, indem ich jeden Tag das Frühstück, das Mittagessen oder das Abendessen durch eine Suppe ersetze. Ich nehme einfachere Nahrung zu mir, die für meinen Körper leichter zu verdauen ist und mich länger sättigt. Und jede Suppe ist eine Gelegenheit, mich einem Ritual hinzugeben, das meine Gefühle und Absichten wieder mit meinem Körper und meinen Handlungen verbindet. Dieses Ritual weist mich als aktiv Mitwirkende an meinem Wohlbefinden aus. Es verschafft mir eine Pause und zeigt mir, inwieweit ich für mich selbst sorge. Es hilft mir, auf meine Handlungen stolz zu sein und deutlich zu erkennen, dass ich ein starker, selbstsicherer Mensch bin.

Sich wirklich auf die Mahlzeit zu konzentrieren, die vor Ihnen auf dem Tisch steht, mag wie eine Beigabe wirken, doch dieses achtsame Ritual ist ein wesentlicher Bestandteil des Erfolgs. Welche Rolle unsere Handlungen spielen, hängt von unserem Engagement ab, und Achtsamkeitsrituale bauen tatsächlich dieses Engagement auf. Das muss nicht kompliziert sein. Es ist ebenso einfach wie die Entwicklung eines Rituals und dessen Wiederholung. Das tun Sie bereits mehr oder weniger mit Ihren Mahlzeiten, indem Sie sie Abend für Abend an demselben Tisch und zur selben Zeit einnehmen. Das ist eine Gelegenheit, diese Erfahrung auf dem Weg zum besseren Selbst intensiver und vorteilhafter zu gestalten.

Die Schönheit regelmäßiger Achtsamkeit besteht darin, dass sie neue neurale Verknüpfungen erschließt und jene stärkt, die uns helfen, Gefühle wie Zufriedenheit, Stolz und Glück zu empfinden. Achtsamkeit wirkt sich in der Tat auf Ihren Körper aus.[14] Und da Ihr Belohnungszentrum aktiviert wird, steigt die Wahrscheinlichkeit, dass Sie diese Übungen wiederholen werden. Im Laufe der Zeit werden Sie möglicherweise feststellen, dass Ihr Tempo ausgeglichener und die Wahrscheinlichkeit größer geworden ist, dass Sie sich hinsetzen und langsam essen, als schnell zur nächsten Besprechung zu hetzen. Eines Nachmittags werden Sie im Stau stehend erkennen, dass Ihr emotionaler Zustand nahtlos von Ärger über den hupenden Lkw vor Ihnen zu gelassener Freude über ein Lied im Radio übergeht. Eventuell merken Sie, dass Ihr Kopf sich weniger mit allen möglichen Fragen und Problemen beschäftigt und sich mehr auf den Augenblick konzentriert.

Es mag einschüchternd wirken, ein neues Achtsamkeitsritual zu beginnen, doch wenn Sie es mit dem Essen verknüpfen (etwas, das wir mehrfach am Tag tun), fühlt es sich machbar an. Mit dem Versprechen, dass es dem ganzen Körper guttun wird, beginnt es, verführerisch zu werden. Und das Versprechen, dass es schließlich Ihr gesamtes Leben friedlicher, ausgeglichener und angenehmer gestalten wird – klingt das nicht zu gut, um wahr zu sein? Aber das ist es. Achtsamkeit hat mir geholfen, mein Unternehmen zu eröffnen, zwei Geburten ohne Medikamente durchzustehen und echte Freude dabei zu empfinden, mein Leben als junge Mutter und meine Karriere als Geschäftsführerin eines neu gegründeten Unternehmens auszubalancieren. Als ich begann, die Achtsamkeit mit meinem Suppen-Detox-Plan zu kombinieren, wurde dies zu einem solch festen Bestandteil meines allwöchentlichen Lebens, dass es zu innerem Frieden führte. Achtsamkeit mit der Nahrung zu verbinden, ist eine Art Abkürzung, denn Sie kombinieren Sie mit einer Handlung, die jeden Tag stattfinden muss – damit haben Sie eine deutlich höhere Erfolgschance, als wenn Sie Achtsamkeitsübungen als eigenständige Gewohnheit zu etablieren versuchen. Auf meine Achtsamkeitsübungen werde ich nie mehr verzichten.

Im Laufe dieses Buches biete ich Ihnen ganz einfache Achtsamkeitsmomente und Mantras. Ich zeige Ihnen zudem Achtsamkeitsmomente auf, die Sie zu Ihren wöchentlichen Mantras hinzufügen können, während Sie Ihre Suppenpraxis erweitern und stärken und die Verbindung zu sich selbst vertiefen. Der Schlüssel zum Erfolg ist das Annehmen dieser Rituale, sodass sie keine Aufgabe darstellen, die Sie abhaken müssen; sie werden einfach Teil Ihres natürlichen Tagesrhythmus.

Suppen für Ihre Gesundheit:

Der wöchentliche Suppen-Detox-Plan

Dieses Buch ist um einen 7-Tage-Plan herum aufgebaut, doch Sie können ihn auch an Ihre Bedürfnisse anpassen. Wenn Sie intensive Trainingseinheiten mögen, werde ich Ihnen Suppenrezepte bieten, die Ihnen Kraft und Energie liefern. Falls Sie Bohnen nicht leiden können, Ihre Salzzufuhr reduzieren

wollen oder schwanger sind, werde ich Ihnen auch hierfür die besten Suppenrezepte vorschlagen. Meine Suppenpläne haben eine wissenschaftliche Grundlage, wonach regelmäßige Phasen mit fettarmer, pflanzlicher Ernährung unseren Körper gesünder und kräftiger machen und Menschen in Gesellschaften, die sich heutzutage auf diese Weise ernähren, länger leben und häufiger gesund sind. Wenn Sie einen natürlicheren Essrhythmus annehmen, machen Sie sich die innere Kraft Ihres Körpers zunutze, um sich selbst zu heilen und so fit wie möglich zu bleiben.
Das bedeutet, dass Sie sich fantastisch fühlen werden, Ihre Hosen werden Ihnen nicht zu eng sein und Sie werden sich keine Sorgen über „gute" und „schlechte" Nahrung, Ge- und Verbote machen müssen.
Der Verzehr von Suppen vereinfacht Ihr Leben, sodass Sie Zugang zu Ihrem fantastischen Ich haben.

Alle Suppenrezepte in diesem Buch erfordern weniger als 30 Minuten aktive Zubereitungszeit, und jedes einzelne davon kann im Voraus gekocht, für einen späteren Zeitpunkt aufbewahrt und im Rahmen des wöchentlichen Suppen-Detox-Plans verwendet werden. Der Plan lässt Ihnen die Möglichkeit, nach Herzenslust zu mischen und zu kombinieren; Sie können jederzeit auf Rezepte aus dem Suppen-Detox-Speiseplan zurückgreifen, die auf bestimmte gesundheitliche Bedürfnisse abzielen. Außerdem können Sie Zutaten je nach Saison austauschen und sich durch unseren Saisonkalender inspirieren lassen; oder Sie halten sich das ganze Jahr über an Ihre Favoriten und nehmen ab und zu etwas Neues hinzu. Das Suppen-Detox-Programm ist an das Leben einer modernen Frau angepasst. Es vereinfacht Ihr Leben und stärkt Ihre Gesundheit, damit Sie eine solide Grundlage für Ihr bestmögliches Selbst haben.

Der nachfolgende 7-Tage-Plan ist mein bewährter Rhythmus und passt auch zu Tausenden von „Splendid Spoon"-Kunden. Er basiert auf einem Detox-Tag, an den sich fünf Tage mit einem Suppengericht anschließen. Insgesamt nehmen Sie dadurch weniger Kalorien pro Woche sowie mehr nährstoffreiche, pflanzliche Nahrung zu sich und werden sich sehr zufrieden fühlen. Wenn Sie diese Ernährungsweise mit bewussten Momenten der Achtsamkeit kombinieren, werden Sie sich noch stärker fühlen und mehr Verbindung zu Ihren Ritualen aufnehmen; die Folgen sind ein angenehmes Selbstbewusstsein und Stolz auf sich selbst.

- **TAG 1:** Detox. Fünf Suppen im Laufe des Tages für einen Neustart des Körpers und der Seele. Suppe, Suppe, ausschließlich Suppe.
- **TAG 2 BIS 6:** Tauschen Sie eine Mahlzeit pro Tag durch eine Schale Suppe aus. Wählen Sie eine beliebige Suppe aus meiner Rezeptsammlung und eine beliebige Mahlzeit (am besten das Mittagessen – mehr darüber später). Ich gebe Ihnen Tipps, wie Sie von diesem Mahlzeitentausch den größten Nutzen ziehen können.
- **TAG 7:** Legen Sie eine Pause ein! Spannen Sie aus, erholen Sie sich, trinken Sie ein Glas Wein. Haben Sie schon mal den Satz gehört: „Wenn man etwas liebt, muss man es auch loslassen können"? Das klingt abgedroschen, ist aber wahr. Ob Sie es glauben oder nicht: Dies ist der Tag, der dafür sorgt, dass Sie dranbleiben.

Im Laufe des Jahres können Sie auch alle drei Monate mit einem zwei- oder dreitägigen Detox einen gründlicheren Neustart durchführen (lesen Sie dazu „Gewichtsverlust" in Kapitel 3 auf Seite 54); doch der 7-Tage-Plan wird bei den meisten Menschen funktionieren. Heute zerbreche ich mir nicht mehr den Kopf, wenn ich mich auf einen Teller Spinat mit Artischocken-Dip stürze. Das macht mir keine Sorgen, da ich mir gelegentlich Schlemmereien gönne und mich Woche für Woche an einen Rhythmus halte.
Für die meisten von uns kann es sich wie ein Tritt in den Hintern anfühlen, wenn sie zum ersten Mal einen Detox-Tag einlegen, und das tägliche Suppen-Austauschgericht wird Sie danach bei der Stange halten. Nach dem Ruhetag beginnen Sie wieder von vorne. Der Rhythmus ist verlässlich, einfach und funktioniert. Sie müssen sich nicht verbiegen und Sie fühlen sich gut dabei. Für mich bedeutet das:

- Der Suppen-Detox-Tag ist zu 100 Prozent ein Tag für mich! „Ich esse Suppen." heißt: Bietet mir kein Croissant an, ladet mich nicht zu Cocktails ein, und nein, auch für eine süße Leckerei am Nachmittag bin ich nicht zu haben. Diesen Detox-Tag nutze ich als faulen Tag. Ich muss über mein Essen nicht

Die vier Säulen der Suppenernährung

1. PFLANZLICHE NAHRUNG. Die US-amerikanische Standardernährung ist in einem bemitleidenswerten Zustand: viel zu viele Kalorien und industriell stark verarbeitete Lebensmittel, die wenig nährstoffreiches Obst und Gemüse, Getreide und Hülsenfrüchte enthalten. Pflanzliche Nahrung ist reich an Antioxidantien, die gegen Krebs verursachende freie Radikale wirken. Sie reduziert Entzündungen, bekämpft Diabetes, lindert oxidativen Stress (der entsteht, wenn Ihr Körper mit jenen giftigen freien Radikalen nicht klarkommt, die Ihre Zellen quälen) und kann die Stimmung verbessern. Aus diesen Gründen empfiehlt jeder Arzt seinen Patienten, mehr Gemüse in ihren Speiseplan zu integrieren. Doch das ist nicht immer einfach. Suppen sind eine fantastische Lösung, denn durch das Kochen werden große Gemüsemengen zu kleineren, leicht verdaulichen Portionen reduziert, die länger satt machen und eine Mischung von Vitaminen und Nährstoffen liefern, die Sie brauchen. Das langsame Kochen von Gemüse steigert die biologische Verfügbarkeit (die Menge, die Ihr Körper verarbeiten kann) fettlöslicher Vitamine und Nährstoffe wie Betacarotin, Lycopin, Vitamin K, D und E. Gesunde Fette wie Olivenöl helfen Ihrem Körper, diese Nährstoffe aufzunehmen und ihre Vorzüge besser zu nutzen.

2. PRAKTISCHE UMSETZBARKEIT. Bequemlichkeit und Flexibilität spielen eine wichtige Rolle, wenn es darum geht, sich an einen gesunden Ernährungsplan zu halten. Niemand will tagelang kochen, und wir alle schlemmen gern manchmal. Viele Diätprogramme erfordern eine Grundreinigung der gesamten Küche und eine Generalüberholung Ihrer bestehenden Routinen. Verzehrfertige Nahrungspakete und Speisepläne können teuer sein und sind häufig unflexibel, da sie auf Lebensmitteln basieren, die innerhalb eines kleinen Zeitfensters gegessen werden müssen. Historisch bedingt gibt es eine „alles oder nichts"-Mentalität, wenn es um gesundes Essen geht. So extrem muss es wirklich nicht sein. Sie können sich dafür entscheiden, kleine Veränderungen vorzunehmen, an die Sie sich halten können und die Ihr Leben einfacher machen. Es hilft, wenn Sie realistisch einschätzen, wie viele Änderungen Sie einführen können, und das Schöne ist, dass Sie keine riesigen Umstellungen brauchen, um Ihre Gesundheit auf wirklich positive Weise zu beeinflussen.

Ich weiß, wie es ist, wenn das Baby weint, der Posteingang Ihres Mailprogramms überquillt und Sie sich nicht erinnern können, wann Sie das letzte Mal einen Augenblick für sich selbst hatten (oder auch nur eine Dusche). Bei meinem Suppen-Detox geht es darum, kleine Änderungen vorzunehmen, die tatsächlich etwas bewirken und sich mit einem turbulenten Leben vereinbaren lassen.

3. INTERVALLFASTEN. Nachgewiesenermaßen kurbelt Intervallfasten den Stoffwechsel an, stärkt das Immunsystem, entgiftet die Organe und lässt unerwünschte Pfunde purzeln. Indem Sie die Kalorienzufuhr im Laufe der Woche reduzieren, ermöglichen Sie Ihrem Körper, eine Pause einzulegen und sich zu regenerieren. Dieser Punkt mag etwas beängstigend klingen, da es sich wie eine Einschränkung anhört, wenn von Kalorien die Rede ist. Doch ich will die Dinge beim Namen nennen, da ich weiß, wie clever meine Kunden und Leser sind: Wir wissen, dass es auf die Kalorien ankommt, wenn es um ein gesundes Gewicht geht. Entscheidend ist, die richtige Energiebalance für Ihren Körper und Ihren Lebensstil zu finden. Ich bin fest davon überzeugt, dass Sie in der Lage sein sollten, gelegentlich Dinge wie raffinierten Zucker (seufz!), süße Backwaren und Pommes frites zu essen. Meiner Meinung nach ist es nicht gut, Listen von dauerhaft verbotenen Lebensmitteln aufzustellen. Ich denke, es gibt eine Menge Reize in meinem Umfeld, die dazu führen, dass ich Leckereien häufiger zu mir nehme, als für meine Gesundheit gut ist. Ich verlasse mich auf meine Suppenroutine, um die Schlemmereien zur Ausnahme zu machen und nicht zu einer regelmäßigen Gewohnheit werden zu lassen. Indem ich mich an eine Wochenroutine mit einem Suppentag und fünf Tagen halte, an denen eine Mahlzeit durch eine Suppe ersetzt wird, integriere ich das Intervallfasten in meine Woche, ohne das Gefühl zu haben, auf etwas zu verzichten. Der Suppen-Detox-Plan integriert genügend fettarme, pflanzliche Kost, um in jedermanns Gesundheit etwas zu bewirken.

4. ACHTSAMKEIT. Es fühlt sich gut an, die Nahrung wertzuschätzen, die Sie Ihrem Körper zuführen! Die Suppenernährung ist keine Radikalkur, sondern ein neuer Lebensstil – etwas, das ich gern als Ihr fantastisches Ich bezeichne. Es geht in erster Linie darum, ein rundum aktiver Teilnehmer Ihres eigenen Lebens zu sein – schließlich ist Ihr Leben kein Zuschauersport. Wichtig ist, jede Mahlzeit zu genießen, da sie Sie von innen heraus nährt. Nehmen Sie sich die Zeit, jeden Schluck oder Löffel auszukosten. Es geht um die Verlangsamung und das Schaffen kleiner Momente der Stille inmitten eines anstrengenden Lebens – mit weniger Zeit vor dem Bildschirm, mehr Zeit zum Spielen und viel Löffeln. Die Balance in Ihrem Leben wiederherzustellen bedeutet nicht, mit einem Matcha-Latte und einem grünen Saft zu jonglieren. Sie brauchen einen einfachen Plan mit leicht anzuwendenden Hilfsmitteln, der Sie dabei unterstützt, wirklich zur Ruhe zu kommen. Ich habe mit verschiedenen Meditationsexperten zusammengearbeitet, um achtsame Momente für Sie zu schaffen, während Sie Ihre Suppe essen. Diese Hinweise finden Sie auf den Rezeptseiten verstreut; sie werden Ihre Konzentration und Ihre mentale Stärke unterstützen. Regelmäßige Achtsamkeitsübungen lassen erwiesenermaßen Ihr Gehirn größer und kräftiger werden. Sie bauen psychischen Stress ab, schärfen das Gedächtnis und verbessern Ihre kognitiven Fähigkeiten. Doch die Vorteile der Achtsamkeit beschränken sich nicht nur aufs Gehirn. Es wurde nachgewiesen, dass sie Ihr Immunsystem stärkt und sogar die Gesundheit des Herz-Kreislauf-Systems verbessert!

BONUS: Pflanzliche Nahrung lässt uns etwas leichter über die Erde schreiten. Wir bleiben mit unserem Ursprung und mit dem Boden unter unseren Füßen verbunden, wenn wir anerkennen, wie unsere Lebensmittelauswahl unsere Umgebung beeinflusst. Indem wir mehr Pflanzen und weniger Fleisch essen, können wir dazu beitragen, die Umweltverschmutzung durch die Tierhaltung zu reduzieren. Seit ich Kinder habe, ist es mir noch wichtiger, meinen Beitrag zu leisten, um zukünftigen Generationen einen gesünderen Planeten zu hinterlassen. Die Tierhaltung verbraucht eine Menge Wasser – eine der wertvollsten Ressourcen der Erde, die Mangelware ist. Erstaunliche 6.800 Liter (das entspricht 120 Duschen) sind für ein einziges Pfund Rindfleisch erforderlich. Zum Vergleich: Für ein Pfund Karotten werden 53 Liter Wasser gebraucht, 75 Liter für ein Pfund Spinat und 151 Liter für ein Pfund Blumenkohl, Grünkohl oder Rosenkohl.[15] Ein Großteil des Fleischs und der Milchprodukte, die US-Amerikaner essen, stammt aus konventioneller Landwirtschaft und Massentierhaltung – und dort ist der Einsatz von schädlichen Pestiziden, Düngemitteln und Antibiotika an der Tagesordnung. Eine Verunreinigung des Bodens, der Luft und des Grundwassers ist ein bedauerlicher Nebeneffekt der Produktion stark verarbeiteter Nahrungsmittel tierischer Herkunft. Das ist ein unerfreuliches Thema, auf das ich an dieser Stelle nicht näher eingehen möchte. Lieber konzentriere ich mich darauf, Gewohnheiten anzunehmen, die mir helfen, weniger abhängig von tierischem Eiweiß zu werden, denn schon kleine Veränderungen haben eine große Auswirkung auf meine Umwelt. An jedem Tag, an dem Sie sich rein pflanzlich ernähren, reduzieren Sie Ihren Anteil am Treibhausgasausstoß um 75 Prozent.[16] Jedes Mal, wenn ich eine Suppe esse, bewirke ich etwas, denn ich spare Wasser und verbessere meine CO_2-Bilanz (ohne auf das Duschen zu verzichten).

nachdenken, da es vorgekocht ist und bereitsteht, sodass ich alle zwei Stunden darauf zugreifen kann. An diesem Tag gehe ich nicht ins Fitnessstudio. Ich nehme ein Bad und trinke Tee. An meinem Detox-Tag gehe ich früh ins Bett – und schlafe wie ein Stein.

- An mindestens fünf Tagen pro Woche nehme ich das Frühstück und das Abendessen zusammen mit meinen Kindern ein. Ich habe keine Schuldgefühle, wenn es gefüllte Maistortillas oder Pizza gibt beziehungsweise wenn ich nach dem Essen mit meinen Freundinnen etwas trinken gehe.
- Ich fühle mich jeden Tag energiegeladen. Ich habe Selbstvertrauen, da jede Woche auf gesunden, pflanzlichen Speisen basiert. Nein, ich ernähre mich nicht ausschließlich pflanzlich, aber ich weiß, dass mindestens ein ganzer Tag und danach fünf Mahlzeiten ganz rein und nahezu ideal sind.

Ich möchte das Beste des ganzen Plans besonders betonen. Nachdem ich ihn einen Monat lang durchgehalten hatte, gab es kein Verlangen mehr nach industriell verarbeiteter Nahrung, und wenn ich auswärts aß, wählte ich seltener Fleisch. Wenn ich für meine Kinder kochte, verwendete ich ebenfalls hauptsächlich pflanzliche Lebensmittel. Während ich meine Ernährungsweise umstellte, schien mein Körper bereitwilliger in ein gleichmäßiges und natürlicheres Tempo zu wechseln. Es gab keine manischen Gelüste mehr und ich bat mich selbst nicht mehr um die Erlaubnis, ein Mandel-Croissant zu essen. Heutzutage entscheide ich mich nur noch selten für ein Mandel-Croissant, doch wenn ich eins haben möchte, weiß ich, dass das okay ist, und fühle mich kein bisschen schuldig.

Unabhängig von den Suppen, die Sie für Ihren täglichen Suppenplan auswählen, sollten Sie auf Ihre täglichen Nährstoffbedürfnisse und -ziele achten. Und sprechen Sie mit Ihrem Arzt, bevor Sie Ihre Ernährungsweise umstellen – insbesondere wenn Sie vorhaben, eine große Menge an Gewicht zu verlieren. Das Suppen-Detox-Programm arbeitet mit einer Reduktion der Kalorienzufuhr durch einen einzelnen Suppentag und bei den Austauschmahlzeiten im Laufe der Woche. Sie nehmen richtige, gekochte Nahrung zu sich, die aus ganzem Gemüse hergestellt wird, und versorgen dadurch Ihren Körper mit den reinsten und am leichtesten verdaulichen Nährstoffen.

Wenn Sie versuchen, Gewicht zu verlieren, gibt es dafür mehrere schnelle und einfache Techniken, die Sie zur Verbesserung Ihres Plans einführen können. Falls Sie sich wegen Ihres Salzkonsums sorgen, werde ich ihnen zeigen, wie Sie das Aroma ohne zu viel Salz optimieren können. Außerdem biete ich einen kurzen Überblick über die verschiedenen gesundheitlichen Vorzüge jeder Entschlackungskur: energetisieren, heilen, stärken, reinigen und abnehmen. Und da ich Mutter bin und ein Kleinkind habe, das mir nicht von der Seite weicht, wenn ich den Tisch decke, werde ich Ihnen darüber hinaus zeigen, welche Rezepte am besten für werdende Mütter und ihre Kleinen geeignet sind („Für Mutter und Baby").

Heutzutage gibt es massenweise externe Faktoren, die uns von einer natürlichen Ernährungsweise abgelenkt haben. Erstaunlicherweise sind lediglich vier Wochen erforderlich, um zum richtigen Rhythmus zurückzufinden, der Ihnen helfen wird, Ihr ideales Körpergewicht zu erzielen, Ihr Immunsystem zu stärken, das Energieniveau zu steigern und das Risiko für Herzerkrankungen, Diabetes, Krebs und eine ganze Reihe anderer Leiden zu senken. Und sie müssen Ihr Leben nicht ändern, um davon profitieren zu können. Sie tun es bereits. Dieses Buch wird Ihnen lediglich dabei helfen, es besser zu machen. Nutzen Sie Ihr fantastisches Ich und blicken Sie nicht zurück.

Warum Suppe?

Ich, du, er, sie, es ... wir alle essen Suppen. Minestrone, Reissuppe, Consommé, Borschtsch, asiatische Sabao, Eintopf, Chili – überall auf der Erde, für jeden Gaumen und in jeder Ernährungsweise gibt es Suppen. Wahrscheinlich waren Suppen das erste Gericht, das unsere Jäger-und-Sammler-Vorfahren zubereiteten, nachdem sie das Feuer entdeckt hatten; und seitdem war das Rühren in einem Topf mit warmem Gemüse ebenso selbstverständlich und wohltuend wie das Sitzen vor einem prasselnden Feuer. Suppe ist ein Allheilmittel, eine Erinnerung, ein Trost und lebensspendend.

Bemerkenswerterweise ist Suppe so konzipiert, dass sie Sie länger satt hält. Es wird Sie wohl kaum überraschen, dass Ihre schlanke und schicke Großtante zum Abendessen als ersten Gang immer Suppe zu sich nimmt: Sie essen weniger, wenn Sie vor einer großen Mahlzeit eine Suppe zu sich genommen haben. Das beweist auch die bekannte Brathähnchenstudie. Eine Gruppe bekommt ein Brathähnchen mit Gemüsebeilage und einem Glas Wasser serviert. Das gleiche Gericht wird mit Wasser vermischt einer zweiten Gruppe als Suppe vorgesetzt. Nun raten Sie mal, welche dieser Gruppen als erste erklärt hat, satt zu sein, und weniger Kalorien zu sich genommen hat? Suppe hat eine große Auswirkung auf die sogenannte Magenentleerung.[17] Es genügt wohl zu sagen, dass Sie sich mit Suppe schneller und länger satt fühlen. Vielleicht ist das ein Grund dafür, dass Suppe in jeder Gesellschaft schon immer allgemein verbreitet war: Sie ist preiswert. Es ist kein Zufall, dass Suppe die erste Mahlzeit ist, die in der Hungersnot zubereitet wird.

Suppe ist unglaublich flexibel, da sie eine ganze Nahrungskategorie darstellt. Wie Sie an der Vielfalt in diesem Buch erkennen, kann Suppe aus fast jedem Gemüse zubereitet werden. Sie kann leicht und scharf sein wie die Jalapeño-Tomaten-Brühe (Seite 199) oder gehaltvoll und cremig wie die pürierten Frühlings-Platterbsen mit Cashewcreme (Seite 94). Diese Flexibilität bedeutet, dass Sie von den sättigenden, wohltuenden und heilenden Eigenschaften profitieren können, ohne dass Ihr Gaumen sich langweilt. Die wechselnden Jahreszeiten versorgen uns mit immer neuen Gemüsearten, die wiederum andere Aromen in die Küche bringen und die Neugier anregen. Sie stecken nicht in einer Suppenroutine fest, da es immer neue Cremesuppen oder Eintöpfe auszuprobieren gibt, wenn Sie Ihren Suppen-Detox-Plan zusammenstellen.

Was Sie erwartet

Sie können davon ausgehen, dass Sie mehr Verbindung zu sich selbst haben werden. Es wird Ihnen bewusster sein, was Sie essen und wie hungrig oder satt Sie sich fühlen. Insbesondere am ersten Suppen-Detox-Tag, wenn Sie ausschließlich Suppe zu sich nehmen, werden Ihnen die körperlichen und emotionalen Zeichen des Hungers stärker auffallen als an Tagen „ohne Regeln". Wenn Sie das akzeptieren, werden Sie beginnen, zwischen einem echten körperlichen Hungerreiz (Magengrummeln) und einem emotionalen Hungerreiz (ich möchte mit meinen Kollegen zusammen einen Imbiss einnehmen, da wir uns immer gegen 14 Uhr am Snackautomaten treffen) zu unterscheiden. Diese Unterscheidung ist unglaublich wichtig und wird Ihnen mit dem Suppen-Detox von Woche zu Woche leichter fallen. Wenn Sie eine stärkere Verbindung zu den natürlichen Hunger- und Sättigungshinweisen Ihres Körpers aufnehmen, bringen Sie nicht nur Ihrem Körper mehr Bewusstsein entgegen, sondern Sie kräftigen ihn auch. Körper und Geist werden mehr Verbindung zueinander haben, sodass Sie an Ihrem freien Tag eher sagen können: „Moment, ich erinnere mich an dieses Gefühl ... Ich bin satt!" Oder: „Hm, eigentlich habe ich jetzt keinen Hunger, möchte aber etwas essen – könnte das ein emotionaler Wunsch sein? Vielleicht warte ich besser, bis auch körperliche Anzeichen dazukommen." Jedes Mal, wenn Sie innehalten, um auf diese Hinweise zu achten und zwischen körperlichen und emotionalen Reizen zu unterscheiden, stärken Sie Ihr Fundament und etablieren wirklich gesunde Gewohnheiten.

Stellen Sie sich darauf ein, etwas mehr Blähungen zu haben, wenn Sie es nicht gewohnt sind, pflanzliche Kost zu sich zu nehmen. Jeder Mensch ist anders, doch es braucht immer seine Zeit, sich an mehr Gemüse anzupassen. Die komplexen Kohlenhydrate und Ballaststoffe in Gemüse und Hülsenfrüchten werden vom Körper nicht verdaut und lösen Blähungen aus. Aber: Ihre Pupse werden zu Unrecht kritisiert. Viele verschiedene Kohlenhydrate und Ballaststoffe aus Gemüse steigern die Vielfalt an gesunden (guten) Bakterien in Ihrem Darm – die sogenannte Darmflora. Diese Vielfalt hält unser Verdauungssystem gesund und sorgt erwiesenermaßen für ein gesünderes Körpergewicht. Purna C. Kashyap, Gastroenterologe an der Mayo Clinic sagt: „Lebensmittel zu essen, die Blähungen auslösen, ist die einzige Möglichkeit für die Mikroben im Darm, an Nährstoffe zu gelangen. Wenn wir sie nicht mit Kohlenhydraten füttern, wäre es schwieriger für sie, in unserem Darm zu leben ... Unverdaute Kohlenhydrate lassen das ganze mikrobiotische Ökosystem gedeihen und florieren."[18]

In diesem Zusammenhang können Sie erwarten, regelmäßigeren Stuhlgang zu haben. An ihrem Suppen-Detox-Tag berichten viele über mehrfachen Stuhlgang. Wie ich in Kapitel 2 erläutern werde, liegt das an den wasserunlöslichen Ballaststoffen. Gemüse enthält eine Menge wasserunlöslicher Ballaststoffe, die wie ein Besen in Ihrem Verdauungssystem wirken: Dieses unverdauliche Material fegt den Darm

im wahrsten Sinne des Wortes aus. Wenn das keine Darmreinigung ist, weiß ich auch nicht ... Schätzen Sie die Fähigkeit Ihres Körpers, all das Zeug loszuwerden, das er einfach nicht braucht.

Bestimmt sind Sie positiv überrascht, wie satt und zufrieden Sie sich nach vier Wochen oder vielleicht auch schon früher mit dieser Routine fühlen. Sie werden die Suppen im Laufe der Zeit als wohltuende und verlässliche Momente wahrnehmen, werden loslassen können und auf dem Weg zu besseren Ernährungsgewohnheiten die Suppe einen Teil der harten Arbeit übernehmen lassen. Wenn Sie sich vier Wochen lang an das Suppen-Detox-Programm halten, werden Sie sich stärker, selbstbewusster und geerdeter fühlen – versprochen.

Was geschieht, wenn ich schummle?

Der ganze Sinn des 7-Tage-Plans besteht darin, das Wort „schummeln" aus dem Ernährungsvokabular zu streichen. Es gibt einen fettarmen Tag (den Suppen-Detox-Tag), einen Tag ohne Regeln (den freien Tag) und fünf Tage dazwischen, an denen Sie eine Mahlzeit pro Tag durch eine Suppe ersetzen. Dadurch reduzieren Sie Ihre Kalorienzufuhr deutlich genug, sodass Sie gute Ergebnisse erzielen und trotzdem einige (oder sogar die meisten) Ihrer alten Gewohnheiten beibehalten können. Nach einem Monat werden die meisten Gewohnheiten, die Sie früher vom rechten Weg abgebracht haben, auf der Strecke bleiben, da Sie sich Ihrer Handlungen ganz bewusst sind und eine tiefere Verbindung zu den Gewohnheiten haben, die Sie mit einer guten Gesundheit belohnen. Sie werden beginnen, beim nächsten Familienfest statt Hackfleischbällchen eine Extraportion Gemüse zu sich zu nehmen.

Einen Monat Engagement, und Sie werden nicht mehr vom Schummeln sprechen, sondern sich darauf konzentrieren, sich möglichst gut zu fühlen. Sie nehmen Ihre Suppen-Detox-Tage und Ihre Suppen-Austauschmahlzeiten zu sich, gönnen sich auch mal etwas und legen dann wieder einen fettarmen Tag ein – Sie leben Ihr Leben. Und Sie werden es genießen, aktiv zu Ihrer guten Gesundheit beizutragen.

Doch was geschieht, wenn Sie einen Tag auslassen? Wenn Sie diese Woche den Detox-Tag nicht durchführen können? Was, wenn Sie im Urlaub sind? Das ist in Ordnung. Entscheidend ist nur, dann wieder zu Ihrer Detox-Routine zurückzukehren. Ein ausgefallener Suppentag ist nicht das Ende der Welt. Eine ganze Woche Urlaubsernährung ist nicht ideal, aber es wird Sie nicht vollkommen aus der Bahn werfen. Kehren Sie zum Detox-Programm zurück und seien Sie stolz darauf. Betrachten Sie es als eine Gelegenheit, Ihre Rezepte zu überdenken, einige neue auszuprobieren und Ihren Alltag vielfältiger zu gestalten. Stufen Sie den Urlaub oder die paar freien Tage als Möglichkeit ein, sich zu erinnern, warum Sie dieses Buch zum ersten Mal zur Hand genommen haben. Besinnung ist sehr gut für die Seele und kann uns helfen, im späteren Verlauf bessere Entscheidungen zu treffen. Und es geht ja darum, voranzukommen.

Ich verhungere!

Echter Hunger tritt auf, wenn Ihr Körper zuerst alle Energie aus Ihrem Magen genutzt, die Glykogenspeicher Ihrer Leber geleert und Ihre Fettdepots aufgebraucht hat. Ein vorübergehendes Hungergefühl ist mit echtem Hunger nicht vergleichbar. Es ist ein Signal Ihres Körpers an Ihren Geist und kann von einem leeren Magen ausgelöst werden, vom Anblick eines Stücks Kuchen, durch Langeweile oder eine belastende E-Mail. Manchmal bedeutet dieses Gefühl, dass es wirklich Zeit wird, was zu essen, doch häufig signalisiert es auch, dass wir in anderer Weise entspannen müssen. Hunger ist kein Feind, sondern ist ein körperlicher Hinweis auf Ihren aktuellen Zustand. Wie Sie darauf reagieren, entscheidet darüber, wie viele Fortschritte Sie in Bezug auf Ihre Ernährungsgewohnheiten und mit sich selbst machen werden.
Der mit Hunger einhergehende Stress ist unser Wunsch, diese Hinweise zu ignorieren. Versuchen Sie, einen achtsamen Augenblick oder ein Mantra zu finden, um in solchen Momenten eine Verbindung zu Ihrer inneren Stärke herzustellen. Eine der Achtsamkeitsübungen, die ich besonders mag, findet sich auf Seite 196.

Kapitel 2

WARUM GEMÜSE? WARUM SUPPE?

Ich bin keine Veganerin, ich esse nur viel Gemüse

Wenn man ein gesünderes Leben führen will, geht es nicht um Perfektion. Das ist der Grund, warum Radikalkuren scheitern, warum gute Vorsätze zum neuen Jahr bis Februar vergessen sind und warum unsere Ernährungsgewohnheiten trotz unserer von Fitness und Diäten besessenen Kultur leider Vielfalt und lebenswichtige Nährstoffe vermissen lassen. Wie bereits im vorangegangenen Kapitel erwähnt, erreichen der Krankheits- und Seuchenschutzbehörde der USA zufolge 87 Prozent der US-Amerikaner beim Gemüse nicht die empfohlene tägliche Verzehrmenge[1] und fast 69 Prozent der Erwachsenen sind übergewichtig oder fettleibig.[2] Sich gesund zu ernähren, kann eine einschüchternde Aufgabe sein, und die Regeln scheinen sich ständig zu ändern, sodass angeblich immer wieder andere Lebensmittel schlecht für Sie sind. Doch eine Wahrheit bleibt unverändert: Wir müssen mehr Obst und Gemüse essen. Sie sind für unseren Körper die beste Energiequelle, sie verbessern unser Leben von innen heraus und sie sind der Grund, warum Gruppen, die sich in erster Linie von pflanzlicher Kost ernähren, am längsten leben.[3]

Der Druck, sich einer Ernährungsweise oder einem Fitnessprogramm hundertprozentig zu verpflichten, ist enorm. Mitgliedschaften im Fitnessstudio, Gesundheitstrainer, Speisepläne und Kalorienzähler gibt es zuhauf. Sie können fast alle Kohlenhydrate, die Sie essen, und jede Kalorie, die Sie verbrennen, zählen – einfach durch die Berührung eines Displays! Ich versuche, gesunde Nahrungsentscheidungen in meinen Lebensstil zu integrieren, statt meinen gesamten Lebensstil zu ändern, um ihn an einen speziellen Trend oder Wahn anzupassen. Das hilft mir einfach, vernünftig zu bleiben. Ich liebe es, nährstoffreiche, pflanzliche Mahlzeiten zuzubereiten und zu essen; deshalb fühle ich mich nie, als müsste ich mein Leben auf Eis legen, bis ich soundso viele Kilos abgenommen habe oder in diese verführerischen Jeans passe. Ein gesundes Leben hat ebenso viel mit unseren Gedanken wie mit der Nahrung zu tun, die wir zu uns nehmen. Es ist nicht nötig, dass Sie sofort und für immer auf Cheeseburger und Chips verzichten. Stattdessen sollten Sie sich bei jeder Mahlzeit fragen: Was wird diese Nahrung für mich tun? Wie wird sie meinen Körper nähren und mir Energie für die Projekte und Aktivitäten verleihen, die ich mir vorgenommen habe?

Wenn Sie Ihr gesündestes Ich annehmen und diese Vision beibehalten wollen, ist keine dogmatische Diät erforderlich. Es geht nicht darum, perfekt zu sein. Und es kommt weniger darauf an, was Sie von Ihrem Speiseplan streichen, sondern eher darauf, was Sie hinzufügen. Denken Sie an all die wunderbar köstlichen, farbenfrohen und nährstoffreichen Lebensmittel, die Sie essen werden, und daran, wie phänomenal Sie sich mit ihrer Hilfe fühlen werden. Wenn Sie Ihren Teller (oder Ihre Schale) mit diesen Schönheiten füllen, werden Sie feststellen, wie wenig Platz für andere Dinge bleibt. Ihr Appetit und Ihr Geschmack werden sich verändern, und Sie werden beginnen, sich nach dem zu sehnen, was Ihr Körper wirklich braucht.

Wenn Sie gesunde Kost als Bestrafung ansehen, müssen Sie sich stets mit fettigen, salzigen und zuckerhaltigen Leckereien „belohnen", die ebenso nährstoffarm wie industriell stark bearbeitet sind. Denken Sie doch einmal über Ihren Ansatz nach: Was wäre, wenn Sie Ihr Ziel vereinfachten? Was wäre, wenn Sie entdeckten, dass Sie die Qualität Ihres Geistes und Ihres Körpers mit einigen wenigen, kleinen Veränderungen verbessern können? Denken Sie daran, dass selbst eine einzige pflanzliche Mahlzeit am Tag schon etwas bewirkt.

Super Suppenkräfte

Der Verzehr von Suppen für eine bessere Gesundheit ist einer der einfachsten Wege, um gute Essgewohnheiten zu etablieren, sich toll zu fühlen, fit zu werden oder einfach ein gesundes Gewicht zu halten. Ich habe bereits über die Wissenschaft hinter den Suppen gesprochen – nun geht es um die Fähigkeit der Suppe, eine Verbindung zu unseren Emotionen herzustellen.

Suppen gibt es schon so lange, wie die Menschen kochen.[4] Der Impuls, Gemüse in einen Topf zu werfen und weich zu kochen, liegt geradezu in den Genen, über alle Klassen- und Kulturunterschiede hinweg. Vermutlich können Sie sich sogar bis in Ihre Kindheit zurückerinnern, wie Sie geholfen haben, Gemüse für einen Eintopf klein zu schneiden, oder wie sich alle um einen dampfenden Topf versammelt haben und zusahen, wie die Teller gefüllt wurden. Die Zubereitung und der Verzehr von Suppe fördern das Teilen und das soziale Engagement, einen wichtigen Bestandteil unserer inneren und äußeren Gesundheit. Der Suppenteller ist das Individuum, der Topf die Gemeinschaft. Es hat etwas Verbindendes, bei einer gemeinsamen Mahlzeit vom selben Gericht zu essen.

Auch die Langsamkeit der Suppe ist etwas Besonderes und stellt für mich eine spezielle Meditation dar. Die meisten Rezepte in diesem Buch erfordern weniger als 30 Minuten aktiver Zubereitungszeit, doch wie steht es mit der Stunde (oder so), die dann alles köchelt? Und was ist mit dem Phänomen, dass Suppen am Tag nach dem Kochen häufig noch besser schmecken? Ich stelle mir gerne vor, wie sich die Zutaten während des Kochvorgangs verändern. Knoblauch ist eine feste Knolle, die das Potenzial enthält, sich zu einer neuen Knoblauchpflanze zu entwickeln. Ich breche sie auf, hole eine Zehe aus der Knolle, schäle sie, hacke sie zu zahllosen klebrigen und kräftig riechenden Stückchen, während das Anti-Krebs-Enzym Alliinase aktiviert wird. Dann verwandeln sich diese Stückchen mit etwas Hitze und ein wenig pflanzlichem Fett von roh und würzig zu süß und köstlich. Nach und nach kommen eine Menge Aromen und Zutaten unterschiedlicher Konsistenz in den Topf und dann muss ich einen Schritt zurücktreten und die Zeit übernehmen lassen. Das ist häufig eine willkommene Erleichterung, da ich Kinder habe, die vorgelesen bekommen wollen und deren Windeln gewechselt werden müssen, außerdem warten E-Mails auf meine Beantwortung. Besser noch: Ich möchte ein paar Yogaübungen machen, einen Artikel lesen, für den ich sonst keine Zeit gefunden hätte, oder eine Freundin zum Abendessen einladen.

All das ist eine Erinnerung an das Loslassen. Manchmal ist das Beste, was Sie mit Suppe (und mit unbeantwortbaren Arbeitsfragen, einer anstrengenden Situation mit einem Kleinkind oder einem verlorenen Schlüsselbund) tun können, einen Schritt zurückzutreten und loszulassen. Lassen Sie die Suppe vor sich hin köcheln, das Kleinkind seinen Reißverschluss selbst aufmachen, die Schlüssel ein paar weitere Minuten verschollen sein. Im Leben ist es wie mit der Suppe: Mit dem Rezept und den Zutaten geben Sie Ihr Bestes, doch ab einem gewissen Punkt steht alles Weitere nicht mehr in Ihrer Macht. Die Erde dreht sich weiter, und wenn es Zeit wird, die Suppe vom Herd zu nehmen, werden Sie es schon wissen. Und Ihre Geduld wird belohnt werden.

Suppe hat ein paar konkrete Vorteile, über die ich weiter unten mehr erzählen werde. Die Fähigkeit der Suppe, mir beim Entschleunigen zu helfen, mich wieder mit dem Umwandlungsprozess des Kochens zu verbinden und meine Perspektive von „wann wird das erledigt“ zu „ich habe einen freien Augenblick“ zu verschieben, ist möglicherweise ihre geheimnisvollste und beeindruckendste Stärke.

Die Vorteile des Erhitzens

Doch kommen wir noch einmal auf den Boden der Tatsachen zurück, damit ich Ihnen etwas über die Nährstoffe erzählen kann, die Suppen zu etwas so Besonderem machen. Ab dem Augenblick der Ernte beginnen Pflanzen, Nährstoffe zu verlieren. Deshalb ist es besser, frisches Obst und Gemüse aus der Region zu kaufen. Das ist einer der Gründe, warum dies beim „Splendid Spoon“ Priorität hat. Doch das Kochen beschleunigt diesen Prozess nicht zwangsläufig. Häufig ist genau das Gegenteil der Fall. Wussten Sie, dass das schonende Kochen auf niedriger Temperatur bei bestimmten Gemüsesorten mehr Nährstoffe freisetzt, als wenn Sie dieses Gemüse roh äßen? Die Vorstellung, dass der rohe Verzehr besser ist als das Kochen von Nahrung, weil dadurch Nährstoffe zerstört werden, entspricht nicht ganz der Wahrheit. Während bei einigen Pflanzen durch das Erhitzen eine Verringerung bestimmter Vitamine festzustellen ist, explodieren andere dadurch nahezu aufgrund einer Zunahme an Nährstoffen und Antioxidantien. Vitamin C geht durch das Kochen schnell verloren, kann aber leicht woanders in großen Mengen gefunden werden – beispielsweise in Zitrusfrüchten, Kiwis und

Blattsalaten, die allesamt köstlich sind, wenn man sie roh zu sich nimmt. Es ist schwieriger, Nährstoffe zu finden, die in gekochter Form stärker zutage treten als im Rohzustand. Lycopin kommt zum Beispiel in rohen Grapefruits und rohen Tomaten vor, ist aber in gekochten Tomaten in größerer Menge vertreten.

Die sanfte Hitze des Dünstens oder Schongarens kann Nährstoffe in Gemüse freisetzen oder erhalten. Außerdem hilft der Verzehr von gekochtem Gemüse in Verbindung mit gutem Fett wie etwa Olivenöl bei der Aufnahme fettlöslicher Vitamine – beispielsweise der Vitamine A, E, D und K.[5] Viel hängt von der Löslichkeit der Vitamine und Nährstoffe ab. Wasserlösliche Vitamine wie Vitamin C gehen beim Kochen leicht verloren, da sie weniger stabil sind. Sie können durch Hitze oder in kochendem Wasser schnell zerstört werden. Fettlösliche Vitamine bleiben dauerhaft erhalten. Sie lösen sich in Fett und werden dann in Ihrem Körpergewebe eingelagert, sind also stabiler und halten Hitze aus.

Stellen wir uns das Kochen (insbesondere das Schongaren) als einen externen Teil des Verdauungsprozesses vor. Er übernimmt bereits die Arbeit des Zerlegens Ihrer Nahrung, erspart Ihrem Kiefer damit viel Belastung und erleichtert Ihnen das Kauen und Aufnehmen. Lebensmittel wie Getreide und Hülsenfrüchte können im Wesentlichen nicht roh gegessen werden (oder sind dann zumindest nicht wirklich genießbar). Durch das Kochen wird es für Sie nicht nur körperlich einfacher, die Nahrung zu essen, sondern es verbessert auch viele Zutaten für Sie, da die Nährstoffe leichter aufgenommen werden können. Die nachfolgende Auflistung zeigt Ihnen einige Nährstoffe, die beim Kochen unverändert bleiben, und inwiefern Ihr Körper von ihnen profitiert.

Lycopin

Wissen Sie, was Tomaten (und anderem tiefrotem Gemüse) ihre schöne, leuchtend rote Färbung verleiht? Das ist ein phytochemischer Stoff (d. h. er wird natürlicherweise von Pflanzen produziert), der Lycopin genannt wird. Er weist antioxidative Superkräfte auf und bekämpft krebserregende freie Radikale in unserer Nahrung. Freie Radikale sind alles andere als radikal. Sie treten natürlicherweise während des Verdauungsvorgangs auf, können aber die Entstehung gefährlicher Krebszellen begünstigen, wenn sie nicht von Nahrung bekämpft werden, die reich an Antioxidantien ist. Wussten Sie, dass der Trans-Lycopin-Gehalt von Tomaten durch ein 30-minütiges Kochen im Vergleich zum Rohzustand um 164 Prozent zunimmt und das Antioxidantien-Niveau um 62 Prozent ansteigt?[6]

SUPPEN IM RAMPENLICHT: Gekochter Gazpacho? Aber sicher! Statt sich an die traditionelle, rohe Zubereitungsweise zu halten, erhitze ich für diese sommerliche Suppe (siehe Seite 74) meine Tomaten gern. Dann lasse ich sie abkühlen und genieße sie wie üblich.

Vitamin A

Wie wir alle wissen, sind Karotten gut für unsere Augen. Doch wussten Sie auch, dass ihr Gehalt am Vitamin-A-Superstar Betacarotin das Krebs- und Depressionsrisiko senken könnte?[7] Eine einzige Karotte enthält 210 Prozent des Tagesbedarfs an Vitamin A in Form von Betacarotin. Im wahrsten Sinne des Wortes ein Augenschmaus! Karotten roh zu mümmeln wie Bugs Bunny, ist schon gut, aber wenn Sie das Antioxidantien-Niveau noch steigern und gegen die Schädigung von Zellen im Auge ankämpfen möchten, sollten Sie diese Schönheiten in den Kochtopf legen.[8] Gekocht ist der Gehalt an Carotinoiden höher, sodass Sie mit jedem Bissen mehr Antioxidantien aufnehmen.[9] Bewahren Sie die Ruhe und essen Sie Karotten.

SUPPEN IM RAMPENLICHT: Die Karottensuppe mit Kurkuma auf Seite 93 ist eine hervorragende Möglichkeit, um in den Tag zu starten und Ihre Augen mit etwas zu öffnen, das speziell für sie gemacht ist. Dieses Rezept ist reich an Antioxidantien und Vitamin A, während die Kurkuma Ihren Kreislauf in Schwung bringt. Frische Karotten lassen Ihre Augen strahlen. Und Zitrusfrüchte erfreuen Ihre Geschmacksknospen. Eine Spur gemahlener roter Pfeffer bringt einen zusätzlichen Kick, sodass Sie das Haus nach dem Frühstück beschwingt verlassen.

Vitamin D

Vitamin D ist wichtig für Ihre Gesundheit, da es Hand in Hand mit Kalzium arbeitet, um Ihrem Körper dabei zu helfen, Kalzium in den Knochen einzulagern.

Außerdem gibt es einen Zusammenhang zwischen Vitamin D und Ihrer Stimmung: Immer mehr Studien belegen, dass Menschen mit Depressionen einen Vitamin-D-Mangel haben. Ihre Dosis erhalten die meisten von uns durch Sonnenschein, doch schätzungsweise eine Milliarde Menschen weltweit leidet unter einem Mangel an diesem Wohlfühlvitamin.[10] (Noch ein Grund mehr, im Freien zu essen!) Pilze sind die einzige nicht-tierische, natürliche Quelle für Vitamin D, und da dieses durch Hitze nicht zerstört wird, füge ich meinen Suppen gern Pilze hinzu.

SUPPEN IM RAMPENLICHT: Ich wollte den Geschmack des klassischen Gerichts Hähnchen mit Reis mithilfe rein pflanzlicher Zutaten nachahmen, als ich den „Hähnchen"-Eintopf mit Reis auf Seite 173 entwickelte. Ich schneide dafür große Austernpilze in Scheiben, da ihr Fleisch die perfekte Konsistenz hat und selbst die größten Fleischliebhaber (beinahe) überlistet. Wenn Sie die Zähne in diese Pilze versenken und die heiße Brühe schlürfen, können Sie sich entspannt zurücklehnen und die Kraft der Suppe genießen. Diese Wirkung liegt möglicherweise daran, dass Sie sich – wie ich – an die Hühnersuppe Ihrer Mutter erinnert fühlen; oder vielleicht ist der Auslöser auch der Endorphinkick durch das Vitamin D in den Pilzen. Sollte es sich um einen Placebo-Effekt handeln, ist mir das auch egal, denn ich weiß, dass Vitamin D schon bald durch mein Blut strömen wird.

Vitamin K

Wie Vitamin D bleibt auch Vitamin K beim Erhitzen stabil. Außerdem ist es fettlöslich: Das bedeutet, dass Ihr Körper etwas Fett benötigt, um es zu den Zellen transportieren zu können, die es am stärksten

brauchen. Auch für die Blutgesundheit hat es eine entscheidende Bedeutung. Und wenn Sie sich Ihr Blut als das Medium vorstellen, das Nährstoffe und Sauerstoff dorthin transportiert, wo sie erforderlich sind (und das Gifte wie Kohlendioxid nach draußen befördert), ist es ein Wunder, dass wir nicht mehr über die Gesundheit unseres Blutes sprechen. Vitamin K sorgt insbesondere dafür, dass unser Blut gerinnt, wenn es soll, und es unterstützt den Kalziumtransport durch die Blutbahnen. Die gesunden Bakterien in unserem Darm stellen natürlicherweise Vitamin K her und Gemüse aus der Familie der Kreuzblütengewächse – wie Brokkoli, Grünkohl und andere Kohlsorten – liefern es ebenfalls. Diese Gemüsesorten sind darüber hinaus eine wunderbare Quelle für Ballaststoffe, mit deren Hilfe die gesunden Darmbakterien gedeihen. Lieben Sie es auch, wenn der Kreis sich schließt wie in diesem Fall?

SUPPEN IM RAMPENLICHT: Wer sagt, dass Blattgemüse zäh sein muss? Der Grünkohleintopf auf Seite 161 wird mit süßen und säuerlichen Tomaten, mit cremiger Kokosmilch und dem vielschichtigen Aroma des Madras-Currys zubereitet. Sie werden Ihre Suppenschüssel auslecken!

Vitamin E

Vitamin E ist wichtig für eine reine, glatte Haut und häufig in Hautcremes enthalten. Es ist ein mächtiges Antioxidans, das Sie auch von innen heraus stärkt und hitzebeständig ist. Da Vitamin E fettlöslich ist, müssen wir Vitamin-E-haltige Pflanzen mit gesunden Fetten wie Oliven-, Avocado- und Kokosöl kombinieren. Tatsächlich enthalten einige der größten Vitamin-E-Lieferanten bereits eine hohe Konzentration an pflanzlichen Fetten – das ist zum Beispiel bei Sonnenblumenkernen, Walnüssen und Mandeln der Fall. Vitamin E hat hervorragende entzündungshemmende Eigenschaften und ist folglich eine Wohltat für unser Immunsystem; es hilft bei der Genesung und sorgt dafür, dass Ihre Zellen in guter Form sind.

SUPPEN IM RAMPENLICHT: Die vegetarische Tajine auf Seite 115 bietet eine Fülle von Aromen. Dieses durch die nordafrikanische Küche inspirierte Gericht kombiniert Kichererbsen, Kakao und Aprikosen miteinander. Die ebenfalls enthaltenen Mandeln sind reich an Vitamin E – und haben Biss, was Sie in einer Suppe nicht immer erwarten. Auch die Verdauungssäfte in Ihrem Mund profitieren vom Kauen, das die Mandeln erforderlich machen.

Ballaststoffe: Das ursprüngliche Superfood

Ballaststoffe zählen zu den einfachsten und mächtigsten Freunden, welche die Natur unserem menschlichen Körper zur Verfügung stellt. In erster Linie handelt es sich dabei um unverdauliche Pflanzenteile; doch wenn diese durch das Verdauungssystem in Bewegung versetzt werden, helfen sie dem gesamten Körper, geschmeidiger zu funktionieren, schneller und kräftiger zu werden. Unglücklicherweise enthält die US-amerikanische Ernährung zu wenige Ballaststoffe. Wir nehmen pro Tag durchschnittlich nur 15 statt der erforderlichen 20 bis 35 Gramm zu uns,[11] während unsere Jäger-und-Sammler-Vorfahren im Vergleich zu uns schätzungsweise zehn Mal so viele Ballaststoffe aßen. (Und wir halten uns für so hoch entwickelt!)

Alle Ballaststoffe bestehen aus Kohlenhydraten, doch unser Körper kann sie nicht aufbrechen, sodass wir ihre Kalorien nicht aufnehmen. Eine ballaststoffreiche Ernährung kann Ihnen helfen, unerwünschtes Gewicht zu verlieren, da Sie sich länger satter fühlen, während die Ballaststoffe den Verdauungsprozess beschleunigen. Es gibt zwei Arten von Ballaststoffen: wasserlösliche und wasserunlösliche.

Wasserlösliche Ballaststoffe verlangsamen die Verdauung und geben dem Körper die Zeit, die Nährstoffe in der Nahrung zu spalten und aufzunehmen. Sie lösen sich in Wasser und verwandeln sich im Magen in eine gelartige Substanz, sodass Sie ein Sättigungsgefühl wahrnehmen. Wasserlösliche Ballaststoffe verleihen Ihnen Ausdauer, wenn Sie eine Schüssel Haferbrei oder Linseneintopf essen, und helfen Ihnen zugleich, die Portionsgröße unter Kontrolle zu halten. Für Diabetiker ist interessant, dass die gelartige Substanz im Magen die Abgabe von Zucker in den Blutkreislauf verlangsamt, sodass das Glukoseniveau nicht in die Höhe schnellt. Außerdem

Langsam essen und gut kauen

Kauen, kauen, kauen. Das wird schon den Kindern erzählt, doch es ist nicht immer einfach, achtsames Kauen in unsere Essgewohnheiten zu integrieren. (Auf Seite 180 finden Sie eine Übung zum achtsamen Kauen knackiger Chiasamen im Avocado-Kimchi-Eintopf). Ballaststoffreiche Nahrung ist toll, da sie ein besonders gründliches Kauen erfordert und uns damit die Zeit gibt, unser Sättigungsniveau abzuschätzen – nicht erst, wenn das Koma nach dem Essen schon eingesetzt hat. Die Nahrungsaufnahme zu verlangsamen und stärker auf die Sättigung zu achten, trägt zum Gewichtsverlust und zur Entwicklung achtsamer Ernährungsgewohnheiten bei.

befreien wasserlösliche Ballaststoffe unsere Gefäßsysteme von ungesunden Plaquen, halten den Blutdruck niedrig und verbessern ganz allgemein den Kreislauf und die Sauerstoffversorgung unserer Organe.[12]

Wasserunlösliche Ballaststoffe sind quasi der hyperaktive Zwilling. Sie beschleunigen die Verdauung und schieben Ihre Mahlzeit weiter auf ihrem Weg durch den Magen-Darm-Trakt. Wasserunlösliche Ballaststoffe stammen aus der starren Zellulose in Pflanzenzellen, die den Pflanzen ihre Struktur verleiht.

Es versteht sich von selbst, dass wasserunlösliche Ballaststoffe zu einer problemlosen Verdauung führen und Verstopfung verhindern; doch die Verdauung ist nicht das einzige Betätigungsfeld dieser Ballaststoffe. Wasserunlösliche Ballaststoffe spielen eine entscheidende Rolle beim Erhalt des Gleichgewichts der Darmflora. All die guten Bakterien, die in Ihrem Bauch leben, ernähren sich von diesem wasserunlöslichen, faserigen Material. Eine gesunde Darmflora kann vielerlei verhindern – von Allergien und Hautkrankheiten bis hin zu Krebs und Gewichtszunahme.

Wenn der Ballaststoffgehalt der Nahrung zunimmt, verändert sich das mikrobielle Profil, das mit Fettleibigkeit in Zusammenhang steht, zu einem Profil, das bei schlankeren Körpern auftritt. Wir können Ballaststoffe nicht verdauen, doch unsere Darmbakterien lieben sie. Gute Mikroben gedeihen auf gärfähigen Ballaststoffen, und wenn wir sie nicht angemessen füttern, beginnen sie rasch, den Schleim aufzufressen, der unseren Darm auskleidet und vor Krankheiten und Entzündungen schützt. Unsere freundlichen Darmmikroben haben die Fähigkeit, ungenutzte Energie, Vitamine, Nährstoffe und Fettsäuren hervorzuholen, die in den Ballaststoffen eingelagert sind.

Wasserlösliche Ballaststoffe kommen in Nüssen, Samen, Hülsenfrüchten, Bohnen, Erbsen, Hafer und Gerste vor. Wasserunlösliche Ballaststoffe sind ein Bestandteil jeder Pflanzenzelle und sind folglich buchstäblich in jedem Obst und Gemüse enthalten. Viele ballaststoffreiche Nahrungsmittel bieten beide Ballaststoffarten, die gemeinsam ein natürliches Gleichgewicht in der Verdauung unseres Körpers aufrechterhalten.

Wie ich bereits im Abschnitt „Was Sie erwartet" in Kapitel 1 erwähnt habe, wird der Verzehr von Suppen wahrscheinlich dazu führen, dass Ihre Verdauung besser funktioniert, sodass Sie häufiger Ihren Darm entleeren können, als Sie es sonst gewohnt waren. Das ist gut, aber mir ist klar, dass Ihnen das auch ein wenig seltsam und störend vorkommen oder sogar unangenehm sein kann. Alle Suppen-Detox-Rezepte enthalten sowohl wasserlösliche als auch wasserunlösliche Ballaststoffe. Die Suppen mit der Kennzeichnung „Gewichtsverlust" beinhalten mehr Ballaststoffe als andere, während jene „Für Mutter und Baby" einen etwas geringeren Gehalt aufweisen. In meinen Rezepten gibt es auch eine gesunde Menge an Fett – nicht nur für den Geschmack und die Sättigung, sondern auch, weil die Verdauung sehr ballaststoffreicher Kost mit Fett Blähungen und Krämpfe reduziert.

Die Kraft der Pflanzen

Nicht jedes Gemüse ist auf dieselbe Weise aufgebaut. Manche stecken voller herzfreundlicher, cholesterinsenkender und schlank machender Nährstoffe. Und einige sind im Grunde grünes Wasser mit etwas Biss am Rand. Die kraftvollen von den aus gesundheitlicher Sicht weniger interessanten Gemüsesorten unterscheiden zu können, ist beim Einkaufen wichtig. Hier stelle ich Ihnen einige meiner bevorzugten Gemüsesorten und Kräuter vor, um Ihnen den Start zu erleichtern. Verschwenden Sie Ihre Zeit und Ihr Geld nicht mit dem Hacken von Eisbergsalat und Sellerie, wenn Sie auf eine herzhafte, farbenfrohe und kräftige Mischung aus Zutaten zurückgreifen können, die ebenso gut schmecken, wie Sie Ihnen guttun werden.

GRÜNES BLATTGEMÜSE. Grünkohl, Mangold, Pak Choi, Spinat – all diese grünen Blattgemüsesorten sind hervorragende Lieferanten der Vitamine K und A; und die schwefelhaltigen Bestandteile helfen, die gesunden Bakterienkolonien in Ihrem Darm zu vermehren.

FARBENFROHES GEMÜSE. Tomaten, Paprikaschoten, Zucchini, Aubergine – diese Gemüsesorten weisen die verschiedensten Farben auf, die alle leicht unterschiedliche Phytonährstoffprofile haben. Probieren Sie orangefarbene Paprikaschoten, gesprenkelte Auberginen sowie gelbe Tomaten und profitieren Sie von ihren einzigartigen Vorzügen.

HÜLSENFRÜCHTE. Schwarze Bohnen, Pintobohnen, Saubohnen und Linsen gehören zu den Hülsenfrüchten. Bei einer pflanzlichen Ernährung zählen sie zu den besten Eiweißlieferanten. Ihre Mischung aus Eiweiß und wasserlöslichen Ballaststoffen trägt dazu bei, dass sie lange satt machen, und ist der Grund dafür, dass sie am Suppen-Detox-Tag im früheren Tagesverlauf zum Einsatz kommen.

WURZELGEMÜSE. Wurzeln und Knollen wie Yams, Sellerie und Karotten stellen das Wurzelsystem der Pflanze dar, das Nährstoffe aus dem Boden aufnimmt und in den Pflanzenkörper transportiert. Aus diesem Grund sitzt eine hohe Konzentration an Nährstoffen direkt unterhalb der Schale. Wann immer es möglich ist, sollten Sie jüngeres Wurzelgemüse wählen oder solches mit einer dünnen Schale und diese nicht entfernen.

FRISCHE KRÄUTER. Frische Kräuter sind die geheime Zutat, die jedem Löffel Suppe mehr Aroma verleiht. Feine Kräuter wie Basilikum, Pfefferminze, Schnittlauch und Petersilie hacken Sie am besten erst direkt, bevor Sie diese über das Gericht streuen. So versehe ich jede Suppe am liebsten mit einem Frischekick. Die Kräuter mit einem festen, holzigen Stängel wie Rosmarin und Thymian sind insbesondere toll, wenn sie schon früh hinzugefügt werden und viel Aroma an die Suppe abgeben können – und sie sorgen außerdem dafür, dass es in Ihrer Küche duftet wie in der Provence. Oh là là!

PILZE. Austernpilze, Shiitake, Samtfußrübling (Enoki) – ich bin noch nie auf einen Pilz gestoßen, der mir nicht geschmeckt hätte. Sie haben eine Menge kräftiger Aromen, die sie freisetzen, wenn sie mit etwas Fett angebraten werden. Und vielen meiner Suppen liefern sie die typische „fleischige" Konsistenz. Manche Menschen mögen Pilze nicht; wenn Sie die Konsistenz stört, dann können Sie die Pilze vor dem Verzehr der Suppe herausfischen, um so dennoch ihr Aroma in der Brühe genießen zu können. Falls Sie gar nichts für Pilze übrig haben, können Sie diese durch geröstete Kürbisstückchen ersetzen (das süßliche und erdige Aroma des Kürbisses kommt dem einzigartigen Pilzgeschmack so nah wie möglich, ohne dass Sie Pilze verwenden müssen). Oder Sie erhöhen einfach die Menge der anderen verwendeten Gemüsesorten in diesem Rezept.

SPIRULINA. Dies ist ein smaragdgrünes Pulver, das aus getrockneten Algen hergestellt wird. Es wird aufgrund seiner Konzentration an Nährstoffen wie Eiweiß, Eisen und Kalzium geschätzt. Da es bei einem geringen Volumen sehr nährstoffreich ist, kann man Spirulina leicht einsetzen, um das Profil von Brühen zu verbessern, ohne eine Menge weiterer ballaststoffreicher Gemüsesorten hinzuzufügen. Außerdem erhält Ihre Suppe dadurch eine schöne, dunkelgrüne Färbung. Wenn Sie Spirulina im Bioladen oder Reformhaus nicht finden, können Sie stattdessen immer auch etwas mehr Spinat oder getrocknete Algen verwenden.

MATCHA (GRÜNTEEPULVER). Ich liebe Matcha aufgrund seines Gehalts an Antioxidantien (ähnliche wie Spirulina). Es ist einer meiner bevorzugten Zusätze zu Suppen, die Früchte enthalten, da es das süße Aroma des Obstes mit etwas Bitterkeit abmildert und so ein raffinierteres Geschmacksprofil erzeugt. Matcha ist koffeinhaltig – rechnen Sie also mit einem zusätzlichen Produktivitätsschub, wenn Sie eine matchahaltige Suppe zu sich nehmen.

HANFSAMEN. Diese Samen gelten aufgrund ihres Aminosäureprofils und des Verhältnisses von Omega-3- zu Omega-6-Fetten (Letztere fördern die Herzgesundheit) als perfekte Eiweißquelle. Ich liebe Hanfsamen, da sie heutzutage das Angebot der verfügbaren Samen im Lebensmittelladen erweitern – und es macht Spaß, neue Zutaten auszuprobieren. Hanf hat eine sehr leichte Konsistenz und nur einen Hauch des typisch kräftigen, intensiven Aromas, das Sie mit Cannabis in Verbindung bringen.

SAIGON-ZIMT. Zimt ist nicht gleich Zimt. Saigon-Zimt, auch vietnamesischer Zimt genannt, wird aus der Rinde einer anderen Pflanzensorte gewonnen (Cassia) als der konventionelle Ceylon-Zimt, der dem Echten Zimtbaum entstammt. Studien zufolge hat Saigon-Zimt im Gegensatz zu Ceylon-Zimt positive Auswirkungen auf die Gesundheit von Herz und Kreislauf. Ich nutze ihn auch seines Geschmacks wegen. Wenn Sie keinen Saigon-Zimt (der ein etwas intensiveres Aroma hat) bekommen, verwenden Sie, was Sie vorrätig haben, und würzen Sie ruhig ein wenig kräftiger.

KURKUMA. Wenn Sie Kurkuma in Ihrer Suppe verwenden, essen Sie das Rhizom als Teil der Wurzelstruktur einer Pflanze. Dieses leuchtend orangefarbene Superfood steckt voller entzündungshemmender Stoffe. Die beste Möglichkeit, Zugang zu diesen zu erhalten, ist die Verwendung der Kurkuma unter Zufuhr von Hitze und etwas schwarzem Pfeffer.
Ich liebe frische Kurkuma, doch Sie können sie auch getrocknet verwenden. Vorsicht: Frische Kurkuma färbt Ihre Finger und die Arbeitsfläche – die wunderbar orangefarbenen Farbpigmente verleihen dem Currypulver seine Färbung.

Kapitel 3

LOSLÖFFELN!

Das Suppen-Detox-Programm

SIND SIE BEREIT? JETZT GEHT'S LOS!

Ich habe die Kalorien bereits gezählt, das müssen Sie also nicht tun. Der 7-Tage-Suppen-Detox-Plan ist so konzipiert, dass die Kalorienmenge reduziert ist, das Sättigungsgefühl zunimmt, Sie sich möglichst gut fühlen und Ihre Wellness- und Abnehmziele erreichen. Im Mittelpunkt stehen zehn Suppen, die Sie im Laufe der Woche genießen. Diese Suppen ersetzen eine Vielzahl kalorienreicherer Mahlzeiten, etablieren einen leicht einzuhaltenden Rhythmus und bilden eine stabile Grundlage für Ihr gesündestes Selbst. Infolgedessen nehmen Sie mehr Nährstoffe zu sich, haben gesündere Gewohnheiten und eine vereinfachte Routine.

Ihr Fahrplan für das 7-Tage-Suppen-Detox-Programm sieht folgendermaßen aus:

1 Tag pro Woche: ***Detox***

Den ganzen Tag Suppe. An diesem vergleichsweise fettärmeren Tag nehmen Sie fünf Suppen zu sich, um Ihren Körper zu entschlacken und die Verdauung anzukurbeln. An diesem Tag stehen Sie im Mittelpunkt. Er ist wunderbar geeignet, um zu entschleunigen; deshalb schlage ich vor, dass Sie diesen Tag auch als Ruhepause von Ihrer normalen Bewegungsroutine nutzen. Wenn Sie den ganzen Tag Suppe zu sich nehmen, erhalten Sie eine Mischung aus körperlichen, geistigen oder emotionalen Hinweisen. Nutzen Sie diese als Unterstützung, um im Hier und Jetzt zu sein und Ihren Erfahrungen Beachtung zu schenken.

Der zweite Teil dieses Buches versorgt Sie mit Rezepten, und zwar in der Reihenfolge, in der Sie sie an diesem fettarmen Tag zu sich nehmen werden: Die herzhaftesten, eiweiß- und fettreicheren Suppen essen Sie früher am Tag; dann folgt eine Mischung aus herzhaften und leichten Suppen mit unterschiedlicher Konsistenz; und zum Abschluss gibt es eine warme Brühe, um Ihren Körper vor dem Schlaf zu beruhigen. Der Detox-Tag sollte nicht furchtbar schwierig sein, doch für die meisten ist er eine Umstellung – das ist normal. An diesen Rhythmus waren unsere Vorfahren gewöhnt, doch wir haben auch viele Jahre äußerst bequemer, nährstoffarmer und kalorienreicher Ernährung hinter uns. Der fettarme Suppentag ist deutlich einfacher als jede andere Detox- oder Fastenkur, die ich in der Vergangenheit ausprobiert habe; doch es ist nicht immer leicht. Dieser Tag wird Ihren Körper ein wenig herausfordern und im Gegenzug werden Sie gestärkt daraus hervorgehen.

Hier folgen einige Tipps, um Verbindung zur Biologie Ihrer Vorfahren aufzunehmen.

1. **NACH DEM AUFWACHEN ZEHN TIEFE ATEMZÜGE UND KÖRPERSTRECKUNGEN VON DEN ZEHEN BIS ZUM HIMMEL.** So starten Sie wunderbar in den Tag und verschaffen sich zwischen den Suppen etwas Bewegung. Tun Sie das, so oft Sie möchten. Der Sauerstoff, den Sie durch die tiefen Atemzüge aufnehmen, liefert Ihrem Gehirn Energie, entspannt Ihre Muskeln und sorgt für einen gleichmäßigen Herzschlag. Sie müssen keine Erfahrung im Umgang mit Yoga haben, um die den Kopf klärenden Vorzüge des tiefen Atmens und der Dehnübungen genießen zu können. Atmen Sie kräftig ein, erlauben Sie Ihrer Lunge, sich komplett mit Luft zu füllen, und strecken Sie die Arme gen Himmel. Wackeln Sie mit den Fingern, um die Sonne zu begrüßen, wenn Sie sie nicht sehen können. Dann senken Sie Ihre Arme und beugen beim Ausatmen den Oberkörper nach vorne, bis Sie Ihre Schienbeine, Zehenspitzen oder den Boden berühren; dabei sollten Sie eine Dehnung spüren, keine Anspannung. Lassen Sie Ihren Körper wie bei einer schlaffen Stoffpuppe natürlich herabhängen und schütteln Sie den Schlaf aus Ihren Muskeln. Dann richten Sie Ihren Oberkörper wieder auf und begrüßen den Tag. Wiederholen Sie diesen Bewegungsablauf, bis Sie sich während zehn tiefer Atemzüge gestreckt haben.
2. **BEI EINEM KOPF-BIS-FUSS-SCAN ENTSPANNEN.** Fühlen Sie sich gestresst oder besorgt? Ist Ihnen gerade eingefallen, dass Sie eine dringende Rechnung noch nicht bezahlt haben? Sind Sie der Meinung, Sie bräuchten etwas anderes als Suppe, bevor Sie diesen wichtigen Geschäftstermin wahrnehmen? Haben Sie den Eindruck, Ihr Körper könnte bald selbst die Initiative ergreifen und Sie zum Snackautomaten bewegen? Geben Sie sich fünf Minuten Zeit, um Verbindung zu Ihrem emotionalen Zustand und den körperlichen Auswirkungen dieser Emotionen aufzunehmen. Dies ist eine beruhigende Übung, die Sie immer dann machen können, wenn Sie sich ein wenig aus

dem Gleichgewicht fühlen. Suchen Sie sich einen ruhigen Ort und schließen Sie für fünf Minuten Ihre Augen. Nehmen Sie drei tiefe Atemzüge, füllen Sie die Lunge mit Luft, halten Sie die Luft einen Moment an, dann atmen Sie langsam aus. Beginnen Sie nun bei Ihrer Kopfhaut, bewegen Sie sich mit Ihrer Aufmerksamkeit langsam durch Ihren Körper und nehmen Sie Ihren körperlichen und emotionalen Zustand wahr. Bewegen Sie sich durch Ihre Stirn und nehmen Sie wahr, wie angespannt sie ist – lassen Sie los. Bewegen Sie sich zu Ihrem Kiefer hinab und nehmen Sie wahr, wie angespannt oder fest dieser möglicherweise ist – lassen Sie ihn los. Scannen Sie Ihre Schulterblätter und fühlen Sie das Kribbeln Ihres Stresses wie Knoten – lassen Sie sie los. Und so weiter. Das ist eine wirklich tolle Übung! Die ersten Male lassen Sie sich möglicherweise leicht ablenken, doch gehen Sie nachsichtig mit sich um und lenken Sie Ihre Konzentration sanft wieder zurück zur Wahrnehmung Ihres Körpers. Dies ist eine Form der Meditation, die Sie entspannen wird. Ihr Körper wird es Ihnen danken, indem er sich beim nächsten Mal, wenn er gestresst ist, an diese Übung „erinnert". Bevor Sie darüber nachdenken, werden Sie, wenn Sie an Ihrem Schreibtisch sitzen und eine Anspannung fühlen, sich einen Moment Zeit nehmen, um alles loszulassen. Dann ist die Übung Ihnen wirklich in Fleisch und Blut übergegangen und Ihr Körper hat begonnen, sich auf eine rundum gesunde Weise vom Stress zu befreien.

3. **GEHEN SIE AN DIE FRISCHE LUFT!** Seien Sie nett zu Ihrem inneren Höhlenmenschen und gehen Sie vor die Tür, um etwas frische Luft zu schnappen. Machen Sie einen Spaziergang und genießen Sie die Sonne oder den Wind auf Ihrer Haut.
   Wir sollten nicht den ganzen Tag drinnen sitzen. Wärmen Sie sich draußen mit einer Suppe aus der Thermosflasche auf oder gießen Sie Ihre Suppe an einem heißen Tag über Eiswürfel, um sie im Schatten sitzend zu genießen. Die körperliche Wahrnehmung des Luftzugs in Ihrem Gesicht und das raschelnde Laub unter Ihren Füßen werden Ihnen helfen, tiefer in Ihr Suppenerlebnis einzutauchen und eine engere Beziehung zu Ihrem Körper und Ihrer Umgebung aufzubauen.

4. **FINDEN SIE IHREN RHYTHMUS.** Achten Sie darauf, wie satt Sie zwischen den Suppen sind. Wenn Sie nach einer halben Schale Suppe keinen Hunger mehr haben, ist das wunderbar. Heben Sie die restliche Suppe auf und essen Sie diese in etwa einer Stunde. Brühen Sie einen Kräutertee auf und genießen Sie eine heiße Tasse zwischen Ihren Suppen.

5. **VERZICHTEN SIE NICHT AUF IHREN KAFFEE.** Das ist in Ordnung. Wenn Sie ab und zu einen Kaffee trinken, ist er erwiesenermaßen ein guter Lieferant von Antioxidantien und unterstützt die Konzentrationsfähigkeit. Ich verwende ihn sogar in einigen Suppenrezepten! Trinken Sie morgens eine Tasse, wenn dies zu Ihrer üblichen Alltagsroutine gehört. Oder nehmen Sie nach Ihrer ersten Suppe einen Kaffee zu sich. Trinken Sie ihn schwarz oder mit einem Schluck Mandelmilch, aber bitte ohne tierische Milch. Denken Sie daran: Die Höhlenmenschen haben an jenen fettarmen Tagen nach Nahrung gesucht und hatten keine Ziegen oder Kühe als Haustiere, die ihnen Milch hätten liefern können.

6. **VERZICHTEN SIE AUF IHR GLAS WEIN.** Ich weiß: Ich habe gesagt, dass Sie selbst an diesem Tag im Mittelpunkt stehen, und Sie lieben es vielleicht, sich bei einem großen Glas Rotwein vom Chaos des Tages zu erholen. Aber es geht nur um einen einzigen Tag. Wichtig ist, dass Sie Verbindung mit sich selbst aufnehmen und auf einige Extras verzichten. Alkohol ist für viele von uns eine Quelle versteckter Kalorien – das heißt: Wir nehmen ihn als Getränk zu uns und vergessen, dass er Kalorien hat, die unser Gewicht beeinflussen. Außerdem hat er eine Auswirkung auf unsere Stimmung und die Endorphine. Da wir wirklich die Hinweise zu verstehen versuchen, die wir in Bezug auf Nahrung wahrnehmen (körperlicher Hunger gegenüber dem emotionalen Verlangen), können wir diesen Tag auch nutzen, um herauszufinden, warum wir ein Glas Wein trinken möchten. An diesem einen Tag sollten Sie versuchen, auf andere Weise zu entspannen. Erholen Sie sich bei einem Bad mit Aromazusätzen, träumen Sie bei guter Musik oder gönnen Sie sich eine Pediküre. Übrigens: Ein Glas Rotwein ließe an diesem fettarmen Suppentag Ihren Blutzuckerspiegel in die Höhe schnellen!

5 Tage pro Woche: **eine Austauschmahlzeit**

Sie haben den Detox-Tag überstanden! Strecken Sie sich nach dem Aufstehen kräftig und freuen Sie sich auf den Rest Ihrer Woche. Sie sind erquickt aufgewacht und haben überraschenderweise keinen Bärenhunger. Bereiten Sie Ihr Frühstück wie gewöhnlich zu; vielleicht denken Sie ein wenig mehr darüber nach, welche Nahrungsmittel Sie wählen, statt auf Autopilot zu schalten und zu einem Bagel mit Frischkäse zu greifen. Oder Sie essen diesen Bagel mit Frischkäse und fragen sich, ob Sie nach all der harten Arbeit vom Vortag Ihren Plan nun wieder zum Scheitern bringen?! Machen Sie sich keine Sorgen: Sie sind noch immer auf Kurs. Zum Mittagessen nehmen Sie eine frische, pflanzliche Suppe zu sich. Danach werden Sie eine Mini-Detox-Erfahrung direkt an Ihrem Schreibtisch, zu Hause oder draußen im Sonnenschein haben. Ich empfehle Ihnen, im Laufe der gesamten Woche das Mittagessen gegen eine Suppe auszutauschen, weil auf diese Weise eine Gewohnheit aufrechterhalten wird. Und es ist praktisch, falls Sie Frühstück und Abendessen mit Ihrer Familie oder Freunden zusammen einnehmen. Das Mittagessen ist wieder Zeit für Sie, wenn auch nur für diese eine Mahlzeit. Das soll nicht heißen, dass Sie bei den Nicht-Suppen-Mahlzeiten vollkommen vom Weg abkommen und schlemmen sollten; vielmehr geht es darum, einen wiederholbaren Rhythmus zu etablieren, der zu *Ihnen* und zu *Ihrem* Leben passt. Die Gewohnheit ist das Allerwichtigste.

Stellen Sie sich Ihr Austauschsuppengericht wie einen Anker in Ihrem Alltag vor, der Sie auf Kurs hält. Ihr herzhafter Teller Suppe fügt Ihrem Gemüsekonsum drei weitere Portionen hinzu (gewonnen!) und hält die Kalorienzufuhr ein wenig niedriger, sodass Sie Ihre Wohlfühlziele nicht aus den Augen verlieren, ohne einen Verzicht zu spüren (schon wieder gewonnen!). Außerdem stärkt er Ihre Basis, indem er zu einer verlässlichen Gewohnheit wird, die sich an den nächsten vier Tagen problemlos wiederholen lässt. Moment mal, ist das schon alles?

Es gibt noch ein paar weitere Tipps, wie Sie Ihre Austauschsuppengerichte bestmöglich nutzen können.

1. Wählen Sie Suppen, die Sie wirklich gern essen. Ja, es ist in Ordnung, wenn Sie vom Zucchini-Eintopf (Seite 156) die doppelte Menge zubereiten und dieses Gericht jeden Tag als Mittagessen zu sich nehmen! Und nein, es ist nicht schlimm, wenn Sie jedes Mal Rezepte aus derselben Kategorie wählen. Falls Sie Cremesuppen lieben, können Sie diese immer wieder aufwärmen und in der Mittagspause am Arbeitsplatz zu sich nehmen – das ist auch okay. Ein toller Pluspunkt von Suppen ist, dass sie sich bemerkenswert gut einfrieren lassen; die Nährstoffe bleiben so erhalten, wie sie bei der Zubereitung der Suppe waren, und kommen Ihnen auch nach dem Auftauen wieder zugute. Bereiten Sie zu, was Sie besonders gern essen, sodass Sie sich schon auf Ihr pflanzliches Austauschsuppengericht freuen.
2. Wenn Sie bevorzugen, Ihre Austauschsuppe zum Frühstück oder Abendessen zu sich zu nehmen, können Sie das natürlich ebenfalls tun. Ich schlage das Mittagessen vor, da das für die meisten Menschen die Mahlzeit ist, die sie im Laufe der Woche am einfachsten routinemäßig ersetzen können. Das Leben wird leichter, wenn man nicht zu viel nachdenken muss. Doch wenn Sie unter der Woche Ihr Mittagessen aufgrund Ihres Jobs häufig außer Haus einnehmen oder dies die Zeit ist, die Sie am liebsten mit guten Freunden verbringen, ist es für Sie vielleicht unproblematischer, eine andere Mahlzeit durch eine Suppe zu ersetzen. Wichtig ist, daraus „keine große Angelegenheit" zu machen. Sie sollten nicht jede Woche auf den Kalender schauen und überlegen, wie Sie die Austauschsuppen in Ihr Leben integrieren können. Und wenn das Abendessen die Mahlzeit zu sein scheint, die Sie immer wieder vom Weg abkommen lässt, wäre es vielleicht eine gute Idee, dieses durch eine Suppe zu ersetzen, damit Sie wirklich Verbindung zu den körperlichen Hungeranzeichen Ihres Körpers aufnehmen und einige der emotionalen Verbindungen unter die Lupe nehmen können, die Sie zu dieser Mahlzeit möglicherweise haben. Entscheidend ist, dass Sie die Mahlzeit wählen, an die Sie sich zu 90 Prozent halten können, dann Ihre Suppen zu organisieren und loszulegen. Wenn Sie gern von Tag zu Tag flexibel wären, ist auch das möglich; ich finde nur, dass es für die Entwicklung

einer Gewohnheit am besten ist, sich für immer dieselbe Mahlzeit zu entscheiden.

3. Was ist mit den Nicht-Suppen-Mahlzeiten?
Wie bereits erwähnt, ist ein wichtiger Punkt beim Suppenessen, dass Sie Verbindung zu sich selbst aufnehmen. Nach vier Wochen wird die Routine zur Gewohnheit geworden sein und Sie haben eine deutlich bessere Verbindung zu Ihren individuellen Hungeranzeichen. So können Sie besser erkennen, wann Sie wirklich Hunger haben, wann nicht, und welche Lebensmittel Ihnen die beste Grundlage liefern. Doch wie steht es mit jenen ersten vier Wochen? Machen Sie sich keine Sorgen! Wichtig ist, dass Sie eine bessere Verbindung zu sich selbst herstellen. Der Schlüssel zu einer langfristig gesunden Ernährung besteht darin, echte Gewohnheiten zu etablieren, die Ihnen in Fleisch und Blut übergehen – und das wird nicht geschehen, wenn Sie versuchen, jede Ihrer aktuellen Gewohnheiten zu verändern. Beim Suppenverzehr geht es nicht um sofortige Perfektion. Sie nehmen eine große Veränderung vor, indem Sie einen Suppen-Detox-Tag und fünf Austauschmahlzeiten einführen – dazu können Sie sich selbst gratulieren! Wenn Sie mögen, können Sie jeden Donnerstagabend weiterhin Ihr Brathähnchen essen. Denken Sie in diesen ersten vier Wochen nicht zu sehr über die Bestandteile Ihrer Nicht-Suppen-Mahlzeiten nach. Konzentrieren Sie sich stattdessen darauf, was Ihr Körper Ihnen beim Essen mitteilt. Versuchen Sie, Ihre Gewohnheiten vom Detox-Tag auf Ihre Austauschgerichte und auf Ihre Nicht-Suppen-Mahlzeiten zu übertragen. Und seien Sie nicht so streng zu sich selbst. Morgen wird es eine weitere Austauschsuppe geben und in weniger als einer Woche den nächsten Suppen-Detox-Tag. Genießen Sie die Gegenwart und blicken Sie nach vorn.

Wenn der Suppen-Detox-Tag eine strukturelle Unterstützung für die Grundlage ist, die Sie sich aufbauen (der Boden ist eingeebnet, die Löcher sind in den Untergrund gebohrt und die Stahlgitter an Ort und Stelle), dann sind die fünf Tage mit Austauschsuppen der Beton. Zuerst muss die Struktur vorhanden sein, sonst verteilt sich der Beton über das gesamte Grundstück. Doch wenn die Struktur da ist, fließt der Beton genau an die richtigen Stellen, sodass die solide Basis entsteht, die Sie sich wünschen. Und wenn diese erst mal existiert – was tun Sie dann? Sie streichen sie rot an …

1 Tag pro Woche: **ein freier Tag!**

Wenn der Detox-Tag die Struktur und die Austauschmahlzeiten Ihr Beton sind, dann ist Ihr letzter Tag der Woche auf jeden Fall für die Farbe da. Das kann eine Farbe Ihrer Wahl sein, denn sie hat keinen Einfluss auf die Unversehrtheit der Basis. Dadurch gestalten Sie Ihre Basis individuell. Das Suppen-Detox-Programm bringt Struktur und Disziplin in den Detox-Tag und die Austauschmahlzeiten, erkennt aber auch die Schönheit eines Tages ohne Regeln an. Das soll nicht heißen, dass Sie losziehen und möglichst viele nährstoffarme und industriell verarbeitete Lebensmittel zu sich nehmen sollten. Doch ich denke, Sie läsen dieses Buch nicht, wenn Sie so drauf wären. Worauf es ankommt, ist: Wenn Sie zu einer Geburtstagsparty mit Hähnchen und Bier eingeladen werden, müssen Sie nicht darüber nachdenken, wie viel oder wenig Sie essen dürfen, und keine Angst haben, dass es das solide Fundament zunichtemacht, das Sie sich im Laufe der Woche aufgebaut haben.

Die Einfachheit des Suppen-Detox-Plans besteht darin, dass er flexibel ist – niemand von uns ernährt sich Tag für Tag bei jeder Mahlzeit perfekt. Der Plan wird ganz bewusst von einem Detox-Tag und einem regelfreien Tag eingerahmt. Eine Pause einzulegen ist wirklich gut! Pausieren Sie, schätzen Sie Ihr Engagement und lassen Sie sich gehen. Trösten Sie sich mit der Tatsache, dass Ihr ganztägiges Suppenritual morgen für Sie da sein wird.

Wie bereits erwähnt, stehen im Zentrum des Plans zehn Suppenmahlzeiten, die Sie im Laufe der Woche genießen. Könnten Sie auch zwei Suppen-Detox-Tage nacheinander einlegen und an den restlichen fünf Tagen „normal" essen? Klar, doch ich habe herausgefunden, dass die Wiederholung der Suppenerfahrung im Laufe der Woche die Leute wirklich bei der Stange hält und die tollen Gewohnheiten etabliert, die Ihre Basis festigen und Ihnen helfen, im späteren Verlauf noch bessere Entscheidungen zu treffen.

Wie Sie dieses Buch nutzen

Fünf Rezepte aus diesem Buch liefern Ihnen 20 Suppenportionen, also Suppenmahlzeiten für zwei Wochen. Wie bereits erwähnt, ist der Suppen-Detox-Tag mit dem Stahlgitter zu vergleichen, das Ihrem Fundament Struktur verleiht, und die Austauschsuppen sind wie der Beton, der Ihrem Fundament Stärke liefert. Wählen Sie fünf Rezepte – in Abhängigkeit davon, wie Sie Ihren Suppen-Detox-Tag gestalten möchten; die restlichen 15 Suppenportionen halten sich im Kühl- oder Gefrierschrank, sodass Sie Ihre Suppen für die Austauschmahlzeiten und den nächsten Suppen-Detox-Tag im schnellen Zugriff haben.

Der Rezeptteil ist in fünf Kapitel unterteilt. Mit dem Suppen-Detox-Tag im Hinterkopf sind sie so geordnet, dass die zu Beginn vorgestellten Suppen für mehr Sättigung und eine stärkere Verbesserung der Verdauung sorgen.

1. **PÜRIERTE SUPPEN.** Bringen Sie Ihren Stoffwechsel mit einer ballaststoffreichen Cremesuppe in Schwung.
2. **BOHNEN UND LINSEN.** Stellen Sie sich mit einer eiweiß-/fettreichen Bohnen- oder Linsensuppe auf lang anhaltende Sättigung ein.
3. **SÜSSE SUPPEN.** Nehmen Sie am Nachmittag eine etwas süßere Suppe zu sich, um Ihr Energieniveau ohne Absturz zu steigern.
4. **STÄRKENDE EINTÖPFE.** Wählen Sie als Abendessen etwas Herzhaftes zum Kauen.
5. **STÄRKENDE BRÜHEN.** Bereiten Sie Ihren Körper mit einer wohltuenden Brühe auf die Nacht vor.

Jedes Rezept weist eine Kennzeichnung auf, damit Sie wissen, dass die Nährstoffe und Mikronährstoffe dieser Suppe Ihnen helfen, Ihren Körper mit Energie zu versorgen, ihn zu stärken, zu entschlacken, Gewicht zu verlieren oder zu heilen. Außerdem habe ich angegeben, welche Rezepte für Mutter und Baby gut sind, da ich sehr gerne mit meinen Kindern Suppen esse; sie enthalten darüber hinaus Extra-Nährstoffe wie Folsäure und Kalzium, die für Schwangere und stillende Mütter gut sind.

Während ich Rezepte entwickelte und mit Kunden sprach, habe ich herausgefunden, dass jeder andere Vorlieben hat; und da Suppe (und Nahrung im Allgemeinen) so eng mit dem Gedächtnis verknüpft ist, denken viele, dass beispielsweise das Rote-Rüben-Püree schmecken wird wie der Borschtsch ihrer Großtante, den sie so sehr lieben (oder eben widerlich finden). Ich ermutige immer dazu, etwas Neues auszuprobieren und Ihren Geschmacksknospen die Chance zu geben, eine Zutat oder Konsistenz zu testen, von der Sie dachten, dass Sie sie nicht leiden können. Angeblich brauchen Sie bis zu sieben Anläufe, um eine bestimmte Zutat zu mögen. Wenn Sie also seit der Grundschule keine Roten Rüben mehr gegessen haben, sollten Sie sie vielleicht noch einmal probieren. Wer weiß, vielleicht kann eine Suppe mit Roten Rüben und Orangenschale Sie ja überzeugen.

Möglicherweise haben Sie auch noch nie kalte Suppe zu sich genommen – wagen Sie den Versuch! In fast jeder anderen Kultur der Welt gibt es kalte Suppen (und ich spreche da nicht nur von Gazpacho). Stellen Sie sich einmal vor, wie viele zusätzliche Gelegenheiten sich Ihnen bieten, eine Suppe zu genießen, wenn Sie dies warm und kalt tun können. Suppe ist im Sommer genauso kühlend, wie sie im Winter wärmend wirkt. Außerdem ist es viel einfacher, eine kalte als eine warme Suppe zu löffeln, denn Sie sparen sich das Aufwärmen. Auf jeden Fall bietet Ihnen dieses Buch eine große Vielfalt, sodass für jeden etwas dabei sein sollte, selbst wenn Sie keine Roten Rüben mögen. Und *jede* Suppe kann warm (und eigentlich auch kalt) gegessen werden, ohne dass die Nährstoffzufuhr oder Ihre Wohlfühlziele dadurch beeinträchtigt werden. Die Struktur ist wichtig, die Gewohnheit ist wichtig, die Rezepte sind wichtig, doch davon abgesehen gibt es eine Menge Flexibilität, sodass Sie das Suppen-Detox-Erlebnis individuell gestalten können. Nichts auf dieser Welt gilt für alle Menschen auf dieselbe Weise!

Und was passiert, wenn Sie eine dieser Suppenkategorien wirklich überhaupt nicht mögen? Dann sehen Sie hier, wie Sie was ersetzen können. Sie mögen keine …

- pürierten Suppen? Wählen Sie stattdessen einen weiteren Eintopf.

- Bohnen? Wählen Sie stattdessen einen weiteren Eintopf.
- süßen Suppen? Wählen Sie stattdessen eine pürierte Suppe oder eine Brühe.
- Eintöpfe? Wählen Sie stattdessen eine weitere pürierte Suppe beziehungsweise eine Bohnen- oder Linsensuppe.
- Brühen? Wählen Sie stattdessen eine weitere pürierte Suppe.

Auf den nächsten Seiten werde ich Sie durch fünf Suppen-Detox-Pläne begleiten (einen aus jeder Gesundheitskategorie). Außerdem gebe ich Ihnen einen Kalender an die Hand, dem Sie meine beliebtesten Suppenprogramme für das Jahr entnehmen können, denn ich bringe gern etwas Abwechslung in meine Routine, indem ich die Zutaten verwende, die der örtliche Bauernmarkt gerade zu bieten hat. Sie können diese Pläne durchführen, wie ich sie aufgelistet habe, oder sich gleich auf die Rezepte stürzen und diese an Ihre eigenen Vorstellungen anpassen.

Energie

Das Energieniveau ist einer der wichtigsten Gründe, warum viele von uns beschließen, ihre Ernährungsweise umzustellen. Wenn man sich immer müde fühlt, ist das wirklich unangenehm. Die Suppen dieser Kategorie weisen einen höheren Kohlenhydratgehalt auf als andere, weil Ihr Körper Kohlenhydrate schneller als Fett oder Eiweiß zur Energieversorgung nutzen kann. Ich weiß, was Sie jetzt denken: Kohlenhydrate sind schlecht! Doch komplexe Kohlenhydrate aus ganzen Pflanzen sind nicht der Feind. Ihr Körper verdaut diese Kohlenhydrate auf eine bedachtere, gleichmäßigere Art und Weise als beispielsweise einen Donut. Ein Donut besteht aus schnellen, kompromisslosen, einfachen Kohlenhydraten – kurz: aus Zucker. Ihr Körper leitet diese Nahrung direkt in Ihren Blutkreislauf weiter, und wenn die arbeitenden Muskeln sie nicht verbrauchen, wird sie in den Fettdepots eingelagert. Komplexe Kohlenhydrate sind genau das, wonach sie klingen: Sie sind komplizierter und vielschichtiger. Ihr Körper braucht etwas länger, um aus diesen Kohlenhydraten Energie zu gewinnen, und dabei nimmt Ihr Körper all die anderen Vorzüge auf, die jenes Obst und Gemüse zu bieten hat, wie Antioxidantien und Vitamine und die wunderbaren Ballaststoffe. Und diese Kohlenhydrate werden von Ihrem Körper tatsächlich als Energie genutzt, weil sie gleichmäßig freigesetzt werden – in einer Geschwindigkeit, die Ihrem Körper vertrauter ist, sodass er sie besser nutzen kann, statt sie einzulagern. Die Rezepte in dieser Kategorie enthalten darüber hinaus zusätzliche Superfood-Zutaten, welche die Sinne wecken und den Stoffwechsel anregen. Frische und würzige Zutaten wie Ingwer, gemahlener roter Pfeffer (Cayenne), Kurkuma, Pfefferminze und Zitronenschale halten Ihre Sinne wach.

Mischen und kombinieren Sie Ihre Lieblingssuppen aus der Kategorie „Energie", um Ihren eigenen Plan zusammenzustellen, oder probieren Sie meine bevorzugte Kombination aus. Ich mag es, wenn meine Kinder mit mir mithalten, nicht umgekehrt. Mit diesem Speiseplan kann ich selbst das wildeste Kleinkind überbieten.

1. **Rote Rübe mit Balsamico (Seite 85)**
2. **Linsen und Palmkohl (Seite 100)**
3. **Honigmelone mit Matcha und Minze (Seite 136)**
4. **Grünes Kokoscurry mit Brokkoli (Seite 170)**
5. **Jalapeño-Tomaten-Brühe (Seite 199)**

Stärkung

Für all jene von Ihnen, die täglich ihre Muskeln herausfordern wollen, ist dies ein Suppen-Detox-Plan, der Sie in Bewegung hält und mit Energie versorgt, selbst an Ihrem Suppen-Detox-Tag. Trotzdem empfehle ich, dass Sie es an diesem Tag etwas ruhiger angehen sollten als normal – doch hier gilt wie immer: Achten Sie auf die Hinweise Ihres Körpers und bleiben Sie mit ihm in Verbindung, um Erschöpfung zu vermeiden. Die Suppen dieser Kategorie haben mehr Kalorien und sind eiweißreicher als andere. Tatsächlich enthält jedes Rezept mindestens acht Gramm Eiweiß. Deshalb sind diese Suppen besonders gut geeignet für Menschen, die den ganzen Tag auf den Beinen sind oder wissen, dass sie eine anstrengende Woche vor sich haben (auch intensives Denken verbraucht mehr Kalorien). Und die körperfreundlichen Fette in dieser Kategorie tragen ebenfalls zur Sättigung bei.

Ich genieße es, mich ab und zu von meiner inneren Kriegerin leiten zu lassen. Wenn ich mich von einem Trainingspartner besonders angespornt fühle oder ein neues, intensives Sportprogramm für mich entdeckt habe, soll mein Detox etwas mehr Pep haben. Dann beginne ich den Tag mit der „Frühlings-Platterbse mit Cashewcreme“, versorge meine Muskeln mit dem „Kichererbseneintopf“, mit „Birne und Sonnenblumenkerne“ und dem „Antioxidantien-Eintopf“. Nach dem Training eignet sich perfekt „Weißes Miso mit Erbsen und Thai-Basilikum“, weil diese Suppe die schmerzenden Muskeln beruhigt. Außerdem kann ich sie aus einer Tasse trinken, wenn meine Hände nach den zahlreichen Übungen für den Armstrecker zu sehr zittern. Wirklich wahr.

1. **Frühlings-Platterbse mit Cashewcreme (Seite 94)**
2. **Kichererbseneintopf (Seite 102)**
3. **Birne und Sonnenblumenkerne (Seite 135)**
4. **Antioxidantien-Eintopf (Seite 160)**
5. **Weißes Miso mit Erbsen und Thai-Basilikum (Seite 203)**

Detox

Detox-Rezepte sind reich an Ballaststoffen – hallo, ihr Besen meines Systems, ich weiß, was ihr tut, und das ist genau das, was wir brauchen! Diese Rezepte enthalten auch mehr Elektrolyte, die dazu beitragen, dass die Filtersysteme der Nieren und Leber richtig funktionieren. Das ist quasi der letzte Schliff, denn Ihr Körper entschlackt bereits, und diese Suppen helfen, dass die Arbeit geschmeidiger und effizienter vorangeht.

Ich mag diesen Detox vor und nach großen Feierlichkeiten mit Familie und lieben Freunden wie Hochzeiten, runden Geburtstagen und Abschlussprüfungen. Manchmal wird bei solchen Anlässen mehrere Tage lang gefeiert. Da ich schon seit einigen Jahren Suppen verzehre, ist bei mir alles relativ im Gleichgewicht; außerdem ist es nicht sehr wahrscheinlich, dass ich vollkommen über die Stränge schlage. Doch ich neige dazu, alle zu umarmen, zu lachen und bis zum Morgengrauen zu tanzen. Und wenn dann jemand frühmorgens eine Prosecco-Flasche öffnet, trinke ich auch gern ein Glas. Der Detox-Plan ist wie meine Mama, die mich morgens um acht Uhr weckt, um sicherzugehen, dass ich es zum Leichtathletikwettkampf schaffe. Auch wenn ich groggy, träge (und verkatert) bin, steht sie in meiner Zimmertür und wartet, damit ich mich bewege.

Der Detox-Plan weckt mich auf und leitet den Prosecco sowie den nachts um vier verzehrten Grillkäse aus meinem Körper. Dieser Plan bringt mich rasch wieder ins Gleichgewicht. Oder zumindest schneller, als wenn ich mir erlauben würde, auszuschlafen und dann ein Bagel-Sandwich zu essen!

1. **Aubergine mit Tahin (Seite 77)**
2. **Grünes Chili (Seite 112)**
3. **Beeren und Leinsamen (Seite 132)**
4. **Avocado-Kimchi-Eintopf (Seite 181)**
5. **Zitronen-Fenchel-Consommé (Seite 195)**

Gewichtsverlust

Gemüsesorten mit einem höheren Wassergehalt haben tendenziell mehr Volumen, ohne dass dies eine Auswirkung auf die Kalorienmenge hätte. Die Suppen dieser Kategorie sind sorgfältig zusammengestellt, sodass Sie mit einer kalorienreicheren Suppe starten und später mit einigen der leichteren Suppen weitermachen. Untersuchungen haben gezeigt, dass die Philosophie, wie ein Kaiser zu frühstücken, mittags wie ein König zu speisen und ein Abendessen wie ein Bettelmann einzunehmen, etwas für sich hat.
Indem Sie leichtere Suppen am Ende des Tages zu sich nehmen, senken Sie das Risiko, überschüssige Energie zu haben, die vor der Schlafenszeit nicht mehr verbraucht wird; und Sie trainieren überdies Ihren Körper, morgens ein kräftiges Frühstück zu genießen. Ich wähle auch mittags Suppen, die etwas sättigender sind, denn es ist sehr ärgerlich, wenn Sie um 16 Uhr bei Ihrer Nachmittagssuppe das Gefühl haben, ganz ausgehungert zu sein! Ein *Mangel* sollte nicht eintreten. Ich mag diese Philosophie zwar nicht, aber ich habe Klienten, die einmal im Vierteljahr zwei oder drei Detox-Tage einlegen, um ihr Abnehmziel schneller zu erreichen. Das sollten Sie allerdings mit Ihrem Arzt besprechen, da es sich dann um eine verlängerte „fettarme" Phase handelt. Wenn sie mit der richtigen Vorbereitung und Einstellung begangen werden, können diese zusätzlichen Suppen-Detox-Tage sehr viel ausmachen – sowohl hinsichtlich des Gewichtsverlusts als auch bei einer besseren Etablierung der Essgewohnheiten und Verhaltensweisen. Nachfolgend finden Sie eine herrliche Liste, die ich nach der Geburt meines ersten Sohnes Grover zusammengestellt habe. Er kam im Mai zur Welt und die Zutaten in dieser Suppe spiegeln das neue Wachstum und die Wärme dieser Jahreszeit wider. Das ist mein Frühlingsdetox zum Abnehmen.

1. **Cremiger Gazpacho mit Mandeln (Seite 74)**
1. **Frühlingsbohnen mit Spargel, Zitrone und Dill (Seite 121)**
2. **Vanille-Pistazie-Hafer (Seite 139)**
3. **Zucchini-Eintopf (Seite 156)**
4. **Daikon mit Tamarinde und Spinat (Seite 185)**

Und hier folgt ein Plan, der durch meinen Wintersohn Caleb inspiriert ist, der am 7. Dezember geboren wurde. In dieser Zeit des Jahres kann es schwierig sein, abzunehmen, da unser Körper nach Wärme und Kalorien verlangt. Das liefert ihm Seelenfutter, was traditionell auch reich an stärkehaltigen, raffinierten Kohlenhydraten und nährstoffarmen Fetten ist. Die Suppen meines Winterdetox zum Abnehmen sorgen für dieses Wohlgefühl, doch die verwendeten Kohlenhydrate und Fette sind nährstoffreich.

1. **Milchfreie Pilzcremesuppe mit Kräutern (Seite 80)**
2. **Urdbohnen mit Kaffee und Shiitake (Seite 109)**
3. **Süßkartoffelsuppe mit Kaki und Granatapfel (Seite 147)**
4. **Kartoffel-Weißkohl-Paprikasch (Seite 178)**
5. **Kohl-Borschtsch (Seite 191)**

Heilung

Sind nicht alle Suppen heilsam? Doch, definitiv, aber einige Zutaten helfen Ihren Zellen, sich nach Schädigungen schneller zu erholen, und unterstützen den natürlichen Reparaturzyklus Ihres Körpers besser als andere. Wenn wir uns von einer Krankheit oder Verletzung erholen beziehungsweise mit einer chronischen Krankheit kämpfen, wollen wir, dass unser Körper Entzündungen entgegenwirkt. Bei der Reduzierung von Entzündungen geht es nicht nur darum, Blähungen oder Schwellungen zu lindern, obwohl das eine gute Vorstellung von Entzündungen auf einer übergeordneten Ebene ist. Auf zellulärer Ebene ist eine Entzündung die natürliche Fähigkeit des Körpers, Eindringlinge wie schädliche Bakterien und Viren abzuwehren. Die weißen Blutkörperchen stürzen sich auf den Eindringling, um ihn an einer Ausbreitung zu hindern. Doch es gibt in diesem System ein Gleichgewicht: Wir wollen, dass diese Reaktion so lange anhält, bis der Eindringling außer Gefecht gesetzt worden ist. Danach soll das System wieder ganz entspannt sein, wie in einem Ruhezustand. Unglücklicherweise kann diese Entzündungsreaktion auch ausgelöst werden, wenn sie nicht benötigt wird, oder sie beruhigt sich nie – und das führt dann dazu, dass wir uns krank und müde fühlen beziehungsweise sogar chronische Schmerzen oder Depressionen haben. Man geht davon aus, dass Krankheiten wie Arthritis, Krebs und sogar Alzheimer in einem engen Zusammenhang mit der Entzündungsreaktion stehen. Es überrascht nicht, dass auch eine zu wenig nährstoffreiche Ernährung – also mit zu wenig Obst, Gemüse, Kräutern, Nüssen, Samen und Vollkorngetreide – über Jahre hinweg zu chronischen Problemen mit Entzündungen führen kann.

Deshalb konzentrieren sich die Rezepte in der Kategorie „Heilung“ auf Zutaten, die reich an entzündungshemmenden Stoffen sind und damit dazu beitragen, die Entzündungsreaktion im Ruhemodus zu halten. Alle Pflanzen und Gemüsesorten haben entzündungshemmende Eigenschaften, doch einige sind kraftvoller als andere. Zutaten wie Kurkuma, junges Blattgemüse, Pilze und Bohnensprossen sind hier besonders hervorzuheben. Das „Wunderkind“ in der Familie der Omega-3-Fettsäuren ist DHA, die vor allem in Kaltwasserfischen zu finden ist (wie zum Beispiel Wildlachs). DHA hat erwiesenermaßen stark entzündungshemmende Eigenschaften. Außer in Fisch kommt DHA auch in Algen vor, weshalb ich einigen meiner Suppen aus dieser Kategorie Spirulina hinzufüge. Zutaten, die reich an dem DHA-Ausgangsstoff ALA sind – wie Leinsamen, Kürbiskerne, Hanfsamen und Walnüsse – werden häufig wegen ihrer gesunden Wirkung auf Herz und Kreislauf angepriesen, doch sie helfen Ihrem System auch, in diesen glücklichen, nicht entzündeten Zustand zu gelangen. Das Heilungsmenü sieht folgendermaßen aus:

1. Karottensuppe mit Kurkuma (Seite 93)
2. Vegetarische Tajine (Seite 115)
3. Cremige Süßkartoffeln mit Kakao (Seite 133)
4. Sommer- oder Herbst-Ratatouille (Seite 162 bzw. 165)
5. Ingwerbrühe mit Chinakohl und Karotten (Seite 207)

Mutter und Kind

Diese Rezepte sind besonders geeignet für (werdende) Mütter und ihre Babys. Sie enthalten Extra-Nährstoffe wie Folsäure und Kalzium, die für Schwangere und stillende Mütter gut sind.

Was ist nun mit all diesen Nährwertangaben?

Ich glaube fest daran, dass es wichtig ist, sich mehr auf die Qualität der Zutaten und das Ritual zu konzentrieren, das Sie mit Ihren fertigen Suppen veranstalten … Die Zahlen hinter jedem einzelnen Rezept sind meiner Ansicht nach weniger entscheidend. Das Ziel besteht immer darin, dass Sie wieder Verbindung zu sich selbst aufnehmen, damit Sie die guten Speisen wertschätzen können, die Sie zubereiten; zuweilen können die Angaben auf einem Etikett sogar ablenken und mehr Sorgen auslösen als erforderlich. Dennoch ist es für einige von uns aus medizinischen Gründen oder aufgrund der Entscheidung für einen bestimmten Lebensstil wichtig, die Nährwertangaben genau zu studieren. Deshalb können alle entsprechenden Informationen detailliert auf SplendidSpoon.com nachgelesen werden.

Der Kalender

Wenn ich an den Wandel der Jahreszeiten und all die damit verbundenen neuen Farben, Formen und Gerüche denke, die ich auf dem Bauernmarkt wahrnehmen kann, wird mir ganz schwindelig. Ihre Ernährungsgewohnheiten zu vereinfachen und wieder Kontakt zu einer natürlicheren Art zu essen herzustellen, bedeutet, dass Sie wahrscheinlich mehr Begeisterung (und deutlich weniger Sorgen) für das Thema Nahrung und deren Zubereitung verspüren werden. Wenn Sie Verbindung zu Ihrer Erfahrung aufnehmen, statt sich wie benommen von einem Snack oder einer Mahlzeit zur nächsten zu bewegen, erwecken Sie Ihre Sinne. Die jahreszeitlich bedingte Vielfalt ist einer der aufregendsten Reize, den Ihre Sinne im Zusammenhang mit Nahrung wahrnehmen können (vom Essen einmal abgesehen, natürlich). Fühlen Sie die unterschiedliche Struktur der verschiedenen Kürbisse, die es auf dem Markt gibt, oder fragen Sie die Bauern, ob Sie Obst und Gemüse (und Pilze!) probieren dürfen, die Sie nicht kennen. Nehmen Sie sich eine ganze Minute Zeit, um an dem Stand mit den frisch geschnittenen Kräutern zu verweilen und einfach nur zu atmen. Hier finde ich einige der Aromen, auf die ich mich schon das ganze Jahr über freue. Natürlich erhalten Sie fast alle diese Zutaten unabhängig von den Jahreszeiten auch in konventionellen Lebensmittelmärkten, doch wo bleibt da der Spaß? Einen großen Teil der Begeisterung macht doch das Wissen aus, dass Sie warten müssen, bis Sie sich diese herrlichen Weintrauben in den Mund stecken können.

Januar

Grapefruit-Fenchel-Consommé (Seite 140);
Urdbohnen mit Kaffee und Shiitake (Seite 109)

Februar

Winterlicher Wurzelgemüseeintopf (Seite 159); Avocado-Kimchi-Eintopf (Seite 181. Ich suche wirklich, was ich Ende Februar an Grünem entdecken kann, wenn der Schnee mir noch bis zu den Hüften reicht. In Regionen mit einem echten Winter ist es schwierig, sich ausschließlich von regionalen Erzeugnissen zu ernähren, sodass es für mich vollkommen in Ordnung ist, ein paar Bio-Avocados zu kaufen, auch wenn sie weiter transportiert wurden, als ideal wäre.)

März

Mungo-Quinoa-Congee (Seite 103. „Fürchte nicht den Schnee im März ....“ – ab und zu brauchen wir einfach ein wenig Seelenfutter!); Konfetti-Pho (Seite 192. „... darunter wohnt ein warmes Herz“ – zumindest endet er mit einer farbenfrohen Mahlzeit in unserer Schale, um zu feiern, dass das Ende des Winters bevorsteht.)

April

Grünes Kokoscurry mit Brokkoli (Seite 170. Manchmal können Sie im April Brokkoli und andere Gemüsesorten aus der Familie der Kreuzblütler bekommen, da Landwirte mit Gewächshäusern von den länger werdenden Tagen profitieren.); Schwarzer Reis mit Roten Rüben und Sesam (Seite 169)

Mai

Klassische philippinische Sinigang (Seite 208); Vegane Knochenbrühe (Seite 186. Zum ersten grünen Gemüse, das auf dem Markt zu finden ist, zählen Spinat, Knoblauchsprossen und Pak Choi; werfen Sie alles zusammen in diese Suppen und kaufen Sie zusätzlich Gemüse zum roh Knabbern. Die erste Andeutung des Frühlings ist da!)

Juni

Einfache Spargelsuppe (Seite 82); Frühlingsbohnen mit Spargel, Zitrone und Dill (Seite 121)

Juli

Roher Mais mit Basilikum (Seite 143);
Gurke mit rohen Cashewkernen (Seite 90)

August

Gewürzfeigen und Cashewkerne (Seite 149. Wenn Sie auf dem Markt die ersten Feigen sehen, sollten Sie sie kaufen und roh essen; und dann bereiten Sie diese Suppe literweise zu und frieren Sie für jene elf Monate des Jahres ein, in denen der Feigenbaum keine Früchte trägt.); Jalapeño-Tomaten-Brühe (Seite 199)

September

Aubergine mit Tahin (Seite 77); Sommer-Ratatouille (Seite 162); Herbst-Ratatouille (Seite 165). Der September ist ein wunderbarer Monat für Gemüse, denn häufig gibt es traditionelles Sommergemüse wie Tomaten und Zucchini ebenso wie die herbstlichen Gemüsesorten wie Butternusskürbis und Rosenkohl.)

Oktober

„Hähnchen“-Eintopf mit Reis (Seite 173); Eintopf mit Borlotti-Bohnen und Kabocha-Kürbis (Seite 176)
Die Schönheit jener ersten Kürbisse kann ebenso aufregend sein wie der Anblick von Spargelstangen im Juni. Der Wandel der Jahreszeiten verlangt, dass unser Körper sich an eine kältere Umgebung anpasst, und manchmal geschieht das sehr schnell. Dieser Wechsel geht häufig mit Erkältungen und Schniefnasen einher; deshalb koche ich gern einen großen Topf mit wohltuendem Eintopf wie den „Hähnchen“-Eintopf mit Reis, um meine Abwehrkräfte zu stärken.

November

Süßkartoffelsuppe mit Kaki und Granatapfel (Seite 147); Topinambur und Knollensellerie mit Petersilie (Seite 69). Ist es nicht toll, wenn Obst und Gemüse zu Ihrer Stimmung passen? Für diese Suppen musste ich einfach Kakis und Granatäpfel verwenden.)

Dezember

Geröstete Kastanien mit Zimt (Seite 150);
Kartoffel-Weißkohl-Paprikasch (Seite 178)

Kapitel 4

LOS GEHT'S!

Techniken der Suppenzubereitung

ICH MAG AN SUPPEN BESONDERS, dass sie wirklich etwas ganz Normales sind. Raffinierte Küchengeräte oder außergewöhnliche Kocherfahrung sind glücklicherweise nicht vonnöten, um Suppen zuzubereiten, die nährstoffreich und aromatisch sind. Trotzdem gibt es ein paar Begriffe, die ich bei meinen Rezepten verwende und die auf unterschiedliche Weise interpretiert werden könnten. Deshalb definiere ich hier die Geräte und Techniken, damit wir das Suppenkochen mit demselben Küchenvokabular in Angriff nehmen können.

Die Küchengeräte

Vergessen Sie all diese neuen, glänzenden Geräte. Dieses Buch ist für Minimalisten oder Ungeduldige gedacht – oder für Personen, die beides sind (wie ich). Es ist noch nicht einmal nötig, für meine Suppen eine Riesenmenge Brühe herzustellen. Wasser tut es genauso – und auch teure Küchengeräte sind nicht nötig. Vom Staub befreien sollten Sie folgende Hilfsmittel, angefangen bei Ihrem guten, treuen Kochlöffel:

- **HÖLZERNER KOCHLÖFFEL.** Vermutlich habe ich für die Hälfte dieser Rezepte ausschließlich einen Kochlöffel aus Holz und einen Topf mit einem schweren Boden gebraucht. Ich bevorzuge Holz, weil Sie sich dann keine Gedanken darüber machen müssen, den Topfboden zu zerkratzen; außerdem ist Holz ein warmes, natürliches Material. Das ist eine rein psychologisch gesteuerte Einschätzung, aber ein hölzerner Kochlöffel fühlt sich eher wie die Verlängerung meiner Hand an als ein Kochlöffel aus Metall.
  Ich habe das Gefühl, er tut eher, was ich möchte, als ein Löffel aus einem anderen Material. Wenn Sie Ihren Metalllöffel sehr mögen, können Sie ihn auch verwenden; Ihre Suppe wird dann vermutlich sogar besser gelingen, weil Sie sich beim Kochen mit einem Löffel aus Metall wohler fühlen.
  Wie auch immer: Es funktioniert so oder so.
- **EIN TOPF MIT EINEM SCHWEREN BODEN.** Das ist wirklich wichtig. Emaillierte, gusseiserne Töpfe von Marken wie Staub und Le Creuset verteilen die Hitze gleichmäßig und halten die Wärme dann. So können Sie beispielsweise den Herd ausschalten und Spinat hinzufügen und die Hitze bleibt ausreichend lang erhalten, sodass der Spinat noch mit der Restwärme gegart wird.
- **PFANNE.** In einer Pfanne werden aromatische Zutaten schneller weich und herrlich süß. Außerdem eignet sie sich perfekt für Rezepte wie die Einfache Spargelsuppe (Seite 82), bei denen Sie eine Gemüsesorte (den Spargel) auf andere Weise kochen als die anderen (Frühlingszwiebeln und Knoblauch).
- **BACKBLECH.** Jedes beliebige Backblech ist geeignet. Ich lege meins mit Alufolie aus, bevor ich etwas darauf röste – dadurch erspare ich mir Spülarbeit.
- **SCHÖPFLÖFFEL.** Sie könnten Ihre Suppe auch gießen, aber ein echter Suppenfan braucht natürlich einen eigenen Schöpflöffel.
- **MIXER ODER STABMIXER.** Wir haben fast alle einen Standmixer, der sich für sämtliche Rezepte eignet, bei denen etwas püriert werden muss. Wenn Sie sich allerdings ein weiteres Küchengerät anschaffen möchten, um Ihr neues Engagement für sich selbst durch Suppen zu symbolisieren,

würde ich Ihnen einen Stabmixer empfehlen. Dieses schlanke Gerät hat am unteren Ende eine beängstigend aussehende offene Schneide; doch wenn Sie es richtig benutzen (das Ende mit der Schneide muss komplett in die Suppe eingetaucht sein), werden Sie es für jedes Rezept verwenden wollen, bei dem etwas püriert werden soll. Sie müssen dann die heiße Suppe nicht portionsweise in einen Standmixer umfüllen, sondern tauchen den Stabmixer bloß in die Suppe; und die Reinigung ist bei diesem kleinen Gerät auch einfacher.

- **SCHALEN FÜR VORBEREITETE ZUTATEN.** Ordnung ist das halbe Leben. Bereiten Sie einen Berg Zutaten vor und vermeiden Sie mithilfe von Schalen eine Ansammlung von Schneidbrettern. Sie werden es mir danken, wenn Sie sich mit der Zubereitung von Konfetti-Pho (Seite 192) oder dem Herbst-Ratatouille (Seite 165) beschäftigen.

Schneidekünste

Raffinierte Messerkunststücke sind beim Suppen-Detox vollkommen unnötig. Ihre Zellen erkennen keinen Unterschied zwischen hauchdünnen und normalen Streifen und das ist auch nicht erforderlich. Es gibt eine Handvoll Rezepte – wie Konfetti-Pho sowie Sommer- und Herbst-Ratatouille –, bei denen bandnudelartige Streifen oder kleine Würfel hergestellt werden sollen. Zugegebenermaßen wird Ihre Suppe schöner aussehen, wenn Sie lange, schmale, bandnudelartige Streifen und einheitliche Würfel geschnitten haben, doch das sollten Sie nur dann tun, wenn es auf die Präsentation ankommt. Ich stelle gern schöne Suppen her, da ich dann stolz auf meine Arbeit in der Küche sein und den Verzehr noch mehr genießen kann – und ich habe eine Kochschule besucht, also ist das mein Ding. Doch häufig achte ich lediglich darauf, dass die Karotten halbwegs einheitlich und fein gewürfelt sind. Die Suppe wird so oder so köstlich schmecken, und auch unterschiedliche Formen sind hübsch anzusehen.

Kochtemperaturen

Einfach ausgedrückt, sollten Sie nichts sprudelnd kochen und nichts verkohlen. Unter „köcheln“ versteht man eine sanfte Wasserbewegung mit kleinen Bläschen in Ihrer Suppe, bei stärkerem Köcheln gibt es etwas mehr Bewegung und Kochen heißt, dass Ihre Suppe beginnt, mit viel Bewegung und großen Blasen aus dem Topf zu springen. Köcheln ist optimal, manchmal auch stärkeres Köcheln. Sprudelndes Kochen bedeutet, dass Sie die Hitze etwas reduzieren sollten. Meine Zutaten haben Nährstoffprofile, denen Hitze größtenteils nicht viel anhaben kann, aber wenn Sie den Siedepunkt von 100 °C erreichen, beginnt der Zerfallsprozess. Halten Sie Ihre Suppe also am Köcheln. Wenn Sie etwas rösten, sollte die Hitze 220 °C nicht übersteigen, um Nährstoffeinbußen zu vermeiden. Sie wollen schließlich nicht, dass Ihr Gemüse tiefschwarz und angekohlt wird; verbranntes Gemüse kann kleine Mengen krebserregender Stoffe enthalten. (Vermutlich haben Sie schon gehört, dass sich große Mengen krebserregender Stoffe in angebranntem Fleisch finden – das ist tendenziell beunruhigender, da diese intensiver wirken als jene in angebranntem Gemüse.) Es ist also generell wichtig, dass Sie nichts anbrennen lassen, damit Ihr Butternusskürbis so viel Vitamin A enthält wie möglich. Goldfarben und braun ist toll – dadurch erhält Ihre Suppe ihr feines Aroma. Schwarz hingegen ist nicht gut, dieses Gemüse ist nicht nur aufgrund des niedrigen Nährstoffgehalts nicht zu empfehlen, sondern auch wegen seines bitteren Geschmacks.

Würzen

Bei „Splendid Spoon“ wollen wir Suppen zubereiten, die ebenso nährstoffreich wie lecker sind. Ich habe grundsätzlich kein Problem mit Meersalz oder Salz im Allgemeinen. Auf zellulärer Ebene sind Ionenkanäle von allergrößter Bedeutung für das Funktionieren des Körpers – und Natrium und Kalium bringen Schwung in diese Kanäle. Sie ermöglichen es den Nährstoffen, in unsere Zellen zu gelangen, und transportieren Abfallstoffe heraus. Zu viel Salz kann jedoch dazu führen, dass Sie Wasser einlagern, sodass die Zellen und Blutgefäße (ja, auch Sie selbst) aufgeschwemmt werden. Diese Aufschwemmung kann wirklich gefährlich werden, wenn Sie zu hohem Blutdruck neigen. Das meiste überschüssige Salz in unserer Nahrung stammt aus verborgenen Salzquellen in abgepackter Nahrung. (Ein großer Teil davon soll die Haltbarkeit des Lebensmittels erhöhen oder das Aroma verbessern, sodass wir verstärkt zugreifen.) Ein ganzer Suppentag, an dem Sie ein Rezept aus jeder Kategorie auswählen, führt nie dazu, dass Sie den empfohlenen Tagesbedarf von 2.300 Milligramm überschreiten. Wenn Sie empfindlich auf Salz reagieren oder aus irgendeinem Grund eine salzarme Diät machen, empfehle ich Ihnen, Salz ganz aus den Rezepten zu streichen und einen kleinen Salzstreuer oder ein hübsches, kleines Salzfässchen, in das man gut mit zwei Fingern hineingreifen kann, neben die Suppe zu stellen. Sie werden weniger Salz verwenden, wenn Sie es erst direkt vor dem Verzehr hinzufügen, da Ihr Gaumen die kleinen Körnchen auf der Oberfläche Ihrer Suppe aufnimmt, wo sie dafür sorgen, dass Sie mehr Suppenaromen wahrnehmen können. Eine gute Würzung tut genau das: Sie fügen genau so viel hinzu, dass die anderen Aromen verbessert werden. Sollten Sie überhaupt kein Salz verwenden wollen, eignen sich frische Kräuter, abgeriebene Zitronenschale oder ein Spritzer Zitronensaft hervorragend, um Ihren Suppengenuss aromatischer zu gestalten.

Die drei wichtigsten Elemente des Suppenverzehrs

Hier sind die drei Punkte, die ich stets berücksichtige, wenn ich eine Suppe zubereite. Schon bald werden Sie vermutlich mit Ihren eigenen Suppenrezepten zu experimentieren beginnen, dann sind diese drei Elemente für Sie besonders wichtig.

Kauen

Der Verdauungsprozess beginnt in Ihrem Mund, und das Kauen bringt alles in Gang. Wenn Sie Ihren Kiefer bewegen und die Nahrung in kleine Stückchen zerlegen, werden Verdauungsenzyme in Ihrem Mund freigesetzt und Signale an Ihren Magen gesendet, dass etwas kommen wird. Dieser Teil des Suppenverzehrs ist wichtig, da er Ihrem Körper hilft, wahrzunehmen, dass Sie essen; und wenn Sie sich Zeit zum Kauen nehmen, werden Sie sich schneller satt fühlen, da Ihr Magen entsprechend der verzehrten Menge reagieren kann. Wenn Sie Ihre Nahrung schnell herunterschlingen, überspringen Sie nicht nur die Verdauungsenzyme im Mund, sondern nehmen eventuell auch mehr Luft auf, was zu Blähungen führt. Außerdem brauchen Sie etwas länger, um wirklich zu erkennen, dass Sie satt sind, da die Nahrung in Ihren Magen gelangt, bevor er weiß, dass sie ankommen wird.

In meinen Brühen gibt es eine Menge Gemüsestückchen, und ich püriere, bis die Suppe geschmeidig, aber nicht ganz flüssig ist. Es wäre also nicht so einfach, all diese Suppen mit einem Strohhalm zu sich zu nehmen – und das ist der Punkt: Unpürierte Karottenstücke und ein paar Pilzscheiben in Ihrer Suppe werden Sie daran erinnern, dass Sie kauen sollen. Das Kauen hilft Ihnen bei der Entschleunigung. Wie viele andere Aspekte rund um die Suppe wird Ihnen auch dies helfen, bessere Gewohnheiten zu etablieren.

Farbenpracht

Die Grundfarbe einer Suppe kann grün sein wie bei der Gurkensuppe mit rohen Cashewkernen (Seite 90), bei der Einfachen Spargelsuppe (Seite 82) und dem Grünen Chili (Seite 112); oder erdig wie beim Schwarzen Reis mit Roten Rüben und Sesam (Seite 169) sowie beim Topinambur und Knollensellerie mit Petersilie (Seite 69); oder vielfältig wie beim Kartoffel-Weißkohl-Paprikasch (Seite 178) und bei den Cremigen Süßkartoffeln mit Kakao (Seite 133). Und sie alle profitieren von leuchtenden Farben. Die prächtigen Farben verdankt Ihre Suppe häufig einer Säure wie Essig oder Zitronensaft, die ein wenig sauren oder scharfen Geschmack liefern, um die komplexen Aromen auszugleichen. Eine besondere Note erhalten Sie auch durch frische Kräuter wie Basilikum, Pfefferminze, Korianderblätter oder Petersilie. Das unterscheidet eine gewöhnliche von einer köstlichen Suppe. Falls Ihre Suppe mal etwas langweilig schmeckt, können Sie sie mit einem Spritzer Limetten- oder Zitronensaft beziehungsweise mit ein wenig Pfefferminze oder Koriandergrün aufpeppen.

Die Muse

Das ist etwas schwerer zu erklären. Gemeint ist die Zutat, die Sie zum Rest des Rezepts inspiriert. In der Regel ist das die Zutat, die nach Brühe oder Wasser den größten Anteil ausmacht und deren Konsistenz und Geschmack man am stärksten wahrnimmt. Häufig dient ein etwas stärkehaltigeres Nahrungsmittel als Muse – wie der Kürbis im Eintopf mit Borlotti-Bohnen und Kabocha-Kürbis (Seite 176) oder die Süßkartoffeln bei den Süßkartoffeln mit Kreuzkümmel (Seite 70). Manchmal hält sich die Muse aber auch etwas mehr im Hintergrund, beispielsweise die Tomate im Herbst-Ratatouille (Seite 165); sie enthält zu gleichen Teilen Kürbis und Grünkohl und nur etwas mehr Tomate, doch man nimmt zuerst den intensiven süß-säuerlichen Tomatengeschmack wahr. Ein weiteres Beispiel für eine eher zurückhaltende Muse ist die Paprikaschotencremesuppe (Seite 106): Bei ihr fällt zuerst die wunderbar cremige Konsistenz auf, dann das schärfere, kräftige Aroma roter Paprikaschoten.

Die Muse ist wie die Gastgeberin einer Party. Wenn Sie ankommen, nehmen Sie zuerst ihr Lächeln wahr – sie sorgt dafür, dass jeder Neuankömmling wahrgenommen wird und sich wohlfühlt. Sobald sie den Raum verlässt, fehlt etwas. Die Muse ist die Hauptattraktion. Sie strahlt, wenn sie mit der Süße von Zwiebeln und Knoblauch kombiniert wird, sie spiegelt den Glanz des Zitrusaromas auf Ihrer Zunge wider und gibt insgesamt den Ton an, wenn Sie die Suppe zu sich nehmen. Ohne die Muse würde die Suppe kein harmonisches Ganzes ergeben. Wie die Gastgeberin einer Party ist sie dafür da, dass ihre Gäste sich öffnen und wohlfühlen – doch es ist ihre Persönlichkeit, die im Vordergrund steht.

Ein großer Topf Suppe

Wie Sie Suppe aufbewahren

Bitte lesen Sie diesen Abschnitt, bevor Sie ein langes Wochenende der Suppenzubereitung in Angriff nehmen. Jedes Rezept in diesem Buch ergibt vier Tellerportionen. Fünf Rezepte liefern Ihnen also 20 Portionen, die für zwei Wochen des 7-Tage-Suppen-Detox ausreichen. Sie können jede Suppe in einem großen, wiederverschließbaren Behältnis aufbewahren – oder Sie machen es wie ich und teilen jede Suppe auf vier Behältnisse auf, sodass sie sofort verzehrfertig ist, wenn Sie zur Arbeit eilen oder nach einem Tag mit Überstunden nach Hause zurückkehren. Sie benötigen 20 Plastikbeutel mit einem Fassungsvermögen von einem Liter oder 20 Gefäße mit einem Fassungsvermögen von etwa 450 Gramm sowie einen Permanentmarker und etwas Kreppband. Die genannten Behälter fassen eher rund 500 Gramm, wenn man sie bis zum Rand füllt – Sie sollten also etwa ein bis zwei Zentimeter bis zum Rand frei lassen, wenn Sie die Behälter füllen. Dann fertigen Sie aus dem Kreppband ein Etikett an und notieren darauf das Datum, die Suppenkategorie, die Nummer (damit Sie sich daran erinnern, in welcher Reihenfolge Sie die Suppen essen werden) und die Rezeptbezeichnung. Wenn Sie Plastikbeutel verwenden, sollten Sie diese flach ins Gefrierfach legen.

Suppen halten sich tiefgefroren wunderbar bis zu einen Monat lang und behalten bis zu drei Monate ihre Qualität bei (etwas Aroma geht verloren, zudem sinkt der Nährstoffgehalt). Im Kühlschrank sind sie eine Woche haltbar, doch hier gehen die Nährstoffe schneller verloren, da die Temperatur eine Oxidierung zulässt. Zu einer Oxidierung kommt es, wenn Luft in Kontakt mit der Nahrung kommt und dafür sorgt, dass diese verdirbt. Die meisten dieser Suppen werden zwar nach einer Woche im Kühlschrank nicht schlecht, doch ihr Nährstoffprofil verschlechtert sich. Deshalb friere ich meine Suppen gerne ein. So werden Sie flexibler und müssen sich keine Sorgen über einen Nährstoffverlust machen. Außerdem ist der Transport dann einfacher: Ich kann ein Behältnis mit tiefgefrorenen Linsen und Palmkohl (Seite 100) in meine Tasche packen und muss mir keine Gedanken darüber machen, dass das Gericht den ganzen Tag nicht gekühlt wird, denn die Suppe bleibt während des langsamen Auftauens frisch. Sie sollten jedoch daran denken, dass die Auftauzeit im August deutlich kürzer ist als beispielsweise im November. Darüber hinaus schlage ich vor, Ihren Suppenbehälter in einem Stoffbeutel zu transportieren, statt ihn direkt in Ihre Laptoptasche zu stellen. Gefrorene Suppen produzieren Kondenswasser – und Sie wollen doch nicht, dass Ihre Tasche voller schwarzer Bohnen ist, weil Sie in der U-Bahn-Tür steckengeblieben sind und durch den Druck der Plastikbehälter aufgegangen ist.

Seufz, Plastik? Verwenden Sie Plastikdosen, um etwas einzufrieren. Es gibt natürlich auch Dosen aus Silikon oder Metall, die geeignet sind, doch ich esse *eine Menge* Suppe, und ich fand diese Behälter immer zu teuer, um sie in großer Anzahl zu kaufen. Lassen Sie Ihre Suppe in einer großen Schüssel aus Metall oder Glas abkühlen, bevor Sie sie in Behälter aus Plastik ohne Bisphenol A füllen. Um sie später für den Verzehr aufzuwärmen, gießen Sie sie am besten in eine Tasse oder Schale. Die Suppe in einem Glasgefäß einzufrieren, ist keine so gute Idee, denn wenn Sie das Gefäß zu voll machen, könnte es im Gefrierschrank platzen. Eine Möglichkeit ist die folgende: Verwenden Sie große Einmachgläser und füllen Sie diese so, dass fünf Zentimeter bis zum oberen Rand frei bleiben. Kleben Sie ein Etikett an den Rand des Glases (siehe oben) und frieren Sie das Gefäß ohne Deckel ein. Durch den fehlenden Deckel kann die Suppe weiter nach oben steigen, für den Fall, dass Sie das Glas versehentlich zu voll gemacht haben. Denken Sie daran: Ob das Gefäß einen Deckel hat oder nicht, die Suppe dehnt sich beim Gefriervorgang aus – wenn die Öffnung fest verschlossen ist, könnte das Glas zerspringen. Es ist nicht sehr erfreulich, Linsen im Gefrierfach verstreut zu haben, doch das ist definitiv besser als Glasscherben. Wenn Sie eines dieser Gefäße mitnehmen wollen, holen Sie es heraus und verschließen es mit einem Deckel.

Aufwärmen

Ich bin sehr dafür, ein Suppenritual zu etablieren. Wählen Sie eine Lieblingstasse oder -schale und verwenden Sie diese jedes Mal, wenn Sie Suppe essen. Der visuelle Anreiz kann sogar als Talisman für Ihren Wellnessplan dienen und Sie ermutigen, an dieser einfachen, reineren Ernährungsweise festzuhalten. Meine absolut bevorzugte Art des Aufwärmens: Gießen Sie die Suppe in einen kleinen Topf, bringen Sie sie zum Köcheln und füllen Sie sie dann in Ihre Lieblingstasse oder -schale, um sie langsam zu trinken oder zu löffeln. Wenn Sie Ihre Suppe in einem Glas oder einem Plastikbehälter ohne Bisphenol A aufbewahren, können Sie sie auch in diesem Gefäß in die Mikrowelle stellen und darin zwei Minuten aufwärmen. Passen Sie auf, wenn Sie die Suppe aus der Mikrowelle holen, da diese Behältnisse unter Umständen schwierig zu handhaben sind, wenn sie heiß sind. Aus ernährungsphysiologischer Sicht ist es *vollkommen* in Ordnung, Ihre Suppe in der Mikrowelle zu erhitzen. Und dann füllen Sie sie in eine schöne Tasse oder Schale um, denn Sie sind es wert, aus ordentlichem Geschirr zu essen. Und ja: Verwenden Sie einen richtigen Löffel. Schmeißen Sie das Plastikzeug weg und nutzen Sie vielleicht sogar eine Stoffserviette, um auch an Ihrem Schreibtisch beim Essen eine angenehme Atmosphäre zu haben. Werten Sie Ihre Mahlzeit auf!

Teil 2

DIE SUPPEN-REZEPTE

Kapitel 5

CREME-SUPPEN

Wir von „Splendid Spoon" lieben Cremesuppen.

Wir füllen sie in Flaschen und trinken sie kalt, wenn wir unterwegs sind, oder aufgewärmt als wunderbar wohliges und cremiges Erlebnis. Durch das Pürieren startet der Verdauungsprozess für Sie schon, bevor die Suppe auch nur mit Ihrem Gaumen in Berührung kommt. Das bedeutet, dass die Nährstoffe schneller aufgenommen werden können, wenn sie dann in Ihren Darm gelangt sind. Schön ist beim Pürieren auch, dass das Obst und Gemüse, das Sie dafür verwenden, nicht so hübsch aussehen muss. Druckstellen, Schrammen oder andere pflanzliche Unzulänglichkeiten fallen in Ihrer Cremesuppe nicht auf – also können Sie auf dem Bauernmarkt auch „zweite Wahl" oder „hässliches" Gemüse kaufen (und dadurch dazu beitragen, dass weniger Lebensmittel weggeworfen werden). Außerdem helfen Sie auf diese Weise dem Bauern, mehr seiner Ware zu Geld zu machen, und vielleicht bekommen Sie sogar einen günstigeren Preis. Meine Mama sagt immer: Beurteile ein Buch nicht nach seinem Umschlag – das, was darin steckt, zählt!

Ich beginne den Tag gern mit einer pürierten Suppe, zum Teil auch deshalb, weil sie sich so perfekt für einen Morgen unter Zeitdruck eignet. Am liebsten starte ich mit der ausgebreiteten Zeitung vor mir, einem schaumigen Kaffee-Mandel-Mix (ähm, Rezept auf Seite 109) und dem Frühstück meiner Wahl mit hübschem, weißem Porzellan in den Tag. Ich lese, trinke und genieße in meinem eigenen Rhythmus, im Allgemeinen 45 Minuten lang. Ich würde zwar gerne sagen, dass ich mich normalerweise dazu hinsetze und langsam, vor meiner Tageszeitung sitzend, löffle, doch sehr viel häufiger kommt es vor, dass ich nebenbei meine Lunchboxes befülle und nach dem Frühstück meiner Söhne saubermache, meine Tasche für die Arbeit packe und trotzdem versuche, den Morgen zu genießen, bevor ich selbst aus der Tür eile.

Eine aufgewärmte, pürierte Suppe in einen Thermo-Kaffeebecher zu gießen, rettet mich oft davor, das Frühstück zu überspringen. Sie fühlt sich wie ein etwas raffinierterer Smoothie an. Sie schmeckt gut, was mich daran erinnert, dass ich eine Mahlzeit zu mir nehme, und sie ist warm, sodass ich mir Zeit nehme, sie Schluck für Schluck zu trinken, statt sie schnell gegen den Durst hinunterzustürzen. Ich trinke ein großes Glas zimmerwarmes Wasser mit Zitrone vor und nach meiner Cremesuppe – das ist meine bevorzugte Art, den Flüssigkeitsbedarf zu decken. Dieses ganze Ritual (das sich über zwei Stunden erstreckt und häufig von all den anderen Dingen unterbrochen wird, die ich vor acht Uhr morgens erledige) stößt zwei wirklich wichtige Dinge an: Es aktiviert mein Verdauungssystem, das meine sich bereits bewegenden Muskeln mit Energie zu versorgen beginnt, und es stellt eine Verbindung zwischen meinen Absichten und meinen Handlungen her. Ich möchte mich den ganzen Tag lang gesund ernähren, und so beginne ich mit einer einfachen Flüssigkeitsaufnahme und einer reinen, pflanzlichen Mahlzeit.

Die Einfachheit und Flexibilität pürierter Suppen macht sie ebenso wie jene zuverlässigen, aber manchmal zu süßen Smoothies zu einer großartigen Wahl für jede Art von Mahlzeit, insbesondere wenn es eher hektisch zugeht und das Essen in Eile eingenommen werden muss. All meine Detox-Kuren beginnen mit einer Cremesuppe, doch Sie können diese Rezepte auch zu einer anderen Tageszeit nutzen, wenn Ihnen das lieber ist.

Topinambur ist ein lustiges, kleines Wurzelgemüse. Er wird auch als Erdapfel oder -birne beziehungsweise als Jerusalem-Artischocke bezeichnet. Im Herbst ist er im Nordosten erhältlich und in wärmeren Klimazonen in den Wintermonaten. Ich schäle Topinambur nicht, da die Schale dünn ist und Nährstoffe enthält; außerdem sind diese Kerlchen so lustig geformt, dass sie jedem Schäler Widerstand leisten, den ich je besessen habe. Topinambur hat ein nussiges Aroma, und obwohl er häufig wie Kartoffeln gebraten oder geröstet wird, ist er nicht stärkehaltig. Ich kombiniere ihn gern mit Haselnüssen, die der Suppe außerdem eine cremigere Konsistenz verleihen. Auch Knollensellerie und Petersilie passen gut dazu.

Topinambur und Knollensellerie *mit Petersilie*

680 g Topinambur, in Scheiben geschnitten
680 g Knollensellerie, geschält und in Scheiben geschnitten (Schale aufbewahren)
1 Zwiebel, gewürfelt
1 Knoblauchzehe, fein gehackt
2 Stangen Sellerie, gewürfelt
2 EL Olivenöl
2 l Wasser
⅓ Tasse Haselnüsse, über Nacht in Wasser eingeweicht und abgetropft (für weitere Informationen siehe „Warum soll ich Nüsse und Samen einweichen?“ auf Seite 86)
1 TL Meersalz
Prise gemahlener schwarzer Pfeffer
Saft von ½ Zitrone
1 locker gefüllte Tasse gehackte, frische glatte Petersilie

1. Den Backofen auf 220 °C vorheizen.
2. Auf einem Backblech Topinambur, Knollensellerie, Zwiebeln, Knoblauch und Sellerie mit dem Öl mischen und in einer einzigen Schicht ausbreiten. 25 Minuten rösten, bis die Mischung weich und sehr aromatisch ist, dabei gelegentlich umrühren.
3. Währenddessen in einem Topf auf mittlerer bis hoher Stufe das Wasser zum Köcheln bringen. Die Knollensellerieschale und etwaige sonstige Gemüsereste hineingeben und 20 Minuten köcheln lassen.
4. Die Gemüsereste aus der Brühe holen und die Hälfte der Brühe in einen Standmixer füllen. Die geröstete Knollensellerie-Topinambur-Mischung, Haselnüsse, Salz, Pfeffer und Zitronensaft hinzufügen. Pürieren, bis eine sehr geschmeidige Masse entsteht; dabei einen Deckel mit Belüftungsloch verwenden. Gegebenenfalls mehr Brühe hinzufügen, sodass eine dünne, milchshakeartige Konsistenz erreicht wird. Petersilie hinzufügen und pürieren.
5. In warme Schalen füllen und genießen.

Es gibt Menschen, die Topinambur wie die Pest meiden, da diese Wurzel Inulin enthält, eine Art Ballaststoff, auf den manche Personen sehr empfindlich reagieren – das heißt, es löst bei ihnen Blähungen, Krämpfe und ein Völlegefühl aus. Wenn es Ihnen auch so geht, Sie diese Suppe aber gar zu gern probieren möchten, können Sie Topinambur durch geschälte und gewürfelte Yambohne ersetzen. Fügen Sie die Yambohne am Schluss, direkt vor dem Pürieren (roh) hinzu, da sie nicht geröstet werden muss.

Ich liebe diese Suppe vor allem deswegen, weil sie so vielfältig und deutlich dekadenter schmeckt, als sie eigentlich ist, aber auch wegen der Cashewkerne. Deren Fett hilft dabei, das Betacarotin der Süßkartoffeln aufzunehmen. Betacarotin ist gut für die Augen und entscheidend für ein gesundes Immunsystem. Der gemahlene rote Pfeffer und der frische Koriander liefern Frische und genau den richtigen Kick, um Ihrem Gaumen zu schmeicheln.

Süßkartoffeln mit Kreuzkümmel

- 680 g Süßkartoffeln, geschält und in 2,5 cm lange Stücke geschnitten
- ¼ Tasse (etwa eine Handvoll) rohe, ungesalzene Cashewkerne, über Nacht in Wasser eingeweicht (für weitere Informationen siehe „Warum soll ich Nüsse und Samen einweichen?“ auf Seite 86)
- ½ locker gefüllte Tasse frische Korianderblätter
- Prise gemahlener roter Pfeffer
- ½ TL gemahlener Kreuzkümmel
- ½ TL Meersalz
- 4 Tassen Wasser

1. Den Backofen auf 220 °C vorheizen.
2. Die Süßkartoffeln in Alufolie einwickeln und auf ein Backblech legen. 25 Minuten backen, bis ein Messer problemlos in die Süßkartoffeln hineingesteckt und wieder herausgezogen werden kann. Wenn die Süßkartoffeln gar sind, vorsichtig die Alufolie öffnen und vor der weiteren Verarbeitung abkühlen lassen.
3. In einen Standmixer die garen Süßkartoffeln, Cashewkerne und Einweichwasser, Koriander, gemahlenen roter Pfeffer, Kreuzkümmel, Salz und 3 Tassen Wasser füllen. Mixen, bis eine sehr geschmeidige Masse entsteht (eine dünne, milchshakeartige Konsistenz), und gegebenenfalls das restliche Wasser hinzufügen. Warm oder gekühlt genießen.

HINWEIS: Sie können die Süßkartoffeln auch im Ganzen rösten, doch dann dauert es länger, bis sie gar sind.

Süßkartoffeln und Yams sind die Wurzeln von Blütenpflanzen. Hinsichtlich des Geschmacks ist die Süßkartoffel einsame Spitze. Ihr Fleisch kann orangefarben, weiß, gelb oder rötlich sein und hat ein süßeres, feineres Aroma als die stärkehaltigere Yamswurzel. Und wie wird man nun in der Obst- und Gemüseabteilung fündig? Halten Sie Ausschau nach konisch zulaufenden Enden, dann werden Sie die begehrten Süßkartoffeln schon finden.

Achtsamkeitsmantra

Ich erkenne mein Potenzial und nehme es an. Beginnen Sie mit einer klaren Fokussierung auf Ihre Ziele, nehmen Sie Ihr Potenzial für Veränderungen wahr und akzeptieren Sie die Kraft dieses einfachen Mantras. Wiederholen Sie es für sich, während Sie Ihre Suppe löffeln oder trinken.

Mit einer stärkehaltigen Kartoffel und einer schönen Kombination aus Lauch, Frühlingszwiebeln und Bärlauch schmeckt dieses geschmeidige Püree schön herzhaft. Das Rezept verzichtet vollständig auf normale oder rote Zwiebeln! Stattdessen habe ich Gemüse aus der Zwiebel- und Lauchfamilie gewählt, die ein etwas grüneres, frischeres und weniger scharfes Aroma haben. Lauch schmeckt fein, cremig und wird traditionell mit Kartoffeln kombiniert, während Frühlingszwiebeln etwas schärfer sind und dem kräftigen Zwiebelgeschmack stärker ähneln; doch auch nach dem Kochen ist ihr Aroma noch frischer als bei Zwiebeln. Und Bärlauch – mmmh! Er ist nur im Frühling zu haben, ähnelt äußerlich den Frühlingszwiebeln, hat aber breitere Blätter und verströmt einen typischen Knoblauchgeruch, den Sie auch auf dem Bauernmarkt wahrnehmen können, wenn er dort verkauft wird. Bärlauch hat ein feines, pfeffriges Knoblaucharoma, das sich zum Würzen wunderbar eignet. Einen Strauß Bärlauch würde ich an einem Frühlingstag immer einem Strauß Narzissen vorziehen.

Frühlingslauch

- 2 EL Olivenöl
- 1 Bund Lauch, nur die weißen Teile, in dünne Scheiben geschnitten
- 1 Bund Frühlingszwiebeln, weiße und grüne Teile, in Scheiben geschnitten
- 1 Bund Bärlauch oder Schnittlauch, gehackt
- 450 g Sellerie, Enden abgeschnitten und in dünne Scheiben geschnitten
- 1 l Wasser plus gegebenenfalls mehr
- 1 kleine Kartoffel, gewürfelt
- 1 TL fein gehackter frischer Thymian
- 1 TL Meersalz
- Prise gemahlener schwarzer Pfeffer
- Saft von ½ Zitrone

1. In einem großen Topf auf mittlerer bis hoher Stufe das Öl erhitzen. Lauch, Frühlingszwiebeln, Bärlauch oder Schnittlauch und Sellerie 5 bis 10 Minuten braten, bis alles weich und goldbraun ist. Die Hitze auf niedrige Stufe reduzieren und die Mischung 20 weitere Minuten garen, bis sie sehr weich und durchscheinend ist. (Sie soll auf dem Boden des Topfes fast schmelzen.) Gegebenenfalls etwas Wasser hinzufügen, um zu verhindern, dass sie zu dunkel wird und auf dem Topfboden anbrennt.
2. Kartoffeln, Thymian, Salz, Pfeffer und den restlichen Liter Wasser hinzufügen. Umrühren und etwa 20 Minuten köcheln lassen, damit die Aromen sich mischen.
3. Mit einem Pürierstab oder Standmixer die Suppe pürieren, bis sie sehr geschmeidig ist, und gegebenenfalls mehr Wasser hinzufügen.
4. Vor dem Servieren den Zitronensaft hinzufügen. Warm oder gekühlt genießen.

LAUCH PUTZEN UND VORBEREITEN

Entfernen Sie die äußeren, dunkelgrünen Teile. Dann schneiden Sie die dunkelgrüne Spitze dort ab, wo das Blatt in ein helleres Grün übergeht. Schneiden Sie den Stängel der Länge nach auf, bevor Sie ihn in die gewünschten Stücke schneiden. Abspülen und abtropfen lassen.

Kein Spanier wäre damit einverstanden, diese Suppe als Gazpacho zu bezeichnen, denn – technisch betrachtet – handelt es sich bei Gazpacho um eine rohe, kalte Suppe, die aus fast jedem beliebigen Gemüse hergestellt werden kann, solange sie roh und kalt ist. Das Problem ist nur, dass Tomaten ein wenig Hitze brauchen, um eine höhere Konzentration an Lycopin zu erreichen. Ein wenig Zeit auf dem Herd ist alles, was Ihr Gazpacho benötigt, um mehr Lycopin zu enthalten. Auch das Olivenöl ist wichtig, denn als fettlöslicher Nährstoff gelangt das Lycopin mithilfe dieses für die Herzgesundheit zuträglichen Fettes in Ihre Zellen.

Cremiger Gazpacho mit Mandeln

- 2 EL Olivenöl
- 900 g Tomaten (beliebige Sorte), gewürfelt (mit oder ohne Kerne)
- 1 Salatgurke, geschält, entkernt und gehackt
- 2 Frühlingszwiebeln, gehackt
- 1 Paprikaschote (beliebige Farbe), gehackt
- 1 kleine Jalapeñoschote, fein gehackt (verwenden Sie Handschuhe, wenn Ihre Haut empfindlich auf Chili reagiert)
- 1 l Wasser
- ½ TL gemahlener Kreuzkümmel
- ½ TL Meersalz
- ¼ Tasse rohe, ungesalzene Mandeln, über Nacht in Wasser eingeweicht und abgegossen (für weitere Informationen siehe „Warum soll ich Nüsse und Samen einweichen?“ auf Seite 86)
- ½ locker gefüllte Tasse frisches Basilikum, gehackt

1. In einem großen Topf auf mittlerer bis hoher Stufe das Öl erhitzen. Tomaten, Salatgurke, Frühlingszwiebeln, Paprikaschote und Jalapeñoschote hinzufügen und umrühren. 15 Minuten braten, bis die Tomaten auseinanderfallen und die Mischung weich wird. Etwas Wasser hinzufügen, falls die Mischung beginnt, auf dem Boden des Topfes festzukleben.
2. Das restliche Wasser, Kreuzkümmel, Salz und Mandeln unterrühren, abdecken und 10 Minuten köcheln lassen. Während der letzten Minute das Basilikum hinzufügen.
3. Mit einem Pürierstab oder Standmixer die Suppe pürieren, bis sie sehr geschmeidig ist. Für ein authentischeres Gazpacho-Erlebnis gekühlt genießen. Doch da die Suppe gekocht wird, können Sie diese auch warm zu sich nehmen. (Nennen Sie sie dann einfach Tomatensuppe.) Und servieren Sie diese Suppe Ihren spanischen Freunden nicht als Gazpacho.

DER SCHÄRFETEST

Denken Sie an die Schärfe der Jalapeñoschote, bevor Sie diese hinzufügen! Schneiden Sie einfach erst ein winziges Stück ab und berühren Sie die Schnittstelle mit Ihrer Zunge. Warten Sie dann eine Minute, bis die Schärfe wirken kann. Jalapeñoschoten können sehr unterschiedlich scharf sein – von sehr mild bis extrem scharf. Verwenden Sie je nach Vorliebe mehr oder weniger.

Ich habe in einem Pizzarestaurant im Brooklyner Stadtteil Greenpoint meine ersten Suppen gekocht, bevor dort der Pizzabetrieb begann. Der Pizzaofen war dann vom vorangegangenen Abend noch heiß. Eines Morgens, als ich übereifrig zu viele Auberginen auf dem Bauernmarkt gekauft hatte, schaute ich auf den Berg dieser länglichen Schönheiten und fragte mich, welche Suppe wohl ausschließlich mit Auberginen zubereitet wird. Während ich vor mich hin schwitzte, fiel mir ein, dass Auberginen eine einzigartige Elektrolytkombination enthalten – genau danach verlangte mein Körper an einem heißen Tag. Ich stapelte meine Beute also in den Pizzaofen und pürierte sie dann mit Tahin, sodass eine Suppe entstand, die von Baba Ghanoush inspiriert war. In einem Glas mit Eiswürfeln war sie perfekt zum Mitnehmen geeignet.

Aubergine mit Tahin

- 1 große Aubergine, gewürfelt (etwa 6 Tassen)
- 1 EL Olivenöl
- 1 Paprikaschote (beliebige Farbe), gewürfelt
- 1 kleine Zwiebel, gewürfelt
- 1 Knoblauchzehe, fein gehackt
- 1 l Wasser
- ½ TL gemahlener Kreuzkümmel
- ½ TL Meersalz
- 1 EL Tahin (siehe Hinweis)
- 1 EL gehackte, frische glatte Petersilie
- abgeriebene Schale von 1 Zitrone (etwa 2 TL)

1. Die Auberginenwürfel mit etwas Salz bestreuen und umrühren. 20 Minuten beiseitestellen.
2. Die Auberginenwürfel in ein Sieb füllen, das Salz und bittere Säfte abspülen, dann trockentupfen.
3. In einem großen Topf auf mittlerer bis hoher Stufe das Öl erhitzen. Aubergine, Paprikaschote, Zwiebeln und Knoblauch hinzufügen und 5 Minuten unter häufigem Rühren braten, bis das Gemüse weich und gebräunt ist. Die Hitze auf niedrige Stufe reduzieren und die Mischung 25 Minuten braten, bis sie sehr weich ist. Etwas Wasser hinzufügen, falls die Mischung beginnt, auf dem Boden des Topfes festzubacken.
4. Kreuzkümmel, Salz, Tahin und das restliche Wasser hinzufügen und 10 Minuten köcheln lassen. Während der letzten Minute Petersilie und Zitronenschale unterrühren.
5. Mit einem Pürierstab oder Standmixer die Suppe pürieren, bis sie sehr geschmeidig ist. Warm oder gekühlt genießen.

HINWEIS: Wenn Sie kein Tahin (Sesampaste) finden, können Sie es durch ungesalzene, ungesüßte Erdnussbutter ersetzen.

Auberginen gehören zur Familie der Nachtschattengewächse, ebenso wie Tomaten, Paprikaschoten und Kartoffeln. Auberginen sind die Frucht dieser Pflanze und passen perfekt in eine Gemüsesuppe. Ich empfehle Ihnen nicht, Auberginen roh zu essen, denn das ist ein eher unerfreuliches Erlebnis.
Durch das Garen verwandelt sich die schwammartige Konsistenz in ein seidig-weiches Mus, und der intensive, bittere Geschmack wird abgemildert.
Am besten schneiden Sie Ihre Aubergine zuerst klein, streuen etwas Salz darüber und lassen so einen Teil der bitteren Säfte aus dem Fleisch herausziehen. Spülen Sie die Auberginen vor dem Garen ab und verwenden Sie eine Menge für das Herz gesunder Fette, um die Aufnahme der Elektrolyte aus der Aubergine in den Körper zu beschleunigen.

Das goldene Fleisch dieses Kürbisses ist geschmeidig, butterig und macht seinem Namen alle Ehre. Es verleiht der Suppe ein feines Herbstaroma. Die würzigen, belebenden Aromen der Kurkuma haben entzündungshemmende Eigenschaften, die im Curcumin enthalten sind. Schwarzer Pfeffer und Hitze sorgen dafür, dass diese Kräfte freigesetzt werden. Diese Suppe wird Ihre Küche mit einem berauschenden Duft erfüllen, der ein paar Tage anhalten kann. Genießen Sie es! Studien haben gezeigt, dass der Duft von Zimt Endorphine freisetzt. Wenn Sie beim Löffeln Ihrer Suppe lächeln, wird das Ihr Suppenerlebnis auf jeden Fall verbessern!

Butternusskürbis mit Kurkuma

- 1 Butternusskürbis, geviertelt und entkernt
- 2 EL Olivenöl
- ½ TL Meersalz
- ½ TL gemahlener schwarzer Pfeffer
- 1 Zwiebel, gewürfelt
- 1 Knoblauchzehe, fein gehackt
- 1 Stange Sellerie, gewürfelt
- 1 EL (auf einer ganz feinen Reibe) geriebene frische oder 1 TL getrocknete Kurkuma
- 1 Zweig frischer Rosmarin, holzige Stängel entfernt und Blätter fein gehackt, oder ½ TL getrockneter
- 1 TL Zimtpulver
- frisch geriebene Muskatnuss nach Geschmack
- 5 Tassen Wasser

1. Den Backofen auf 220 °C vorheizen.
2. Das Kürbisfleisch mit 1 EL des Öls einreiben und mit Salz und Pfeffer würzen. Die Kürbisviertel mit der Schnittfläche nach oben auf ein Backblech legen. 35 Minuten backen, bis ein Messer problemlos in den Kürbis hineingesteckt und wieder herausgezogen werden kann.
3. Währenddessen in einem mittelgroßen Topf auf mittlerer Stufe den restlichen EL Öl erhitzen. Darin Zwiebeln, Knoblauch und Sellerie unter häufigem Rühren 5 bis 7 Minuten anbraten, bis das Gemüse sehr weich und durchscheinend ist. Kurkuma, Rosmarin, Zimt und Muskatnuss hinzufügen und 2 Minuten garen, bis alles zu duften beginnt. Beiseitestellen.
4. Den Kürbis aus dem Backofen holen und 15 Minuten abkühlen lassen. Mit einem Löffel das Fleisch herausholen, die Schale wegwerfen.
5. Kürbisfleisch und Wasser in den Topf füllen. Die Hitze auf große Stufe erhöhen und die Suppe schnell zum Köcheln bringen. Dann die Hitze wieder auf mittlere Stufe reduzieren, 10 Minuten köcheln lassen.
6. Mit einem Stabmixer die Suppe pürieren. Warm genießen.

Getrocknet oder frisch?

Getrocknete Kräuter sollten tendenziell am besten während des Kochens beigemischt werden, sodass ihre Aromen Zeit haben, das ganze Gericht zu durchdringen. Frische Kräuter sind ein wenig flexibler, sie können während des Kochens oder danach verwendet werden. Falls Sie aus gesundheitlichen Gründen auf das im Rezept angegebene Salz verzichten, sollten Sie am Ende frische Kräuter hinzufügen oder zusätzlich ein paar frische Kräuter über die Suppe streuen, wenn Sie sich hinsetzen, um sie zu genießen. Bereiten Sie ein Rezept zu, das nach frischen Kräutern verlangt, Sie möchten aber getrocknete verwenden – oder umgekehrt –, können Sie sich an folgender Faustregel orientieren: Falls Sie frische durch getrocknete Kräuter ersetzen wollen, verwenden Sie die Hälfte der angegebenen Menge; und im umgekehrten Fall nehmen Sie doppelt so viele Kräuter wie verlangt.

Vertrauen Sie mir: Diese Pilzcremesuppe wird Sie vom Hocker hauen. Sie werden sich fragen, wie es Ihnen gelungen ist, so lange ohne Haselnüsse in Ihrer Suppe zu überleben.

Milchfreie Pilzcremesuppe mit Kräutern

- 900 g gemischte Shiitake- und Maitake-Pilze, Stiele entfernen und aufheben, Kappen grob gehackt
- 1 Zwiebel, gewürfelt
- 1 Knoblauchzehe, gehackt
- 2 Stangen Sellerie, gewürfelt
- ¼ Tasse Kokosöl, geschmolzen
- 1 l Wasser
- 1 EL gehackter frischer Dill (Stängel aufheben)
- 1 locker gefüllte Tasse frische glatte Petersilie (Stängel aufheben)
- ⅓ Tasse Haselnüsse, über Nacht in Wasser eingeweicht und abgetropft (für weitere Informationen siehe „Warum soll ich Nüsse und Samen einweichen?“ auf Seite 86)
- ¼ TL gemahlener schwarzer Pfeffer
- ½ TL Meersalz
- Saft von ½ Zitrone

1. Den Backofen auf 220 °C vorheizen.
2. Pilze, Zwiebeln, Knoblauch und Sellerie mit dem Kokosöl beträufeln und mit den Händen durchmengen. Das Gemüse auf einem Backblech unter gelegentlichem Rühren 25 Minuten rösten, bis die Mischung weich und sehr aromatisch ist.
3. Währenddessen in einem mittelgroßen Topf auf mittlerer bis hoher Stufe das Wasser zum Köcheln bringen. Pilzstiele, Kräuterstängel und etwaige andere Gemüsereste hinzufügen. Abdecken und 20 Minuten kochen.
4. Die Gemüsereste aus der Suppe filtern. Die Suppe in einen Standmixer füllen. Die geröstete Pilzmischung, Haselnüsse, Dill, Petersilie, Pfeffer, Salz und Zitronensaft hinzufügen. Pürieren, bis eine sehr cremige Masse entsteht; dabei einen Deckel mit Belüftungsloch verwenden.
5. In warme Schalen füllen und genießen.

HEBEN SIE DIE STÄNGEL FÜR IHRE BRÜHE AUF! Liegen bei Ihnen Stängel oder Stiele von Pilzen, Petersilie und Dill oder andere Gemüsereste herum? Heben Sie sie für eines der Brühenrezepte aus Kapitel 9 auf. Sie können diese Reste auch in einen kleinen Beutel füllen und bei einem beliebigen Suppenrezept hinzufügen, um beim Kochen ein zusätzliches Gemüsearoma zu erhalten. Dazu können Sie ein Stück Mulltuch verwenden, dessen Enden Sie mit Metzgergarn zusammenbinden, um ein Säckchen zu bilden, das Sie dann zum Aromatisieren in die Suppe hängen. Denken Sie daran, das Säckchen zu entfernen, bevor Sie die Suppe pürieren oder servieren.

Haselnüsse sind die kleinen, essbaren Kerne eines Birkengewächses. Sie sind reich an Kalium, Kalzium, Kupfer, Eisen, Magnesium, Phosphor, Zink und Selen. Diese Mineralstoffe nutzt der Körper für so ziemlich alles – von den grundlegenden Zellfunktionen (Kalium) über die Knochengesundheit (Kalzium, Magnesium, Eisen und Phosphor) bis hin zum Stoffwechsel (Selen), dem Immunsystem (Zink) und einem gesunden Herzen (Kupfer). Tatsächlich bewirken diese Mineralstoffe in zahlreichen Teilen unseres Körpers sehr viel, doch Ihr Körper kann sie nicht herstellen – also sollten Sie mehr Haselnüsse essen!

Ich beteilige mich an einem Programm der Solidarischen Landwirtschaft, sodass ich von einem örtlichen Bauernhof einen Teil der wöchentlichen Ernte erhalte. Das ist eine wunderbare Möglichkeit zu probieren, was auf den Feldern so wächst, und zugleich den Bauern zu helfen, indem man schon zu Beginn der Anbausaison für seinen Anteil zahlt. Der Haken ist allerdings, dass man sich nicht aussuchen kann, welches Obst und Gemüse man Woche für Woche erhält; weniger bekannte landwirtschaftliche Erzeugnisse landen oft in einer sogenannten „Tauschbox". Speiserüben enden immer in der Tauschbox. Also dachte ich mir, dass wir vielleicht alle nicht wussten, was es mit diesen Speiserüben auf sich hat, und so beschloss ich, es herauszufinden. Mit ihrem feinen Geschmack und dem schönen, weißen Äußeren liefern Speiserüben eine wirklich tolle Suppe. Ihr manchmal etwas scharfes Aroma wird durch das Kochen deutlich abgemildert. Kurz gebratene Pilze lenken mit ihrem köstlichen Geschmack und ihrer Konsistenz noch mehr Aufmerksamkeit auf dieses mildere Speiserübenaroma. Den ebenfalls essbaren grünen Blättern (nicht wegwerfen!) verdankt diese ansonsten wenig farbenfrohe Suppe zusätzliche Farbtupfer. Und sie vermitteln dem Esser: Ja, an diesen Speiserüben ist mehr dran, als man auf den ersten Blick annehmen würde. Warten Sie erst einmal ab, bis Sie die ersten Löffel gekostet haben.

Speiserübe *und ihre Blätter*

2 EL Olivenöl
1 kleine Zwiebel, gewürfelt
2 Stangen Sellerie, gewürfelt
1 Tasse weiße Champignons, gewürfelt
½ TL Meersalz
2 Zweige frischer Thymian, holzige Stängel entfernt und Blätter fein gehackt (siehe Hinweis)
Prise gemahlener schwarzer Pfeffer
1 Bund Speiserüben oder 1 große Speiserübe, weiße Rüben geviertelt und grüne Blätter abgeschnitten und gehackt (siehe Hinweis)
1 l Wasser

1. In einem mittelgroßen Topf auf mittlerer Stufe das Öl erhitzen. Zwiebeln und Sellerie unter häufigem Rühren darin 5 bis 7 Minuten anbraten, bis das Gemüse glasig ist. Pilze, Salz, Thymian und Pfeffer hinzufügen und 10 Minuten braten, bis die Pilze sehr weich sind. Das Grün der Speiserüben hinzufügen und 5 Minuten braten. Einen Teil der Mischung zum Garnieren beiseitestellen.
2. Die Hitze auf mittlere bis hohe Stufe steigern, Wasser und Speiserüben hinzufügen und 15 Minuten köcheln lassen, bis die Rüben weich sind.
3. Mit einem Stabmixer pürieren, bis die Mischung sehr geschmeidig ist. Die Suppe in warme Schalen füllen und mit der beiseitegestellten Mischung garnieren.

HINWEIS: Wenn Sie Speiserüben auswählen, sollten Sie sich für die kleine, weiße Sorte entscheiden, die wie Radieschen aussieht. Diese haben ein süßeres und feineres Aroma als die großen Speiserüben, die auch als Steckrüben bezeichnet werden.

Thymian kommt in der Naturheilkunde schon sehr lange bei Brust- und Atemproblemen zum Einsatz, bei Husten, Bronchitis und verstopfter Nase. Die flüchtigen Thymianöle wirken darüber hinaus antimikrobiell gegen zahlreiche verschiedene Bakterien.

Bei dieser frischen, grünen und aromatischen Cremesuppe gibt der Spargel sein Bestes. Hinzu kommen eine leichte Rosmarinnote und ein wenig reiner, saurer Zitronensaft, die dem Gaumen schmeicheln.

Einfache Spargelsuppe

1 l Wasser
1.800 g frischer Spargel (siehe „Spargel vorbereiten“)
2 EL Olivenöl
1 Bund Frühlingszwiebeln, gehackt
2 Stangen Sellerie, in Scheiben geschnitten
2 Zweige frischer Rosmarin, holzige Stängel entfernt und Blätter fein gehackt (oder 1 Prise getrockneter Rosmarin)
Prise gemahlener schwarzer Pfeffer
1 TL Meersalz
1 l Eiswürfel
Saft von 1 Zitrone

1. In einem großen Topf auf hoher Stufe das Wasser zum Kochen bringen. Währenddessen den Spargel vorbereiten. Die holzigen Spargelenden in das kochende Wasser geben, abdecken, die Hitze auf niedrige Stufe reduzieren und 15 Minuten köcheln lassen.
2. Währenddessen in einer Pfanne auf mittlerer Stufe das Öl erhitzen. Frühlingszwiebeln, Sellerie, Rosmarin und Pfeffer unter häufigem Rühren 5 bis 7 Minuten braten, bis das Gemüse weich ist. Beiseitestellen.
3. Die holzigen Spargelenden aus der Brühe holen und wegwerfen oder kompostieren. Die Hitze auf große Stufe erhöhen und die Brühe wieder zum Kochen bringen. Die geputzten Spargelstangen mit Salz darin etwa 10 Minuten garen.
4. In einem Standmixer Eiswürfel, Spargel und Brühe, Frühlingszwiebelmischung und Zitronensaft pürieren, bis eine geschmeidige Masse entsteht; dabei einen Deckel mit Belüftungsloch verwenden.
5. In Schalen füllen und im Kühlschrank ungefähr 15 Minuten kalt stellen, dann genießen.

Spargel vorbereiten Beim Spargelputzen nehmen Sie einfach zu Beginn eine Spargelstange in die Hand und biegen sie, bis sie bricht. Dann legen Sie das holzige Ende in eine Schüssel und den schönen oberen Teil der Stange neben den Stapel Ihrer noch nicht geputzten Spargelstangen. Nun schneiden Sie die übrigen Stangen an derselben Stelle ab und bewahren alle holzigen Enden für die Zubereitung Ihrer Spargelbrühe in der Schüssel auf. Die Spargelspitzen werden dann für die Suppe benötigt.

Spargel ist reich an Folsäure, die für unser Nervensystem sehr wichtig ist. Tatsächlich wird allen Frauen im empfängnisfähigen Alter empfohlen, große Mengen Folsäure zu sich zu nehmen, bevor sie schwanger werden, da auf diese Weise die Gefahr von Neuralrohrdefekten beim Fötus deutlich verringert wird. Folsäure trägt auch zur potenziell der Alterung entgegenwirkenden Eigenschaft dieses köstlichen Frühlingsgemüses bei: Sie kann unserem Gehirn helfen, den kognitiven Verfall zu bekämpfen.

Die schönen Roten Rüben stecken voller entschlackender und entzündungshemmender Phytonährstoffe und haben ein zugleich süßes und erdiges Aroma. Diese Suppe besteht hauptsächlich aus Roten Rüben, sodass ihr Geschmack wirklich im Vordergrund steht. Außerdem ist sie einfach zuzubereiten und entwickelt sich deshalb leicht zu einem Klassiker. Olivenöl unterstützt die Gesundheit von Herz und Kreislauf und sorgt für eine geschmeidigere Konsistenz.

Rote Rübe *mit Balsamico*

3 große Rote Rüben, geviertelt
1 EL Olivenöl
1 große Karotte, in kleine Würfel geschnitten
1 kleine Zwiebel, gewürfelt
1 Knoblauchzehe, fein gehackt
2 EL gehackter frischer Dill
1 EL (mit einer sehr feinen Reibe) frisch geriebene Meerrettichwurzel oder fertig zubereiteter Meerrettich
1 TL Meersalz
Prise gemahlener schwarzer Pfeffer
1 l Wasser
1 EL Balsamicoessig

1. Den Backofen auf 220 °C vorheizen.
2. Die Roten Rüben in Alufolie einwickeln und 45 Minuten rösten, bis ein Messer problemlos in die Roten Rüben hineingesteckt und wieder herausgezogen werden kann.
3. Währenddessen in einem mittelgroßen Topf auf mittlerer Stufe das Öl erhitzen. Karotte, Zwiebeln und Knoblauch unter häufigem Rühren 10 Minuten braten, bis das Gemüse weich und süß ist. Die Mischung beiseitestellen, während die Roten Rüben weitergeröstet werden.
4. Die Roten Rüben aus dem Backofen holen und abkühlen lassen. Schälen und die Schalen kompostieren oder wegwerfen. (Nicht zu viel Zeit auf diese Aufgabe verwenden, wenn die Schale widerspenstig ist: Ein paar Stückchen Schale beeinträchtigen den Geschmack der Suppe nicht.)
5. In demselben mittelgroßen Topf auf mittlerer Stufe Rote Rüben und Karottenmischung erhitzen. Dill, Meerrettich, Salz, Pfeffer, Wasser und Essig hinzufügen und 15 Minuten köcheln lassen.
6. Mit einem Pürierstab oder Standmixer die Suppe pürieren, bis sie sehr geschmeidig ist. Diese Suppe schmeckt als gekühltes Getränk zum Mitnehmen ebenso fantastisch wie warm in einer Schale.

Wenn Sie Rote-Rüben-Saft trinken, wird der Blutfluss ins Gehirn (und auch sonst wohin) gesteigert. Also kann diese Suppe Ihnen bei der Ausdauer in der Bibliothek, im Fitnessstudio und, ja, auch im Schlafzimmer helfen. Worauf warten Sie also noch?

Blumenkohl gehört zu jenen lustigen Gemüsesorten, von denen jeder annimmt, dass sie nicht so vorteilhaft sind – vermutlich aufgrund der (fehlenden) Farbe. Doch erinnern Sie sich an den Farbkreis im Kunstunterricht und die Erklärung Ihres Lehrers, dass Weiß tatsächlich eine Mischung aller Farben ist – was Sie gar nicht glauben wollten? Zumindest ging es mir so. Beim Blumenkohl ist es ähnlich. Normalerweise denken wir bei weißen Lebensmitteln an raffinierte Dinge wie weißes Mehl oder Zucker, doch auch in der Natur existiert Weiß als Farbe und kann mit starken phytochemischen Eigenschaften einhergehen. Blumenkohl ist ein Kreuzblütler wie Brokkoli, Rosen- oder Grünkohl und gehört damit zu den vorbildlichen Schülern der Gemüseschule. Blumenkohl beinhaltet nämlich Schwefelverbindungen, die erwiesenermaßen Krebszellen bekämpfen, den Blutdruck und die Nierenfunktion verbessern. Außerdem lässt er sich beim Kochen sehr vielseitig einsetzen: Er kann im Ganzen mit seiner Röschenstruktur verwendet, aber auch zu geschmeidigem Püree verarbeitet werden wie in diesem Fall. Konzentrieren Sie sich also nicht allzu sehr auf jenen gut vermarkteten Grünkohl, denn Blumenkohl kann ihm als Jahrgangsbester tatsächlich die Show stehlen.

Blumenkohlcreme *mit Lauch*

¼ Tasse Mandeln, über Nacht in Wasser eingeweicht und abgetropft (für weitere Informationen siehe unten „Warum soll ich Nüsse und Samen einweichen?“)
1 kleine Stange Lauch, nur die weißen Teile, oder 1 Bund Frühlingszwiebeln, weiße und grüne Teile, gehackt
1 kleiner Kopf Blumenkohl, in sehr kleine Stücke gehackt (etwa 4 Tassen)
¼ Tasse Apfelessig
⅓ locker gefüllte Tasse frischer Dill
½ TL Meersalz
Prise Chiliflocken
2 ½ EL Olivenöl
4 Tassen kochendes Wasser

1. In einen Standmixer Mandeln, Lauch oder Frühlingszwiebeln, Blumenkohl, Essig, Dill, Salz, Chiliflocken, Öl und Wasser füllen, gut verschließen und die Mischung 20 bis 25 Minuten stehen lassen, sodass das heiße Wasser den Blumenkohl gart.
2. Den Mixer öffnen, um Dampf entweichen zu lassen, dann wieder abdecken und pürieren, bis eine sehr geschmeidige Mischung entsteht. Gegebenenfalls etwas kaltes Wasser hinzufügen, um eine milchshakeartige Konsistenz zu erreichen.
3. Vor dem Genießen zum Auskühlen 1 Stunde in den Kühlschrank stellen. Die Suppe kühlt schneller aus, wenn sie vorab portioniert und auf kleinere Behältnisse verteilt wird. Doch sie schmeckt auch warm sehr lecker!

Warum soll ich Nüsse und Samen einweichen? Lassen Sie sich von ihrer Unbeweglichkeit nicht täuschen: Nüsse leben! Sie sind die Frucht einer Pflanze und schützen in ihrem Inneren einen Samen. Wenn Sie Nüsse und Samen über Nacht in Wasser einweichen, aktivieren Sie eine Menge guter Enzyme, die den Samen zum Keimen ermuntern. Das Einweichen entfernt außerdem die schützenden, leicht toxischen Bestandteile, die das Keimen des Samens verhindern, bis die passenden (Feuchtigkeits-)Bedingungen gegeben sind. Gießen Sie das Einweichwasser weg, bevor Sie die Nüsse verwenden. Wenn Sie es sehr eilig haben, können Sie die Nüsse auch 30 Minuten in kochendem Wasser einweichen statt über Nacht, doch dadurch erreichen Sie eher die weichere Konsistenz, die Sie beim Pürieren Ihrer Suppe haben wollen, als positive Auswirkungen auf Ihre Gesundheit.

Blumenkohl

eignet sich mit seinen Antioxidantien und schwefelhaltigen Bestandteilen perfekt, um den Körper zu entschlacken. Außerdem enthält er Phytonährstoffe (Glucosinolate genannt), die helfen können, entgiftende Enzyme zu aktivieren und ihre Aktivität zu regulieren.

Sellerie gehört zu jenen Nahrungsmittel, die den Menschen immer in den Sinn kommen, wenn sie an Diäten denken. Ich habe sogar schon gehört, dass er ein „Minuskalorienlebensmittel" sein soll, dass er also mehr Kalorien zum Verbrennen benötigt, als er selbst enthält. Außerdem heißt es, dass Sellerie dieselben Geschmackssensoren anspricht wie Salz und deshalb beim Verlangen nach Salz ein wunderbarer Ersatz sein kann. Ich kann mir kaum vorstellen, dass ein Selleriestück das Verlangen nach knusprigen Kartoffelchips stillen kann, und eine Selleriediät klingt für mich nicht gerade nach Spaß. Ich habe mich mehr von meiner Liebe zu dem einzigartigen Aroma des Selleries inspirieren lassen. Sein intensiverer, irgendwie blumiger Geschmack reizt meine Nebenhöhlen ein wenig, und sehr zu meiner Freude stimmt die gesamte Pflanze in diese „Aromamelodie" mit ein. Die Knolle hat ein sanfteres Aroma und eine stärkehaltigere Konsistenz, während die Stangen frischer schmecken und die Blätter eine süße Abrundung darstellen, die Ihre Geschmacksknospen auch noch lang nach dem letzten Schluck erfreut.

Die ganze Selleriepflanze

2 EL Olivenöl
1 kleine Zwiebel, gewürfelt
2 Stangen Sellerie, gewürfelt
1 große Knoblauchzehe, fein gehackt
2 Zweige frischer Thymian, holzige Stängel entfernt und Blätter fein gehackt
Prise gemahlener schwarzer Pfeffer
1 TL Meersalz
680 g Knollensellerie, geschält und gewürfelt
1 kleine Kartoffel (mehlig kochend), gewürfelt
1 Tasse Sellerieblätter (was auch immer Ihr Sellerie hergibt)
1 ½ l Wasser

1. In einem mittelgroßen Topf auf mittlerer Stufe das Öl erhitzen. Zwiebeln, Selleriestangen und Knoblauch unter häufigem Rühren 5 bis 7 Minuten anbraten, bis das Gemüse zart und glasig ist. Thymian, Pfeffer und Salz unterrühren und 3 bis 5 Minuten braten, bis die Gewürze duften.
2. Knollensellerie, Kartoffel und Sellerieblätter hinzufügen und unter häufigem Rühren 5 bis 10 Minuten braten, bis das Gemüse duftet. (Ein paar Sellerieblätter zum Garnieren zurückbehalten.) Wasser hinzufügen, die Hitze auf große Stufe erhöhen und das Wasser zum Kochen bringen. Die Hitze auf mittlere bis hohe Stufe reduzieren, 15 Minuten köcheln lassen.
3. Mit einem Pürierstab oder Standmixer die Suppe pürieren, bis sie sehr geschmeidig ist.
4. In warme Schalen füllen und mit den zurückbehaltenen Sellerieblättern garnieren.

In Istanbul aß ich eine traditionelle Suppe mit Salatgurke namens Cacık. Sie war so geschmackvoll, dass ich jedes Mal an sie denke, wenn das Wetter warm wird. Sie war cremig, aber erfrischend, enthielt allerlei Kräuter und schmeckte ein wenig nussig, da etwas Gerste zu den Zutaten zählte. Am tollsten fand ich, dass sie in einem flachen Unterteller serviert wurde, mit Eiswürfeln am Rand. Wie köstlich! Das wirkte wie eine besonders raffinierte Art, Suppe zu genießen – irgendwie fortschrittlicher als die warmen Eintöpfe und dampfenden Brühen, die wir üblicherweise in den USA essen. Selbstverständlich enthält diese Version keine Milchprodukte, doch die Suppe schmeckt aufgrund der Cashewcreme ebenso cremig wie das Cacık in der Türkei.

Gurke mit rohen Cashewkernen

- 4 Tassen Wasser
- 1 Tasse Quinoa
- 1 EL Olivenöl
- 4 Frühlingszwiebeln, in feine Scheiben geschnitten
- 1 große Knoblauchzehe, fein gehackt
- ¼ Tasse Cashewkerne, über Nacht in Wasser eingeweicht und abgegossen (für weitere Informationen siehe „Warum soll ich Nüsse und Samen einweichen?“ auf Seite 86)
- 4 große Salatgurken, geschält, entkernt und gehackt
- 1 locker gefüllte Tasse frischer Dill (ohne dicke Stängel)
- 1 locker gefüllte Tasse frische Pfefferminzblätter
- 2 EL Apfelessig
- Prise gemahlener schwarzer Pfeffer
- ½ TL Meersalz

1. In einem kleinen Topf auf hoher Stufe 2 Tassen Wasser zum Kochen bringen. Die Hitze auf mittlere Stufe reduzieren, Quinoa hinzufügen und 15 Minuten köcheln lassen. Wasser abgießen, Quinoa beiseitestellen.
2. In einer kleinen Pfanne auf mittlerer Stufe das Öl erhitzen. Frühlingszwiebeln und Knoblauch unter Rühren 7 bis 10 Minuten braten, bis die Mischung sehr weich und süß ist.
3. In einem Standmixer Frühlingszwiebelmischung, Cashewkerne, Salatgurken, Dill, Pfefferminze, Essig, Pfeffer und Salz pürieren, bis eine sehr geschmeidige Masse entsteht. Dabei langsam so viel der restlichen 2 Tassen Wasser hinzufügen, wie erforderlich, damit eine dünne, milchshakeartige Konsistenz entsteht. Abdecken und 1 Stunde kalt stellen.
4. In die Mitte jeder Suppenschale ein Viertel der Quinoa häufen. Die Suppe darüberlöffeln.

Die Salatgurkensuppe, die ich in der Türkei gegessen habe, enthielt Gerste, doch ich mache meine Suppen gern glutenfrei, damit alle meine Freunde mit Zöliakie und Glutenintoleranz ebenfalls mitessen können – und es scheinen von Tag zu Tag mehr Menschen zu werden, die solche Probleme haben! Quinoa ist heutzutage leicht zu bekommen und verleiht der Suppe Konsistenz, Eiweiß und essentielle Mineralstoffe. Und so sind alle zufrieden.

Das in Cashewkernen enthaltene Fett ist gut für das Herz und trägt zum Sättigungsgefühl bei. In Kombination mit dem Eiweiß aus der Quinoa wird diese Suppe zu einer erfrischenden, köstlichen Alternative zu Ihrem morgendlichen Müsli oder Smoothie.

Diese leuchtend orangefarbene Suppe steckt voller Betacarotine, die beim Kochen intensiviert werden. Frische Kurkuma trägt dazu bei, dass diese Suppe noch gesünder wird: Ihre entzündungshemmenden Eigenschaften werden durch gemahlenen schwarzen Pfeffer und das Kochen aktiviert. Das ist einer unser Klassiker bei „Splendid Spoon", und er eignet sich perfekt, um in den Tag zu starten. Der Ingwer wirkt wie ein heftiger Klaps am Morgen.

Karottensuppe

mit Kurkuma

1 EL Olivenöl
1 Zwiebel, gewürfelt
1 Knoblauchzehe, fein gehackt
1 großes Bund Karotten, in 5 cm lange Stücke geschnitten (etwa 900 g)
1 TL gehackter frischer Rosmarin
1 EL frisch geriebene oder 1 TL gemahlene Kurkuma
1 EL frisch geriebener Ingwer oder 1 TL Ingwerpulver
1 l Wasser plus 2 Tassen, falls nötig
abgeriebene Schale und Saft von 2 Orangen
Prise gemahlener roter Pfeffer
Prise gemahlener schwarzer Pfeffer
Prise Meersalz

1. In einem großen Topf auf mittlerer Stufe das Öl erhitzen. Zwiebeln und Knoblauch unter Rühren darin 5 Minuten braten, bis die Mischung weich und glasig ist. Karotten, Rosmarin, Kurkuma und Ingwer hinzufügen und umrühren.
2. Die Hitze auf niedrige bis mittlere Stufe reduzieren und 1 l Wasser, Orangenschale und Orangensaft hinzufügen. Abdecken und etwa 25 Minuten köcheln lassen. Roten Pfeffer, schwarzen Pfeffer und Salz hinzufügen.
3. Mit einem Pürierstab oder Standmixer die Suppe pürieren, bis sie sehr geschmeidig ist. Gegebenenfalls noch 2 Tassen Wasser hinzufügen, falls sie erforderlich sind, um die gewünschte Konsistenz zu erreichen.
4. Auf vier Behältnisse aufteilen und vor dem Servieren ohne Abdeckung im Kühlschrank 2 Stunden auskühlen lassen.

Erbsen gehören zu den Hülsenfrüchten und sind eine hervorragende Eiweiß- und Ballaststoffquelle. Diese Suppe schmeckt erstaunlicherweise leicht, obwohl sie für Stunden satt macht. Und mit ihrer herrlichen grünen Farbe bringt sie den Geschmack von Frühling auf Ihre Lippen.

Frühlings-Platterbse

mit Cashewcreme

1 EL Olivenöl
4 Frühlingszwiebeln, grob gehackt
1 Knoblauchzehe, gehackt
680 g geschälte Gartenerbsen oder gefrorene grüne Erbsen, etwa 5 Tassen (siehe Hinweis)
2 Tassen Wasser plus 2 Tassen, sofern nötig
Prise gemahlener schwarzer Pfeffer
Prise Meersalz
abgeriebene Schale von ½ Zitrone (etwa 1 TL)
Saft von ½ Zitrone
1 EL gehackte frische Pfefferminzblätter
1 l Eiswürfel
¼ Tasse Cashewkerne, über Nacht in Wasser eingeweicht und abgetropft (für weitere Informationen siehe „Warum soll ich Nüsse und Samen einweichen?“ auf Seite 86)

1. In einem großen Topf auf mittlerer Stufe das Öl erhitzen. Frühlingszwiebeln und Knoblauch darin 3 Minuten braten, bis die Mischung weich und glasig ist.
2. Erbsen, 2 Tassen Wasser, Pfeffer und Salz hinzufügen, abdecken und etwa 8 Minuten kochen. (Wenn gefrorene Erbsen verwendet werden, etwa 5 Minuten kochen.)
Den Topf vom Herd nehmen. Zitronenschale, Zitronensaft, Pfefferminze und Eis hinzufügen. Mit einem Pürierstab oder Standmixer 3 bis 4 Minuten pürieren, bis alles sehr geschmeidig und kalt ist. Sofern erforderlich, das restliche Wasser hinzufügen, um die gewünschte Konsistenz zu erreichen.
3. In einem Standmixer oder einer Küchenmaschine Cashewkerne und ¼ Tasse des restlichen Wassers pürieren, bis die Mischung geschmeidig ist.
4. Sofort in einer gekühlten Schale mit etwas Cashewcreme servieren.

HINWEIS: Für dieses Rezept verwende ich die kugeligen Gartenerbsen, die man aus ihrer harten Hülse schälen muss. Viele Geschäfte bieten sie geschält an. Das im Rezept angegebene Gewicht bezieht sich auf die bereits geschälten Erbsen. Erbsen mit einer essbaren Hülse – wie Zuckererbsen – sind für dieses Rezept weniger gut geeignet.

Kapitel 6

BOHNEN UND LINSEN

Sie wissen, was Sie an diesen Suppen haben:

Sie füllen den Bauch, machen gut satt und sind schön dick. Die beeindruckende Kraft der Hülsenfrüchte hält Sie schlank. Zu den Hülsenfrüchten zählen Bohnen, Linsen, Erbsen und auch Erdnüsse. Sie enthalten eine einzigartige Mischung aus Eiweiß und wasserlöslichen Ballaststoffen, die auf wahrlich magische Weise zusammenarbeiten. Mit diesen Suppen bleiben Sie so lange satt, dass ich eine Portion fast immer halbiere, um zweimal davon zu essen. Dies ist die zweite Suppe, die Sie an Ihrem Suppen-Detox-Tag zu sich nehmen. So haben Sie mehr Zeit, sich auf Ihre täglichen Aufgaben zu konzentrieren, ohne vom Hunger abgelenkt zu werden; und Sie können die Energie, die Ihnen diese pflanzliche Nahrung verleiht, produktiver nutzen.

Noch ein paar Worte über getrocknete Bohnen und solche in Dosen. Natürlich ist es viel einfacher, Bohnen aus der Dose zu verwenden. Doch hier gilt dasselbe wie bei Nüssen und Samen: Bohnen sind Samen, die ihre gesunden Enzyme freisetzen, wenn sie über Nacht eingeweicht werden. Außerdem haben Sie die komplette Kontrolle über das Salz, wenn Sie getrocknete Bohnen zum Kochen verwenden. Darüber hinaus erhalten Sie auf diese Weise Zugang zur vielfältigen Welt altbekannter Bohnensorten, die Sie nirgends in Dosen finden werden. Trotzdem verstehe ich natürlich, dass Sie vielleicht einmal den Kichererbseneintopf (Seite 102) zubereiten wollen, aber vergessen haben, die Kichererbsen einzuweichen. Aus diesem Grund gebe ich auch Kochanweisungen für die Verwendung von Hülsenfrüchten aus der Dose. Die Kochzeit reduziert sich beträchtlich, und ich empfehle Ihnen, das Salz ganz wegzulassen, bis die Suppe fertig ist, und dann nach Geschmack zu salzen. Hülsenfrüchte aus der Dose enthalten Salz, auch wenn Sie sie abspülen und abtropfen lassen, was Sie tun sollten.

Das ist eine jener perfekten Suppen, die lange anhaltend satt macht. Pinto- und schwarze Bohnen enthalten 12 g Eiweiß und 6 g Ballaststoffe pro Portion. Durch das Grünzeug bekommen Sie außerdem eine Menge Eisen, Vitamin A und Vitamin C. Wenn Sie außer dieser Suppe während Ihres Suppen-Detox nichts äßen, würden Sie dennoch alles bekommen, was Sie brauchen. Doch dann entgingen Ihnen all die anderen köstlichen Suppen dieses Buches!

Bohnen und Grünzeug

- 1 EL Olivenöl
- 1 kleine Zwiebel, gewürfelt
- 1 große Knoblauchzehe, fein gehackt
- 1 große Karotte, gewürfelt
- 1 Stange Sellerie, gewürfelt
- 1 große Tomate, gewürfelt
- ½ TL gemahlener schwarzer Pfeffer
- 1 TL Madras-Currypulver
- ½ TL gemahlener Kreuzkümmel
- 225 g getrocknete Pintobohnen, über Nacht eingeweicht und abgetropft, oder 1 Dose (430 g) salzarme Pintobohnen, abgespült und abgetropft
- 225 g getrocknete schwarze Bohnen, über Nacht eingeweicht und abgetropft, oder 1 Dose (430 g) salzarme schwarze Bohnen, abgespült und abgetropft
- 1 ½ l Wasser
- 1 Tasse Spinat, in gabelfertige Stücke gerissen
- 1 Tasse in dünne Scheiben geschnittener Pak Choi
- 1 TL Meersalz (bei Verwendung von Bohnen aus der Dose weglassen)

1. In einem mittelgroßen Topf auf mittlerer Stufe das Öl erhitzen. Zwiebeln und Knoblauch hinzufügen und unter häufigem Rühren 5 bis 7 Minuten braten, bis die Mischung weich und glasig ist.
2. Karotte, Sellerie, Tomate, Pfeffer, Curry und Kreuzkümmel hinzufügen und unter Rühren 5 Minuten braten, bis es duftet. Bohnen und Wasser hinzufügen und zum Kochen bringen. Die Hitze auf niedrige Stufe reduzieren, abdecken und 2 Stunden köcheln lassen, bis die Bohnen sehr weich sind und fast auseinanderfallen. (Alternativ einen Schongarer auf niedriger Stufe über Nacht laufen lassen.)
3. Den Topf vom Herd nehmen und Spinat, Pak Choi und Salz unterrühren. Abdecken und 4 bis 5 Minuten stehen lassen. (Die Restwärme der Suppe wird dazu führen, dass das Blattgemüse zusammenfällt, aber nicht zu weich wird.)

Pintobohnen sind in den Vereinigten Staaten mit Abstand die beliebtesten Bohnen. Sie sind charakteristisch gesprenkelt, was ihnen im Spanischen die Bezeichnung „frijol pinto" eingebracht hat – „bemalte Bohne". In Deutschland werden sie auch als Wachtelbohnen bezeichnet. Die Pintobohne ist so etwas wie das Chamäleon unter den Bohnen; sobald sie gekocht ist, verblasst das Muster, sodass die Bohne eine hellrosa Färbung annimmt. Halten Sie auf Ihrem örtlichen Bauernmarkt oder in Spezialgeschäften Ausschau nach alten Bohnensorten. Ebenso wie althergebrachte Tomaten-, Auberginen- oder Maissorten sind sie etwas schwerer zu finden, liefern aber einen differenzierten Geschmack und sind in endlos vielen unterschiedlichen Farben, Formen und Größen zu haben. Der Hersteller ranchogordo.com ist das Eldorado für Bohnenliebhaber.

Ohne Zweifel ist dies der beliebteste Geschmack beim Suppen-Detox. Die Puy-Linsen stecken voller Ballaststoffe und herzhaftem Eiweiß, machen Sie satt und halten Sie bei Kräften. Palmkohl liefert eine Menge Folsäure für Ihr Gehirn, Lutein für die Augen und Alpha-Linolensäure für Ihr Herz. Eine Prise Madras-Curry rundet die Köstlichkeit dieser Suppe ab!

Linsen und Palmkohl

1 EL Olivenöl
1 kleine Zwiebel, gewürfelt
2 große Karotten, gewürfelt (etwa 2 Tassen)
1 Stange Sellerie, klein gewürfelt
1 große Knoblauchzehe, fein gehackt
½ TL gemahlener schwarzer Pfeffer
1 EL Madras-Currypulver
¾ TL Zimtpulver
225 g getrocknete rote Linsen, abgespült und abgetropft (kleine Steinchen raussammeln)
225 g getrocknete Puy-Linsen, abgespült und abgetropft (kleine Steinchen raussammeln)
2 l Wasser
2 Tassen fein geschnittene Palmkohlblätter (ersatzweise Grünkohlblätter)
2 TL Meersalz

1. In einem mittelgroßen Topf auf mittlerer Stufe das Öl erhitzen. Zwiebeln, Karotten und Sellerie unter häufigem Rühren 10 Minuten darin braten, bis das Gemüse weich ist. Etwas Wasser hinzufügen, falls sich die Mischung am Boden des Topfes festsetzt. Knoblauch, Pfeffer, Curry und Zimt unterrühren und 1 Minute braten, bis es duftet.
2. Die Hitze erhöhen, Linsen und Wasser hinzufügen und zum Kochen bringen. Palmkohl dazugeben und Topf abdecken. Die Hitze reduzieren und den Eintopf 30 Minuten köcheln lassen, bis die Mischung eindickt, die Linsen weich sind und der Palmkohl zusammengefallen ist.
3. Salzen. Heiß servieren und genießen!

Wussten Sie, dass

die charakteristische Gelbfärbung des Madras-Currypulvers von Kurkuma stammt? Lange bevor Kurkuma die Ernährungs- und Fitnessblogs dominierte, wurde diese Wurzel schon in der indischen Küche verwendet – seit beinahe 4.000 Jahren. In Nordindien wird sie „Haldi" genannt, während im Süden des Landes der Name „Manjal" vorherrscht.

Viele lieben dieses Gewürz wegen seiner goldenen Farbe, des kräftigen Aromas und der positiven Auswirkungen auf die Gesundheit. Der englische Name „turmeric" ist aus dem Lateinischen abgeleitet und geht auf „terra merita" zurück (verdienstvolle Erde), da die leuchtend gelbe Farbe an ein mineralisches Pigment erinnert.

Dieser herzhafte Eintopf ist ein Ballaststoff- und Eiweiß-Kraftpaket, das stärkend wirkt und satt macht. Die milden, butterigen und leicht süßlichen Kichererbsen liefern ein angenehmes Aroma, zu dem säuerliche Tomaten, erdiger Kreuzkümmel und frische Korianderblätter hervorragend passen.

Kichererbsen-Eintopf

2 EL Olivenöl
4 Frühlingszwiebeln, in dünne Scheiben geschnitten
1 Stange Sellerie, gewürfelt
1 große Knoblauchzehe, gehackt
¾ TL gemahlener Kreuzkümmel
½ TL gemahlener schwarzer Pfeffer
2 große Tomaten, gehackt, oder ½ Dose (200 g) gewürfelte Tomaten
225 g getrocknete Kichererbsen, über Nacht eingeweicht und abgetropft, oder 2 Dosen (à 430 g) salzarme Kichererbsen
1 ½ l Wasser (bei Verwendung von Kichererbsen aus der Dose auf 1 l reduzieren)
abgeriebene Schale von 2 Limetten (etwa 4 TL)
Saft von 2 Limetten
1 ½ TL Meersalz (bei Verwendung von Kichererbsen aus der Dose weglassen)
1 locker gefüllte Tasse frische Koriander

1. In einem mittelgroßen Topf auf mittlerer Stufe das Öl erhitzen. Frühlingszwiebeln, Sellerie und Knoblauch unter Rühren 3 Minuten anbraten, bis die Mischung weich ist. Kreuzkümmel und Pfeffer unterrühren und 5 Minuten braten, bis es duftet.
2. Tomaten und Kichererbsen hinzufügen. Unter Rühren 5 Minuten garen, bis die Mischung eindickt. Die Hitze erhöhen, Wasser hinzufügen und zum Kochen bringen. Den Topf nicht ganz abdecken, sodass ein Teil des Dampfes entweichen kann. Auf niedriger Stufe 90 Minuten weiterköcheln lassen, bis die Kichererbsen sehr weich sind. Bei der Verwendung von Kichererbsen aus der Dose 30 Minuten ohne Deckel kochen, bis das Wasser größtenteils verbraucht und die Suppe eingedickt ist.
3. Mit einem Stabmixer pürieren, bis ein Teil der Stärke die Suppe eindickt, aber noch ganze Kichererbsen vorhanden sind. Alternativ ein Viertel der Mischung in einem Standmixer pürieren und dann zurück in den Topf füllen.
4. Limettenschale, Limettensaft, Salz und Koriander unterrühren. Warm oder kalt servieren.

Vermutlich haben Sie auch schon mal gehört, dass manche Menschen der Ansicht sind, Korianderblätter schmeckten seifig. Wie kommt das? Einige Menschen können mit ihren Geruchsrezeptoren das Aroma von Aldehyden wahrnehmen – die seltsamerweise sowohl in Koriander als auch in Seife vorkommen. Wenn das bei Ihnen auch so ist, müssen Sie dennoch nicht auf dieses Rezept verzichten: Sie können statt Korianderblättern immer auch Petersilie verwenden und damit seifige Aromen meiden!

Das erste Mal aß ich einen ähnlichen Brei während eines 24-Stunden-Flugs auf die Philippinen. Ja, Flugzeug-Brei. Selbst das aufgewärmte Gericht mit der Aluabdeckung und dem Plastiklöffel schmeckte aromatisch, sättigend und angenehm. Congee gibt es seit etwa 1000 v. Chr., als es zur Zeit der Zhou-Dynastie in China entstand. Seine wohltuende und stärkende Wirkung hält bis heute an. Traditionell erhält es durch lange gekochten, weißen Reis eine breiige Konsistenz, die ich durch nährstoffreiche Mungobohnen und Quinoa erreiche. Ich liebe diese köstliche, aromatische Suppe aufgrund ihrer leckeren Mischung aus weichen, süßlichen Mungobohnen und nussiger Quinoa. Und mit seinem intensiven Aroma befriedigt Spinat den Wunsch nach etwas Grünem.

Mungo-Quinoa-Congee

- 1 Tasse gewürfelte Aubergine (etwa ½ Aubergine)
- 2 TL Meersalz für die Aubergine und zum Würzen (1 TL zum Würzen weglassen, falls Bohnen aus der Dose verwendet werden)
- 1 EL Sesamöl
- 4 Knoblauchzehen, in Scheiben geschnitten
- 1 kleine Zwiebel, gewürfelt
- 1 Stange Sellerie, gewürfelt
- ½ TL gemahlener schwarzer Pfeffer
- 2 ½ l Wasser (bei Verwendung von Bohnen aus der Dose auf 1 l reduzieren)
- 1 Tasse Mungobohnen, abgespült und abgetropft (kleine Steinchen entfernen), oder ½ Dose (215 g) Saubohnen, abgespült und abgetropft
- ½ Tasse Quinoa, abgespült und abgetropft
- 2 Tassen Spinat, in gabelfertige Stücke gerissen

1. Die Auberginenwürfel in ein Sieb füllen, das auf eine Schüssel gestellt wird. Mit 1 TL Salz bestreuen. Ziehen lassen, während das übrige Gemüse vorbereitet und der Knoblauch angebraten wird.
2. Währenddessen in einem mittelgroßen Topf auf mittlerer Stufe das Öl erhitzen. Den Knoblauch 2 bis 3 Minuten darin braten, bis er duftet. Die Hitze ausschalten.
3. Die gesalzenen Auberginenwürfel unter fließendem Wasser abspülen und vorsichtig mit den Händen ausdrücken, um so viel Flüssigkeit wie möglich zu entfernen.
4. Im selben Topf auf mittlerer Stufe Zwiebeln, Sellerie, Aubergine und Pfeffer unter häufigem Rühren 10 Minuten braten, bis das Gemüse weich ist.
5. Wasser, Bohnen und Quinoa hinzufügen. Die Hitze auf große Stufe erhöhen und die Mischung zum Kochen bringen. Dann die Hitze auf niedrige Stufe reduzieren, abdecken und 45 Minuten köcheln lassen, bis die Bohnen sehr weich sind oder aufplatzen. Bei Verwendung von Bohnen aus der Dose 20 Minuten köcheln lassen.
6. Den Spinat und den restlichen TL Salz unterrühren, abdecken und 5 Minuten garen, bis der Spinat zusammengefallen ist.

Mungobohnen werden in der ayurvedischen Praxis häufig verwendet – das ist eine alte, indische Heilkunst, bei der die Verbindung zwischen Körper und Seele besonders wichtig ist und eine einfache, vollwertige Ernährung mit viel gekochtem Gemüse befürwortet wird. Mungobohnen enthalten viele lösliche und wasserunlösliche Ballaststoffe, die gut für den Verdauungstrakt und die Blutgefäße sind.

Dieses leckere Püree erhält durch die weißen Bohnen eine nussige Erdigkeit. Es enthält außerdem rubinfarbene Rote Rüben und ihre leicht bitteren Blätter, deren Aroma an Grünkohl erinnert. Genießen Sie diese Suppe auch aufgrund ihres hohen Gehalts an Folsäure und der phytochemischen Verbindung Betain, welche die Gefäßgesundheit verbessert. Schon die alten Römer schätzten den Saft der Roten Rüben als Aphrodisiakum. Etwaige amouröse Gefühle dürfen Sie also für eine Nebenwirkung halten!

Weißes Bohnenpüree

mit Roten Rüben und deren Blättern

- 1 EL Olivenöl
- 1 kleine Zwiebel, in Ringe geschnitten
- 1 große Knoblauchzehe, fein gehackt
- 2 Rote Rüben mit Blättern, Blätter entfernt und in Streifen geschnitten, Rote Rüben gewürfelt (Schälen nicht nötig)
- 1 Karotte, gewürfelt
- 225 g getrocknete weiße Bohnen (oder Cannellini-Bohnen), über Nacht eingeweicht und abgetropft, oder ½ Dose (215 g) salzarme weiße Bohnen, abgespült und abgetropft
- 1 ½ l Wasser (bei Verwendung von Bohnen aus der Dose auf 1 l reduzieren)
- 1 TL abgeriebene Orangenschale
- Prise Meersalz (bei Verwendung von Bohnen aus der Dose weglassen)
- Prise gemahlener schwarzer Pfeffer

1. Das Öl in einem mittelgroßen Topf auf mittlerer Stufe erhitzen. Zwiebeln und Knoblauch unter häufigem Rühren 5 bis 7 Minuten darin anbraten, bis die Mischung zart und glasig ist.
2. Die Blätter der Roten Rüben unterrühren und 7 Minuten anbraten, bis sie in sich zusammenfallen; dabei den Topf häufig schwenken. Die Blätter herausnehmen und beiseitestellen. (Ein Teil der Zwiebeln und des Knoblauchs wird an den Blättern hängenbleiben, und das ist gut so!)
3. Karotten und Rote Rüben in den Topf füllen und unter Rühren 5 Minuten braten, bis sie duften. Bohnen und Wasser hinzufügen und zum Kochen bringen. Abdecken und 2 Stunden köcheln lassen (bei Verwendung von Bohnen aus der Dose 45 Minuten), bis die Bohnen und die Roten Rüben sehr zart sind. (Alternativ den Schongarer auf niedriger Stufe verwenden.)
4. Den Topf vom Herd nehmen und Orangenschale, Salz und Pfeffer hinzufügen. Mit einem Pürierstab oder Standmixer die Suppe pürieren, bis sie sehr geschmeidig ist. (Keine Sorge wegen der Schalen der Roten Rüben: Beim Schälen würden Sie sich bloß die Finger verbrennen, und bei Wurzelgemüse sitzen viele Nährstoffe direkt unter der Schale.)
5. Die Suppe in eine angewärmte Schüssel füllen und mit den beiseitegestellten Blättern bestreuen. Etwaige Suppen- und Blattreste separat aufbewahren.

Die Blätter von Roten Rüben sind sehr eisenhaltig. Dieses dunkelgrüne Blattgemüse zeichnet sich durch einen unglaublich hohen Mineralstoffgehalt aus und liefert beispielsweise viel Kalzium und Magnesium. Es kommt selten vor, dass man in einer Gemüsesorten so große Mengen beider Nährstoffe findet. Eine einzige Portion der Rote Rüben-Blätter deckt 25 Prozent der empfohlenen Tagesmenge an Magnesium ab.

Süßlich geröstete rote Paprikaschoten sind der Höhepunkt dieser schönen Cremesuppe mit grünem Basilikum, frischen Tomaten und geschmeidigen weißen Bohnen. All das wird püriert, sodass eine cremige, köstliche Suppe entsteht.

Paprikaschoten *Cremesuppe*

2 EL Olivenöl
1 kleine Zwiebel, in Scheiben geschnitten
1 große Knoblauchzehe, gehackt
2 große Tomaten, gehackt, oder ½ Dose (200 g) gewürfelte Tomaten
225 g getrocknete weiße Bohnen (oder Cannellini-Bohnen), über Nacht eingeweicht und abgetropft, oder 2 Dosen (à 430 g) salzarme weiße Bohnen, abgespült und abgetropft
1 ½ l Wasser (bei Verwendung von Bohnen aus der Dose auf 1 l reduzieren)
½ Tasse geröstete rote Paprikaschoten, gehackt (siehe „Paprikaschoten selbst rösten" oder qualitativ hochwertige geröstete Paprikaschoten aus dem Glas verwenden)
2 TL Meersalz (bei Verwendung von Bohnen aus der Dose weglassen)
½ locker gefüllte Tasse frisches Basilikum, in Stückchen gerissen

1. In einem mittelgroßen Topf auf mittlerer Stufe das Öl erhitzen. Zwiebeln und Knoblauch unter häufigem Rühren 4 Minuten darin anbraten, bis die Mischung weich und glasig ist.
2. Tomaten, Bohnen und Wasser unterrühren und zum Kochen bringen. Die Hitze auf niedrige bis mittlere Stufe reduzieren, abdecken und 2 Stunden köcheln lassen, bis die Bohnen sehr weich sind. Bei Verwendung von Bohnen aus der Dose etwa 20 Minuten kochen, bis sie ganz durcherhitzt sind.
3. In einem Standmixer Suppe, Paprikaschoten, Salz und Basilikum pürieren, bis eine sehr cremige Mischung entsteht. Diesen Arbeitsschritt portionsweise durchführen; dabei einen Deckel mit Belüftungsloch verwenden, damit der Dampf entweichen kann. Die Suppe warm oder gekühlt genießen.

PAPRIKASCHOTEN SELBST RÖSTEN

Wenn Sie selbst Paprikaschoten rösten wollen, stellen Sie einfach Ihren Gasherd oder die Grillfunktion Ihres Backofens an. Hier können Sie mal so richtig mit dem Feuer spielen und Ihr Gemüse ankokeln. (Keine Sorge, Sie werden keine Asche zu sich nehmen!) Legen Sie die Paprikaschote direkt auf die Flamme beziehungsweise direkt unter die Hitzequelle Ihres Grills. Die Schale der Paprikaschoten soll Blasen werfen und schwarz werden. Sobald die Schale schwarz ist (nach etwa 15 Minuten), wenden Sie die Paprikaschoten. Bevor Sie die Paprikaschoten weiterverarbeiten, sollten Sie sie abkühlen lassen. Dann schälen Sie sie und werfen die verkohlte Schale weg. Es kann hilfreich sein, die Schale mit einem Geschirrtuch abzurubbeln, falls das Schälen schwierig ist. Je verkohlter die Schale, desto leichter lässt sie sich entfernen. Entfernen Sie die Samen, bevor Sie die gerösteten Paprikaschoten verwenden. Im Vergleich zu dem herb-würzigen Aroma roher Paprikaschoten schmecken sie nach dem Rösten süßer.

Ein Moment der Achtsamkeit

Lächeln! Immer wenn Sie daran denken, sollten Sie in den Himmel schauen und lächeln. Ja, wirklich: lächeln! Auch wenn Sie nicht fröhlich sind, müssen sich die Muskeln in Ihrem Gesicht ein wenig entspannen, um ein Lächeln zu formen, und diese Bewegung hat eine wunderbare Auswirkung auf Ihren Gefühlszustand. Es kann sein, dass Sie bei Ihrem dritten Lächeln in Lachen ausbrechen. Auch beim Sport macht es Spaß zu lächeln. Eine Grimasse ist dem Lächeln erstaunlich ähnlich, doch ein Lächeln fühlt sich deutlich besser an und wird Ihnen ein wenig mehr Energie schenken.

Achtsame Bewegungen

Einfach mal tanzen.

Wirklich. Nach Ihrem Suppenritual oder wenn die Kinder im Bett sind, stellen Sie Ihre Lieblingstanzmusik an und legen los. Fühlen Sie sich frei! Lassen Sie die Muskeln jede Anspannung abschütteln. Lassen Sie den Rhythmus mit positiver Intensität vibrieren, und erinnern Sie sich daran, dass sich diese innere Jubelfeier immer auch mal gern äußerlich manifestieren darf.

Auch wenn Sie in Bezug auf diese köstliche Suppe skeptisch sind, sollten Sie ihr eine Chance geben. Die bittere Säure des Kaffees liefert einen starken Kontrast zu den milden Bohnen und den intensiven, fleischigen Shiitake-Pilzen.

Urdbohnen mit Kaffee und Shiitake

- **1 kleine Zwiebel, gewürfelt**
- **1 Stange Sellerie, gewürfelt**
- **2 Tassen in dünne Scheiben geschnittene Shiitake-Kappen (etwa 100 g)**
- **2 EL Kokosöl, geschmolzen**
- **1 ½ l Wasser**
- **1 Tasse aufgebrühter schwarzer Kaffee**
- **450 g getrocknete Urdbohnen oder Belugalinsen, abgespült und abgetropft (kleine Steinchen entfernen)**
- **½ TL gemahlener schwarzer Pfeffer**
- **1 Frühlingszwiebel, in Scheiben geschnitten**

1. Den Backofen auf 220 °C vorheizen.
2. Auf einem Backblech Zwiebeln, Sellerie und Shiitake-Kappen mit dem Öl beträufeln. In einer einzigen Schicht auslegen und 25 Minuten rösten, bis das Gemüse weich und gebräunt ist; nach der Hälfte der Zeit umrühren.
3. Währenddessen in einem mittelgroßen Topf auf hoher Stufe Wasser und Kaffee zum Kochen bringen. Bohnen und Pfeffer unterrühren. Die Hitze auf niedrige Stufe reduzieren, den Topf abdecken. 25 Minuten köcheln lassen, bis die Bohnen weich, aber noch bissfest sind.
4. Die Pilzmischung unterrühren und abgedeckt 10 Minuten kochen. Mit den Frühlingszwiebeln garnieren und heiß oder kalt servieren.

KAFFEE-MANDEL-MIX

Apropos Kaffee … Dieses beliebte Heißgetränk genieße ich bevorzugt folgendermaßen: In einem Standmixer 1 Tasse heißen Kaffee mit einem ¾ TL Kokosöl, ½ TL Zimtpulver und 1 EL eingeweichten Mandeln pürieren, bis die Mischung sehr geschmeidig und schaumig ist. Mhmm!

An einem kalten Winterabend gibt es wenige Dinge, die wohltuender sind als eine dampfende Schale mit Chili. Dieses Rezept kombiniert eiweißreiche schwarze Bohnen, eine Mischung aus Gewürzen und Samen und die dezente Schärfe von Jalapeñoschoten. So entsteht ein herzhaftes Chili mit einem nussigen Sesamaroma.

Chili mit schwarzen Bohnen und Sesam

1 EL Olivenöl
1 EL Sesamöl
1 kleine Zwiebel, in Scheiben geschnitten
2 große Knoblauchzehen, gehackt
1 EL Tomatenmark
1 Jalapeñoschote, entkernt und fein gehackt (verwenden Sie Handschuhe, wenn Ihre Haut empfindlich auf Chili reagiert)
1 TL gemahlener Kreuzkümmel
1 TL Paprikapulver, edelsüß
¼ TL gemahlener schwarzer Pfeffer
4 große Tomaten, gehackt, oder 1 Dose (400 g) gewürfelte Tomaten
225 g schwarze Bohnen, über Nacht eingeweicht und abgetropft, oder 2 Dosen (à 430 g) salzarme schwarze Bohnen, abgespült und abgetropft
2 l Wasser (bei Verwendung von Bohnen aus der Dose auf 1 l reduzieren)
2 TL Meersalz (bei Verwendung von Bohnen aus der Dose weglassen)
½ Tasse gehackte frische Korianderblätter
¼ Tasse geröstete Sesamsamen
Limettenspalten (nach Wunsch)

1. In einem mittelgroßen Topf auf mittlerer Stufe das Öl erhitzen. Zwiebeln, Knoblauch, Tomatenmark, Jalapeñoschote, Kreuzkümmel, Paprika und schwarzen Pfeffer unter häufigem Rühren 5 Minuten darin anbraten, bis Zwiebeln und Knoblauch weich und glasig sind.
2. Tomaten unterrühren und 5 bis 7 Minuten garen, bis die Tomaten eine dunklere Farbe bekommen und ein Teil des Tomatensafts eingekocht ist.
3. Bohnen und Wasser unterrühren. Die Hitze auf große Stufe erhöhen und die Mischung zum Kochen bringen. Dann den abgedeckten Topf auf niedriger Stufe 2 Stunden köcheln lassen, bis die Bohnen sehr weich sind. Bei Verwendung von Bohnen aus der Dose ohne Deckel 45 Minuten kochen, bis das Wasser größtenteils verdampft und die Suppe eingedickt ist. Salzen.
4. Mit Koriander, Sesam und (gegebenenfalls) Limettenspalten garnieren.

Die Geschichte des Sesams ist ebenso vielfältig wie sein charakteristisches Aroma. Sesam ist die älteste Ölsamenpflanze, wurde bereits vor 5.000 Jahren genutzt und stammt aus Schwarzafrika und Indien.

Die Kidneybohne verdankt ihren Namen der charakteristischen Nierenform. Sie ist ballaststoffreich, aromatisch und nimmt den Geschmack ihrer Umgebung gut an. In dieser Suppe trägt sie das intensive Aroma von gekocheltem Aleppo-Pfeffer und geräucherten Jalapeños, köstlichem Olivenöl, Knoblauch und frisch gehackter Minze.

Rotes Chili

- 3 EL Olivenöl
- 1 kleine Zwiebel, in Scheiben geschnitten
- 2 große Knoblauchzehen, fein gehackt
- 1 rote Paprikaschote, gewürfelt (etwa 1 Tasse)
- 2 geräucherte Jalapeños, entkernt und gehackt, oder eingelegt aus dem Glas und gehackt
- 1 TL Aleppo-Pfeffer (Pul Biber) oder ½ TL gemahlener roter Pfeffer
- 225 g getrocknete Kidneybohnen, über Nacht eingeweicht und abgetropft, oder 2 Dosen (à 430 g) salzarme Kidneybohnen, abgespült und abgetropft
- 2 große Tomaten, gehackt, oder ½ Dose (200 g) gewürfelte Tomaten
- 2 l Wasser (bei Verwendung von Bohnen aus der Dose auf 1 l reduzieren)
- 1 TL Meersalz (bei Verwendung von Bohnen aus der Dose weglassen)
- ¼ Tasse gehackte frische Pfefferminzblätter
- ¼ Tasse geröstete Mandelblättchen

1. Das Öl in einem mittelgroßen Topf auf mittlerer Stufe erhitzen. Zwiebeln, Knoblauch, Paprika, geräucherte Jalapeños und Aleppo-Pfeffer oder roten Pfeffer unter häufigem Rühren 5 Minuten darin anbraten, bis Zwiebeln und Knoblauch weich und glasig sind.
2. Bohnen, Tomaten und Wasser unterrühren. Die Hitze auf große Stufe erhöhen, die Mischung zum Kochen bringen. Dann den Topf abdecken und bei niedriger Hitze 2 Stunden köcheln lassen, bis die Bohnen sehr weich sind. Bei Verwendung von Bohnen aus der Dose 45 Minuten ohne Deckel kochen, bis das Wasser größtenteils verdampft und die Suppe eingedickt ist. Salzen.
3. Mit Pfefferminze und gerösteten Mandelblättchen garnieren.

Aleppo-Pfeffer wird auch als Pul Biber bezeichnet, doch unabhängig vom Namen sind diese Chilischoten burgunderrot gefärbt. Er enthält viele Antioxidantien und Vitamin A (die intensive Rotfärbung heißt, dass viele Carotinoide vorkommen!), sodass Aleppo-Pfeffer gut für Herz und Kreislauf sind. Er wird auch als Hustenlöser verwendet, da er schleimlösend wirkt. Wenn Sie also eine Verschleimung der Atemwege loswerden möchten, könnte Aleppo-Pfeffer dafür sorgen, dass Ihr Husten, ähm, produktiver wird.

Von weißem, rotem und schwarzem Chili haben Sie schon gehört, aber diese grüne Göttin legt die Messlatte für Chilis aller Farben höher. Die köstliche Kräutermischung (Dill, Petersilie, Koriander und Basilikum!) liefert einer ansonsten klassischen und herzhaften Bohnensuppe ein frisches, innovatives Aroma.

Grünes Chili

3 EL Olivenöl
1 kleine Zwiebel, in Scheiben geschnitten
2 große Knoblauchzehen, fein gehackt
225 g getrocknete weiße Bohnen (oder Cannellini-Bohnen), über Nacht eingeweicht und abgetropft, oder 2 Dosen (à 430 g) salzarme weiße Bohnen, abgespült und abgetropft
2 l Wasser (bei Verwendung von Bohnen aus der Dose auf 1 l reduzieren)
1 Jalapeñoschote, entkernt und gehackt (verwenden Sie Handschuhe, wenn Ihre Haut empfindlich auf Chili reagiert)
2 TL Meersalz (bei Verwendung von Bohnen aus der Dose weglassen)
1 TL Weißweinessig
¼ Tasse gehackter frischer Dill
¼ Tasse gehackte frische glatte Petersilie
¼ Tasse gehackte frische Korianderblätter
¼ Tasse gehacktes frisches Basilikum

1. 1 EL des Öls in einem mittelgroßen Topf auf mittlerer Stufe erhitzen. Darin Zwiebeln und die Hälfte des Knoblauchs unter häufigem Rühren 5 Minuten anbraten, bis die Mischung weich und glasig ist.
2. Bohnen und Wasser unterrühren. Die Hitze erhöhen und die Mischung zum Kochen bringen. Dann den abgedeckten Topf bei niedriger Hitze 2 Stunden köcheln lassen, bis die Bohnen sehr weich sind. Bei Verwendung von Bohnen aus der Dose 30 Minuten ohne Deckel kochen, bis das Wasser größtenteils verdampft und die Suppe eingedickt ist.
3. Währenddessen in einer Küchenmaschine Chili, Salz, Essig, Dill, Petersilie, Koriander, Basilikum, den restlichen Knoblauch und die restlichen 2 EL des Öls pürieren.
4. Die Kräutermischung direkt vor dem Servieren unter die garen Bohnen rühren.

Dill ist kühl, grün und delikat.

Er liefert einem Gericht mehr als nur sein typisches Aroma und einen schönen Farbtupfer. Sein Öl hemmt das Bakterienwachstum, was ihm reinigende Eigenschaften verleiht. Außerdem bekämpft er freie Radikale durch seine heilenden Bestandteile: Monoterpene (die der Zelloxidation entgegenwirken) und Flavonoide (Stoffwechselprodukte der Pflanze mit antioxidativen Eigenschaften).

Ein Moment der Achtsamkeit

Ich nehme wahr, wie weit ich gekommen bin.

Ob Sie den Suppen-Detox nun seit einem Tag, einer Woche, einem Monat oder einem Jahr machen: Die Zeit vergeht konstant, und es ist wichtig, das zu erkennen. Freuen Sie sich, dass Sie in Bewegung bleiben und dass Sie sich jedes Mal, wenn Sie sich zum Löffeln Ihrer Suppe hinsetzen, auf Ihr selbst gestecktes Ziel zubewegen.

Dieser vielfältige Eintopf ist die pflanzliche Version des klassischen marokkanischen Gerichts, für das neben einer Mischung aus Gemüse und Gewürzen häufig Lamm, Rind, Hähnchen oder Fisch verwendet wird. Hier steht das Gemüse mit all seinen reichen, wunderbaren Aromen im Mittelpunkt. Frische Kräuter und Kakaopulver als Überraschungszutat runden dieses köstliche Geschmacksmosaik ab. Das Wort Tajine bezeichnet einerseits das Gefäß, in dem die Speise zubereitet wird, und andererseits das Eintopfgericht selbst. Eine traditionelle Tajine wird in einem breiten, niedrigen Tongefäß mit konischem Deckel gekocht – das ist sozusagen der Schmortopf Nordafrikas.

Vegetarische Tajine

- 2 EL Olivenöl
- 1 kleine Zwiebel, gehackt
- 1 Stange Sellerie, gehackt
- 1 große Knoblauchzehe, fein gehackt
- 2 große Tomaten, gehackt, oder ½ Dose (200 g) gewürfelte Tomaten, einschließlich Saft
- 1 Tasse gehackte frische Aprikosen oder ½ Tasse getrocknete, eingeweicht in 1 Tasse heißem Wasser, abgetropft und gehackt
- 1 EL Tomatenmark
- ½ TL gemahlener Kreuzkümmel
- ½ TL gemahlener schwarzer Pfeffer
- 1 EL reines Kakaopulver
- 225 g getrocknete Kichererbsen, über Nacht eingeweicht und abgetropft, oder 2 Dosen (à 430 g) salzarme Kichererbsen, abgespült und abgetropft
- 2 l plus 1 Tasse Wasser (bei Verwendung von Bohnen aus der Dose auf 1 l reduzieren)
- ½ Tasse Mandeln, über Nacht eingeweicht und abgetropft (für weitere Informationen siehe „Warum soll ich Nüsse und Samen einweichen?“ auf Seite 86)
- 1 ½ TL Meersalz (bei Verwendung von Bohnen aus der Dose weglassen)
- ½ locker gefüllte Tasse frische glatte Petersilie
- ¼ locker gefüllte Tasse frische Pfefferminzblätter

1. Das Öl in einem mittelgroßen Topf auf mittlerer Stufe erhitzen. Zwiebeln und Sellerie 5 bis 7 Minuten darin anbraten, bis die Mischung weich und glasig ist. Den Knoblauch unterrühren und 1 Minute braten, bis er duftet.
2. Tomaten, die Hälfte der Aprikosen, Tomatenmark, Kreuzkümmel, Pfeffer, Kakaopulver, Kichererbsen und 2 l Wasser hinzufügen. Die Mischung auf höchster Stufe zum Kochen bringen. Dann den abgedeckten Topf (einen Spalt offen lassen, damit Dampf entweichen kann) bei niedriger Hitze 1 Stunde köcheln lassen, bis die Kichererbsen sehr weich sind. Bei Verwendung von Kichererbsen aus der Dose 30 Minuten ohne Deckel kochen, bis das Wasser größtenteils verdampft und die Suppe eingedickt ist.
3. Währenddessen mit einem Pürierstab oder Standmixer die Mandeln mit der restlichen Tasse Wasser pürieren.
4. Salz, Petersilie, Pfefferminze und Mandelcreme hinzufügen und unterrühren.
5. Mit den restlichen Aprikosen garniert heiß oder kalt servieren.

Achtsamkeitsmantra

Wachstum ist gleichbedeutend mit Wandel.

Ich vertraue auf meine Fähigkeit zur Veränderung. Veränderungen sind nicht einfach. Unabhängig von der Art der Veränderung – ob man nun versucht, früher aufzustehen, um Sport zu treiben, eine langjährige Angewohnheit loswerden will oder sich an neue Stundenpläne und Arbeitszeiten zu gewöhnen – unser Körper widersetzt sich häufig dem Wandel und versucht, auf den bekannten Pfaden zu bleiben. Das Aufsagen dieses Mantras wird die Wertschätzung für Ihre Fähigkeit zur Veränderung vertiefen. Wachstum entsteht durch Veränderungen, und diese sind schwer; doch Sie können es schaffen, und das beginnt mit dem Vertrauen in die eigene Person. Wiederholen Sie dieses Mantra jedes Mal, wenn Sie Ihre Suppe zubereiten, Ihre Suppe essen, Suppe mit anderen gemeinsam zu sich nehmen und sich für eine Suppe entscheiden, statt Essen vom Lieferservice zu bestellen oder nach einem zuckerigen Müsliriegel zu greifen.

Bestimmt haben Sie Avocado bereits auf Toast, in Smoothies oder zu Guacamole verarbeitet gegessen – doch haben Sie Avocado auch schon mal in einer Suppe probiert? Diese vielseitige Frucht liefert ein unglaublich cremiges Püree. Nussige Kichererbsen und Tahin passen perfekt zu reifen Avocados, die eines der besten Pflanzenfette überhaupt enthalten. Fügen Sie mit frisch gehacktem Schnittlauch sowie mit Saft und Schale von Zitronen und Limetten angenehme Frische hinzu, um die cremige Konsistenz mit etwas Säure auszubalancieren.

Kaltes Kichererbsen-Avocado-Tahin-Püree

225 g getrocknete Kichererbsen, über Nacht eingeweicht und abgetropft, oder 1 Dose (430 g) salzarme Kichererbsen, abgespült und abgetropft
1 ½ l Wasser plus gegebenenfalls mehr (bei Verwendung von Kichererbsen aus der Dose auf 1 l reduzieren)
1 Tasse Eis
2 EL Tahin
1 EL gehackter frischer Schnittlauch
3 sehr reife Avocados, halbiert und Fleisch herausgelöffelt
abgeriebene Schale von 1 Zitrone (etwa 2 TL)
Saft von 1 Zitrone
abgeriebene Schale von 1 Limette (etwa 2 TL)
Saft von 1 Limette
1 ½ TL Meersalz (bei Verwendung von Bohnen aus der Dose weglassen)

1. Kichererbsen und Wasser in einem mittelgroßen Topf auf mittlerer bis hoher Stufe 25 Minuten köcheln lassen, bis die Kichererbsen sehr weich sind. Die Flüssigkeit abgießen. (Diesen Schritt auslassen, falls Kichererbsen aus der Dose verwendet werden.)
2. In einem Standmixer Kichererbsen, Eis, Tahin, Schnittlauch, Avocados, Zitronenschale, Zitronensaft, Limettenschale, Limettensaft und Salz pürieren, bis eine cremige Konsistenz entsteht; gegebenenfalls mehr Wasser hinzufügen.

Tahin ist eine ölige Paste aus gerösteten, fein gemahlenen Sesamsamen. (Das arabische Wort „tahin“ bedeutet „mahlen“.) Tahin enthält mehr Eiweiß als Milch und viele Nüsse. Außerdem ist es eine milchfreie Quelle für Kalzium sowie ein hervorragender Lieferant für Vitamin E, das vor Herzkrankheiten und Schlaganfall schützt.

Dies ist das Curry Ihrer Kokosträume: Köstliches Kokosöl und Kokosmilch verleihen diesem gemüsereichen Curry eine süße Nussigkeit. Karotten und Madras-Curry liefern eine orange-goldene Farbe und werden ergänzt durch Urdbohnen und Chiliflocken.

Karotten-Kokos-Curry

- 2 EL Kokosöl
- 1 kleine Zwiebel, gewürfelt
- 1 Stange Sellerie, gewürfelt
- 4 Tassen gehackte Karotten
- 1 Knoblauchzehe, fein gehackt
- 2 EL Madras-Currypulver
- 225 g getrocknete Urdbohnen, abgespült und abgetropft (kleine Steinchen raussammeln)
- 2 l Wasser
- 1 Dose (430 g) Kokosmilch
- 1 ½ TL Meersalz
- ½ Tasse gehackte frische Korianderblätter
- Prise Chiliflocken
- abgeriebene Schale von 1 Orange (nach Wunsch)

1. Das Öl in einem mittelgroßen Topf auf mittlerer Stufe erhitzen. Zwiebeln, Sellerie und Karotten 10 Minuten unter häufigem Rühren darin braten, bis die Mischung weich ist. Knoblauch und Curry unterrühren und 1 Minute anbraten, bis es duftet.
2. Urdbohnen, Wasser, Kokosmilch und Salz hinzufügen und 25 Minuten kochen, bis die Bohnen weich, aber noch bissfest sind.
3. Warm oder gekühlt genießen. Mit Koriander, Chiliflocken und Orangenschale (gegebenenfalls) garnieren.

Kokosöl wird heutzutage häufig verwendet – von der Ölkur für die Gesundheit der Zähne bis hin zu meinem Kaffee-Mandel-Mix für einen samtigen Koffeinkick (bei uns im Büro besonders beliebt, Rezept auf Seite 109). Die Kokosnuss wird schon seit gut 4.000 Jahren genutzt. In tropischen Kulturen gehörte sie wegen ihrer Milch, dem Fruchtfleisch, dem Wasser und dem Öl zu den Grundnahrungsmitteln. Kokosöl enthält viele pflanzliche, gesättigte Fette – also gute Fette! Bei Zimmertemperatur ist es butterig und fest, während es beim Erhitzen ölig wird. Es eignet sich hervorragend zum Braten und Popcorn-Machen, da es sehr große Hitze aushält, ohne dass es freie Radikale bildet wie viele mehrfach ungesättigte Öle.

Wussten Sie, dass Dicke Bohnen die beste pflanzliche Kaliumquelle sind mit 23 Prozent der empfohlenen Tagesdosis pro Portion? Kalium kommt nicht nur in Bananen vor; es gehört zu den wichtigsten Elektrolyten in den Zellen und Körperflüssigkeiten und schützt vor Hypertonie, indem es die Wirkung von Salz auf den Blutdruck reduziert.

Diese schöne Suppe ist mit ihrer leckeren Mischung aus saurer Zitrone, würzigem Dill, frischer Minze und knackigem grünen Spargel wie ein Spaziergang durch einen Frühlingsgarten. Dicke Bohnen fügen nahrhaftes Eiweiß und herzhaften Geschmack hinzu.

Frühlingsbohnen
mit Spargel, Zitrone und Dill

- 2 EL Olivenöl
- 3 Stängel Knoblauchsprossen, gehackt, oder 1 Bund Frühlingszwiebeln, in Scheiben geschnitten, oder 1 Knoblauchzehe, fein gehackt
- 1 Tasse frische Dicke Bohnen (Bohnen aus den Schoten lösen, dann die hellgrünen Bohnen aus den dunkleren Schalen lösen) oder gefrorene Limabohnen
- 1 ½ l Wasser
- 2 TL Meersalz
- 1 Bund grüner Spargel, holzige Enden entfernt und weiche Teile in Streifen geschnitten
- Saft von 1 Zitrone
- ¼ Tasse gehackter frischer Dill
- 1 EL gehackte frische Pfefferminzblätter

1. Das Öl in einem mittelgroßen Topf auf mittlerer bis hoher Stufe erhitzen. Knoblauchsprossen, Frühlingszwiebeln oder Knoblauch 6 Minuten darin anbraten, bis sie weich sind.
2. Dicke Bohnen oder Limabohnen, Wasser und Salz hinzufügen und 10 Minuten köcheln lassen, bis die Bohnen weich sind. Spargel hinzufügen und 3 bis 4 Minuten köcheln, bis er gar ist.
3. Die Hitze ausschalten und Zitronensaft, Dill und Pfefferminze unterrühren. Warm mit einem Spritzer Olivenöl servieren.

Knoblauchsprossen sind einfach unreifer Knoblauch und sehen wie etwas verwachsene Frühlingszwiebeln aus. Halten Sie nach Knoblauchsprossen mit frischen, grünen Spitzen Ausschau (keine vertrockneten Spitzen oder matschigen Keime). Vor der Verwendung schneiden Sie die Wurzelenden und etwaige harte Teile ab. Die weißen und hellgrünen Teile sowie die ersten Zentimeter der dunkelgrünen Teile (solange sie weich sind) können Sie hacken oder in feine Streifen schneiden. Knoblauchsprossen können Sie nutzen wie Frühlingszwiebeln oder normalen Knoblauch: Sie schmecken kräftiger als Erstere, aber milder als Letzterer.

Dieses in den Südstaaten beliebte Gericht kombiniert herzhafte Augenbohnen, süße Maiskörner und säuerliche Tomaten mit Fenchel und Dill, sodass ein aromatischer, bunter Eintopf entsteht.

Augenbohnen-Succotash

- 1 EL Olivenöl
- 1 kleine Zwiebel, gewürfelt
- ½ Fenchelknolle, gewürfelt
- 1 große Knoblauchzehe, fein gehackt
- 225 g getrocknete Augenbohnen, über Nacht eingeweicht und abgetropft, oder 1 Dose (430 g) Augenbohnen, abgespült und abgetropft
- 1 ½ l Wasser (bei Verwendung von Bohnen aus der Dose auf 1 l reduzieren)
- ½ Tasse Mais (etwa die Menge eines Maiskolbens)
- 2 große Tomaten, gewürfelt, oder ½ Dose (200 g) gewürfelte Tomaten
- ½ TL gemahlener schwarzer Pfeffer
- 1 TL Meersalz (bei Verwendung von Bohnen aus der Dose weglassen)
- ½ Tasse gehackter frischer Dill

1. Das Öl in einem mittelgroßen Topf auf mittlerer Stufe erhitzen. Zwiebeln, Fenchel und Knoblauch unter Rühren 5 bis 7 Minuten darin anbraten, bis die Mischung weich und glasig ist.
2. Die Hitze erhöhen, Bohnen und Wasser hinzufügen und zum Kochen bringen. Den abgedeckten Topf 2 Stunden bei niedriger Hitze köcheln lassen, bis die Bohnen sehr weich sind. Bei Verwendung von Bohnen aus der Dose 30 Minuten ohne Abdeckung kochen, bis das Wasser größtenteils verdampft und die Suppe eingedickt ist.
3. Mais und Tomaten unterrühren und 5 weitere Minuten kochen. Pfeffer, Salz und Dill erst ganz zum Schluss hinzufügen. Warm oder kalt servieren.

Succotash kombiniert Mais, Bohnen (in der Regel Limabohnen), Paprikaschoten (nach Wunsch) und Schmalz oder Butter. Zur Zeit der Weltwirtschaftskrise war dieses Gericht sehr beliebt, da es preiswert ist, mit leicht verfügbaren Zutaten zubereitet wird und aufgrund der Bohnen satt macht. Ich verwende in meiner Version statt tierischer Fette Olivenöl, das reich an Omega-3- und Omega-6-Fettsäuren ist.

Achtsamkeitsmantra

Meine sich verändernde Umgebung ist wie der Wind, der durch die Grashalme weht. Ich nehme wahr, dass ich flexibler werde.

Achtsamkeitsmantra

Die Vergangenheit ist vorbei.
Die Zukunft ist,
was ich aus dem Jetzt mache.

Nehmen Sie den Raum wahr, den Sie durch Ihr Suppenritual für sich schaffen, und akzeptieren Sie ihn. Die Zukunft ist, was Sie aus dem Jetzt machen. Jeder Löffel und jeder kleine Schritt zählt. Jeder Augenblick, in dem Sie entscheiden, Ihre Gesundheit an die erste Stelle zu setzen, eröffnet das Potenzial für ein stärkeres, stolzeres, selbstbewussteres Ich. Lassen Sie Ihr fantastisches zukünftiges Ich sprechen.

Ich wette, Sie haben gedacht, dass Schinken keine Rolle beim Suppen-Detox spielen könnte. Sie haben richtig gedacht. Dank des erdigen, fleischigen Zaubers der Shiitake-Pilze und der Hitze Ihres Ofens wird diese Erbsensuppe auf ein anderes Aromaniveau gehoben. Wenn Sie Shiitake-Scheiben rösten, bis sie ein wenig zäh werden, entsteht ein Geschmack, der erstaunlicherweise an Schinken erinnert.

Schälerbsen mit Shiitake-„Schinken"

1 Tasse Shiitake-Kappen, in dünne Scheiben geschnitten
2 EL Olivenöl
1 kleine Zwiebel, gewürfelt
1 große Knoblauchzehe, fein gehackt
1 große Karotte, gewürfelt (größere Stücke schneiden, wenn die Karotte in der fertigen Suppe eher bissfest sein soll)
1 Stange Sellerie, gewürfelt (größere Stücke schneiden, wenn der Sellerie in der fertigen Suppe eher bissfest sein soll)
½ TL gemahlener schwarzer Pfeffer
2–3 Zweige frischer Thymian, Stiele entfernt
2 TL Meersalz
225 g getrocknete grüne oder gelbe Schälerbsen
2 l Wasser

1. Den Backofen auf 220 °C vorheizen.
2. Auf einem Backblech die Pilze mit 1 EL des Öls beträufeln. In einer einzigen Schicht auslegen. 30 Minuten rösten, bis die Pilze tiefbraun und ein wenig zäh sind (aber nicht verbrannt!); nach der Hälfte der Zeit wenden.
3. In einem mittelgroßen Topf auf mittlerer Stufe den restlichen EL Öl erhitzen. Darin Zwiebeln, Knoblauch, Karotte und Sellerie unter häufigem Rühren 5 bis 10 Minuten braten, bis alles weich ist und duftet.
4. Pfeffer, Thymian, Salz, Erbsen und Wasser bei mittlerer bis hoher Hitze 45 Minuten köcheln lassen, bis die Erbsen vollständig zerfallen; dabei gelegentlich umrühren.
5. Warm genießen und mit dem Shiitake-„Schinken" garnieren. Etwaige Reste des Shiitake-„Schinkens" separat in einem luftdicht verschlossenen Behälter im Kühlschrank aufbewahren.

SÜSSE SUPPEN

Kapitel 7

KREATIONEN

Süße Suppe?
Ist das dann nicht ein Smoothie oder Saft?

Die „Splendid Spoon"-Suppen stecken voller Ballaststoffe und werden bevorzugt mit Früchten zubereitet, die wenig Zucker enthalten. (Tomaten und Avocados zählen im Grunde genommen auch zu den Früchten.) Naschkatzen sollten sich davon aber nicht abschrecken lassen, denn ich verwende wärmende Gewürze wie Zimt und Muskatnuss, um ein süßeres Geschmacksprofil zu erzeugen. Der Zuckergehalt dieser süßeren Suppen bleibt sehr niedrig (weniger als 6 g pro Portion), insbesondere im Vergleich mit der Fülle an verfügbaren Süßigkeiten. Wir nehmen außerdem Nüsse und Samen zu Hilfe, da sie sehr nährstoffreich sind, Eiweiß und Fett enthalten und für einen süßeren Geschmack sorgen. Es soll aber auch nicht um jeden Preis süß sein. Ungesüßtes Kakaopulver, Vanille und Matcha bieten neue Aromen und tragen zu einem Suppenerlebnis bei, das sich irgendwo zwischen süß und herzhaft einordnen lässt.

Der Kürbiswahn beginnt etwa im September, wenn die Tage allmählich kürzer werden und die Temperaturen sinken. Die heißen Sommertage liegen hinter uns und nun wollen wir alle warme Pullis anziehen und Sachen essen, die nach Herbst schmecken. Da ist Kürbis genau das Richtige, zumindest hier im Nordosten. Ingwer, Salbei und gemahlener roter Pfeffer passen in dieser Suppe hervorragend zusammen, da sie den vollmundigen Geschmack des Kürbisses durch etwas Schärfe ergänzen.

Kürbis-Apfel

- 1.800 g Kürbis, in Würfel mit 5 cm Seitenlänge geschnitten
- 1 EL Kokosöl
- 2 Äpfel, geschält und in mundgerechte Stücke geschnitten (etwa 4 Tassen)
- 2 EL frisch geriebener Ingwer
- 1 EL fein gehackter frischer Salbei
- ½ TL gemahlener roter Pfeffer (bzw. mehr oder weniger, je nach gewünschter Schärfe!)
- Meersalz und gemahlener schwarzer Pfeffer nach Geschmack
- 1 Tasse Wasser
- 1 Tasse Cidre

1. Einen Dämpfeinsatz in einen großen Topf stellen und Wasser einfüllen, bis es 5 cm hoch steht. Auf hoher Stufe zum Kochen bringen. Die Kürbisstücke im Einsatz 50 Minuten garen, bis sie weich sind und sich mit einem Messer leicht einschneiden lassen.
2. Währenddessen in einem großen Topf auf mittlerer bis hoher Stufe das Öl erhitzen. Äpfel, Ingwer, Salbei, roten Pfeffer, Salz und schwarzen Pfeffer unter häufigem Rühren 10 Minuten anbraten, bis es duftet. Wasser hinzufügen und 10 Minuten kochen, bis die Äpfel weich sind.
3. In einem Standmixer gegarten Kürbis oder Püree und Cidre pürieren, bis eine geschmeidige Mischung entsteht. Kürbis- und Apfelmischung miteinander verrühren. Die Hitze auf niedrige Stufe reduzieren und die Suppe erwärmen.
4. Heiß servieren!

Über das Dämpfen

Dämpfen ist eine tolle Zubereitungsart, weil so die Farbe und Nährstoffe des Gemüses erhalten bleiben. Dampf ist eine äußerst effiziente Hitzequelle, sodass Sie etwas weniger Zeit brauchen als beim Braten, und das Aroma ist reiner. Ich brate allerdings gern, weil vegane Rezepte meiner Meinung nach vom intensiveren Aroma profitieren, das durch das Anbraten in Fett entsteht. Bei gedämpftem Gemüse liegt die besondere Anziehungskraft in seiner schlichten Reinheit. Sie können in der Mikrowelle, in einem Dampfgarer oder auf der Herdplatte mit einem Dämpfeinsatz dämpfen. Wenn Sie keinen Dampfgarer besitzen, können Sie stattdessen einen großen Topf verwenden und ein Metallsieb hineinstellen. Achten Sie darauf, dass das Gemüse darin sich nicht im Wasser befindet: Es ist der Wasserdampf, nicht das kochende Wasser, das diese tollen Kocheigenschaften hat.

Auch wenn Rhabarber technisch gesehen zum Gemüse zählt, handelt es sich hierbei um eine süße Suppe. Sein saurer Geschmack wird traditionell mit den süß-säuerlichen Erdbeeren kombiniert, zum Beispiel bei Sommertorten. Peg, die Nachbarin meiner Eltern, bäckt mindestens einmal pro Woche einen Kuchen mit Beeren und Rhabarber, die bei ihr im Hinterhof wachsen. Diese Kuchen sind klasse und gehören natürlich überhaupt nicht zum Programm eines Suppen-Detox-Tages. (Doch an einem Wandertag im Sommer esse ich gern mal ein Stück davon.) Diese kalte Suppe beinhaltet einige der typischen Gewürze solcher Kuchen: Zimt, Muskatnuss und Vanille. Doch ich habe den weißen Zucker durch ein wenig Ahornsirup ersetzt. Wenn Sie diese Suppe zu sich nehmen, genießen Sie zwei Portionen Obst und Gemüse pro Teller.

Erdbeer-Rhabarber

680 g Rhabarber, in 1,2 cm lange Stücke geschnitten
½ Vanilleschote, der Länge nach aufgeschnitten und Mark herausgekratzt, oder 1/4 TL Vanilleextrakt
2 TL abgeriebene Orangenschale
1 EL Ahornsirup (nach Wunsch)
Prise frisch geriebene Muskatnuss
2 l Wasser
680 g Erdbeeren, größere Beeren halbiert
½ locker gefüllte Tasse frisches Basilikum, grob gehackt

1. In einem mittelgroßen Topf auf mittlerer Stufe Rhabarber, Vanille, Orangenschale, Ahornsirup (gegebenenfalls), Muskatnuss und Wasser verrühren. Abdecken und 25 Minuten köcheln lassen, bis der Rhabarber sehr weich ist.
2. Die Erdbeeren hinzufügen und 10 Minuten köcheln lassen. In den letzten 30 Sekunden des Köchelns das Basilikum beigeben.
3. Mit einem Stabmixer pürieren, bis die Mischung sehr geschmeidig ist.

1/2 TEASPOON

Als ich ein Kind war, spielte ich im Sommer mit meinen Freunden aus der Nachbarschaft in den Straßen unseres Vororts, bis die Sonne unterging. In dem einen oder anderen Elternhaus legten wir Pausen ein, um etwas zu essen, baten um Wasser- oder Sandwicheis und kleine Tütchen mit salzigen Kartoffelchips. Wenn wir die Eltern ermüdet hatten, zogen wir durch die Hinterhöfe und suchten neben den Fahrradwegen in der Stadt nach Essbarem. Meistens fanden wir Beeren, und manchmal waren wir so mutig, die Wurzeln der robusten Großen Knorpelmöhre aus dem Boden zu ziehen. Sie schmeckten wie sehr harte Pastinaken und waren eher eine Kuriosität als ein Sommerimbiss. Die Beeren waren perfekt – fest, säuerlich und warm, denn wenn die Beeren Saison haben, brennt die Sonne so heiß, dass man vergisst, wie sich Herbst und Winter anfühlen. Diese Suppe schmeckt gekühlt ganz wunderbar, doch ich mag sie auch direkt aus dem Topf, da sie mich an das Naschen von Beeren in der Dämmerung erinnert, wenn die Beeren noch die Hitze des Tages in sich tragen.

Beeren und Leinsamen

1 l plus ½ Tasse Wasser
450 g Erdbeeren, geviertelt (etwa 3 Tassen)
170 g Heidelbeeren (etwa 2 Tassen)
¼ TL fein gehackter frischer Thymian oder ⅛ TL getrockneter
Saft von 1 Limette
¼ Tasse rohe Cashewkerne, über Nacht eingeweicht und abgetropft (für weitere Informationen siehe „Warum soll ich Nüsse und Samen einweichen?“ auf Seite 86)
¼ Tasse gemahlene Leinsamen
abgeriebene Schale von 1 Limette (etwa 2 TL)
½ locker gefüllte Tasse frische Pfefferminzblätter, in Stücke gerissen

1. In einem kleinen Topf auf hoher Stufe 1 l Wasser zum Kochen bringen. Die Beeren und den Thymian darin kochen. Die Hitze auf niedrige Stufe reduzieren und 40 Minuten köcheln lassen, bis die Beeren weich sind und die Flüssigkeit zur Hälfte eingekocht ist. Mit der Rückseite eines Kochlöffels einige der Beeren nach 15 Minuten der Kochzeit zerdrücken. Den Limettensaft hineingießen und den Topf vom Herd nehmen.
2. Währenddessen in einem Standmixer Cashewkerne, Leinsamen und die restliche ½ Tasse Wasser pürieren, bis eine sehr cremige Mischung entsteht. Die Beerenmischung unterrühren. Mit Limettenschale und Pfefferminze bestreuen.

Diese Suppe wirkt wie eine deutlich reinere Version des Reispuddings mit einem raffinierteren Aroma. Ein wenig Schärfe, eine cremige Süßkartoffelbasis, Kokosmilch, Kakao und ein wenig weicher schwarzer Reis führen dazu, dass Sie diese Suppe ganz langsam löffeln wollen.

Cremige Süßkartoffeln mit Kakao

- 1 große Süßkartoffel, geschält und in 5 cm lange Stücke geschnitten (etwa 2 Tassen)
- ⅓ Tasse schwarzer Reis
- 1 Tasse Wasser
- 1 EL reines Kakaopulver
- Prise gemahlener roter Pfeffer
- Prise gemahlener schwarzer Pfeffer
- ½ TL Meersalz
- 1 Dose (430 g) Kokosmilch

1. Einen Dämpfeinsatz in einen großen Topf stellen und 5 cm hoch Wasser einfüllen. Auf hoher Stufe zum Kochen bringen.
2. Die Süßkartoffeln im Dämpfeinsatz 12 Minuten garen, bis sie sehr weich sind und sich mit einem Messer leicht einschneiden lassen. Alternative Zubereitung ohne Dämpfeinsatz: 2,5 cm hoch Wasser in den Topf füllen und auf hoher Stufe zum Kochen bringen. Die Süßkartoffelstücke hinzufügen. Die Hitze auf niedrige Stufe reduzieren, abdecken und etwa 10 Minuten kochen lassen. Die Süßkartoffeln auf Zimmertemperatur abkühlen lassen. Das Wasser aufheben.
3. Währenddessen in einem mittelgroßen Topf auf hoher Stufe abgedeckt Reis und Wasser zum Köcheln bringen. Hitze auf niedrige bis mittlere Stufe reduzieren. 40 Minuten köcheln lassen, bis der Reis weich ist.
4. In einem Standmixer Süßkartoffeln, das aufbewahrte Dämpfwasser, Kakaopulver, roten und schwarzen Pfeffer, Salz und Kokosmilch pürieren, bis eine Smoothie-Konsistenz entsteht.
5. Den schwarzen Reis unterrühren. Warm oder gekühlt genießen.

Kakaobohnen gehören zu meinen bevorzugten Flavonoid-Quellen. Flavonoide sind rein pflanzliche Stoffe mit antioxidativen Eigenschaften. Kakao ist nicht nur sehr gut für Ihre Gesundheit, sondern verleiht dieser Suppe ein intensives Aroma sowie eine schöne Farbe. Angeblich soll er auch Endorphine im Gehirn freisetzen, was möglicherweise der Grund dafür ist, dass wir ihn für ein Aphrodisiakum halten. Sie können es als Liebe, Lust oder pure Freude bezeichnen, doch wir sind immer begeistert, wenn diese Zutat gut mit unseren Gemüsefreunden harmoniert.

Wenn wir diese Suppe kochen, verwenden wir Birnen der Sorte Williams Christ. Da es sich um eine pürierte Suppe handelt, nehmen wir gern Früchte mit Druckstellen. Wenn Sie auch bereit sind, das zu tun, erhalten Sie auf dem örtlichen Bauernmarkt vermutlich Rabatt. Die Williams-Christ-Birne hat eine sehr dünne Schale und ist deshalb deutlich leichter vorzubereiten (hurra, Schälen ist nicht erforderlich!). Außerdem liefert sie eine Extradosis wasserunlöslicher Ballaststoffe und verlangsamt dadurch die Zuckeraufnahme.

Birne und Sonnenblumenkerne

900 g Williams-Christ-Birnen, geviertelt
½ TL frisch gemahlener oder ¼ TL getrockneter Kardamom
1 Vanilleschote, der Länge nach aufgeschnitten und Mark herausgekratzt, oder ½ TL Vanilleextrakt
1 TL Saigon-Zimtpulver oder konventionelles Zimtpulver
¼ Tasse Sonnenblumenkerne, über Nacht eingeweicht und abgetropft (für weitere Informationen siehe „Warum soll ich Nüsse und Samen einweichen?“ auf Seite 86)
1 EL gemahlene Hanfsamen
Saft von 1/2 Zitrone
2 l Wasser

1. In einem mittelgroßen Topf auf hoher Stufe Birnen, Kardamom, Vanille, Zimt, Sonnenblumenkerne, Hanfsamen, Zitronensaft und Wasser abgedeckt zum Köcheln bringen.
2. Die Hitze auf niedrige Stufe reduzieren und 30 Minuten köcheln lassen, bis die Birnen sehr weich sind.
3. Mit einem Pürierstab oder Standmixer die Suppe pürieren, bis sie sehr geschmeidig ist.

Honigmelonen können unglaublich saftig und süß sein, und Sie sollten die süßeste und saftigste kaufen, die Sie finden können. Eine reife Melone erkennt man unverwechselbar an ihrem schweren, süßen Aroma, wenn Sie auf die Stelle drücken, an welcher der Stiel saß, und dann daran riechen. Die Süße der Melone wird durch den bitter-grasigen Geschmack des Matcha ausbalanciert, wenn diese beiden Zutaten miteinander kombiniert werden. Außerdem hat Matcha bedeutende antioxidative Wirkung. Süße und fettreiche Kokosflocken liefern ein zusätzliches himmlisches Vergnügen, wenn man sie zwischen den Schlucken kaut.

Honigmelone
mit Matcha und Minze

- 1 EL Matcha-Pulver
- ¼ Tasse kochendes Wasser
- ½ Honigmelone, in 2,5 cm lange Stücke geschnitten (etwa 4 Tassen)
- 340 ml Kokoswasser
- ¼ Tasse Kokosflocken
- ½ locker gefüllte Tasse frische Pfefferminzblätter
- ½ locker gefüllte Tasse frisches Basilikum

1. In einer kleinen Schale das Matcha-Pulver mit dem Wasser verquirlen.
2. In einem Standmixer Tee, Melone, Kokoswasser, Kokosflocken, Pfefferminze und Basilikum pürieren, bis eine Smoothie-Konsistenz erreicht ist.
3. Über Eiswürfel gießen.

Es gibt ganze Bücher über Matcha.

Dieses feine, grüne Pulver wird aus den jungen Blättern der Teepflanzen hergestellt, die auf traditionelle Weise in Japan gepflanzt und geerntet werden. In Abhängigkeit vom Erntezeitpunkt der Blätter und dem Feinheitsgrad des Mahlens erzielt man eine unterschiedliche Konsistenz und verschiedene Aromen. Ein intensives Grün weist auf qualitativ hochwertiges Teepulver hin, während sich hinter einem matten Grün weniger guter Matcha verbirgt. Meine Freunde von panateamatcha.com bereiten einen schönen Matcha zu, der über das Internet erhältlich ist. Natürlich können Sie Matcha nicht nur in Kochrezepten verwenden, sondern das Pulver auch mit etwas Wasser zu einer Paste verrühren und dann heißes Wasser hinzufügen, um eine Tasse grünen Tee zu genießen. Das Aroma eines qualitativ hochwertigen Matcha ist auf der Rückseite Ihrer Zunge leicht bitter und fließt dann mit einem feinen, frischen und grasigen Geschmack die Kehle hinab.

Achtsamkeits-mantra

Ich nehme den Frieden und die Freude des Universums an und gebe sie zurück.

Diese sanfte, leicht süßliche und wohltuende Suppe ist wunderbar geeignet, um Sie daran zu erinnern, dass die verschiedensten schönen Momente darauf warten, von Ihnen entdeckt zu werden. Wiederholen Sie dieses Mantra beim Verzehr der Suppe und während des restlichen Tages. Es ist ein wunderbares Mantra, um den Tag zu beschließen und die Energie des Tages auszuatmen, wenn Sie vor Ihrer Nachtruhe symbolisch den Frieden an das Universum zurückgeben.

Diese Kreation ist mehr Haferbrei als Suppe, und die Hafergrütze liefert eine wunderbare Bühne, auf der die feinen Aromen von Orange, Vanille und Zimt tanzen können. Außerdem enthält sie für ihren süßen Geschmack überraschend wenig Zucker. Die Vitamin-E-reichen Pistazien und Vanilleschoten narren Ihre Geschmacksknospen, und Sie nehmen ihnen diese Trickserei nicht übel!

Vanille-Pistazie- Hafer

1½ l Wasser
Prise Meersalz
⅓ Tasse Hafergrütze
½ Tasse ungesalzene, geröstete Pistazien, ohne Schalen, über Nacht eingeweicht und abgetropft (für weitere Informationen siehe „Warum soll ich Nüsse und Samen einweichen?“ auf Seite 86)
1 Vanilleschote, der Länge nach aufgeschnitten und Mark herausgekratzt, oder 1 TL Vanilleextrakt
1 TL Zimtpulver
abgeriebene Schale und Saft von 1 großen Navelorange

1. In einem großen Topf auf hoher Stufe Wasser zum Kochen bringen. Salz und Hafer hinzufügen. Die Hitze reduzieren und unter gelegentlichem Umrühren 30 Minuten auf niedriger Stufe köcheln lassen, bis die Hafergrütze sehr weich und cremig ist.
2. Währenddessen in einem Standmixer die Pistazien sehr fein pürieren. In eine kleine Schale füllen und beiseitestellen. (Den Standmixer nicht ausspülen, da er gleich wieder verwendet wird.)
3. Sobald die Hafergrütze gar ist, Vanille und Zimt unterrühren. Die Mischung in den Mixer füllen und pürieren.
4. „Pistazienmilch“, Orangenschale und Orangensaft unterrühren.

Vanilleschoten

werden schon seit Jahrhunderten aufgrund ihrer positiven Auswirkungen auf die Gesundheit verwendet: Sie sollen stimmungsaufhellend wirken. Das liegt vielleicht daran, dass Vanille ein guter Lieferant für Magnesium ist, das eine wichtige Rolle bei der Regulierung des Nervensystems spielt.

Diese Suppe mit bitter-süßer Grapefruit und dem kräftigen, süßholzartigen Aroma des Fenchels ist wie ein Stärkungsmittel. Zitrusfrüchte und Fenchel helfen beide beim Entschlacken, und ich denke, das frische Aroma dieser Suppe hat schon Energie spendende und heilende Eigenschaften, bevor Sie auch nur den ersten Löffel davon probiert haben. Genießen Sie das sensorische Erlebnis der Suppe, das hübscher und feiner ist als bei jeder anderen Suppe, die ich zubereite.

Grapefruit-Fenchel-Consommé

1 EL Olivenöl
1 kleine Fenchelknolle, in dünne Scheiben geschnitten (etwa 4 Tassen)
Meersalz und gemahlener schwarzer Pfeffer nach Geschmack
4 rote Grapefruits, in Spalten zerlegt und in mundgerechte Stücke geschnitten, Saft aufgefangen (etwa 4 Tassen Fleisch und 1 Tasse Saft)
1 TL abgeriebene Orangenschale
1 Tasse Wasser
2 EL gehackter frischer Dill

1. In einer mittelgroßen Pfanne auf mittlerer Stufe das Öl erhitzen. Darin Fenchel, Salz und Pfeffer unter häufigem Rühren 8 Minuten anbraten, bis der Fenchel zu karamellisieren beginnt. Einen Spritzer Wasser hinzufügen und den Fenchel 1 Minute darin dünsten.
2. In einer großen Schale Fenchel, Grapefruitsaft und -stücke, Orangenschale, Wasser und Dill verrühren.
3. Auf Schalen verteilen und im Kühlschrank 1 Stunde oder über Nacht abkühlen lassen. Kalt genießen.

ZITRUSFRÜCHTE IN SPALTEN ZERLEGEN

Das ist eine meiner Lieblingsfertigkeiten in der Küche, weil dabei die an Buntglas erinnernden Segmente der Zitrusfrüchte entstehen, die wie Juwelen aussehen und frei von weißer Haut sind. Schneiden Sie beide Enden der Grapefruit ab (das funktioniert auch bei allen anderen Zitrusfrüchten, die Sie zerlegen und filetieren möchten) und stellen Sie die Frucht hochkant vor sich ab, sodass die abgeschnittenen Enden nach oben und unten zeigen. Schneiden Sie dann, oben beginnend, die Schale der Grapefruit ab, indem Sie das Messer um das Fleisch herum bewegen, und hören Sie auf, wenn Ihr Messer das Schneidbrett erreicht. So fahren Sie fort, bis die gesamte Schale entfernt ist. Halten Sie die geschälte Frucht in der Hand über eine Schüssel. Mit dem Messer schneiden Sie nun die Spalten aus der Haut, bis Sie eine Schale voller Spalten haben und die Haut, die noch ein wenig Saft enthält, übrigbleibt. Drücken Sie jeden köstlichen Tropfen Saft aus diesen Resten auf die Grapefruitspalten. Haut und Schale werfen Sie weg.

Achtsame Bewegungen

Ich fordere Sie zur Aktivität auf!

Melden Sie sich zu mindestens einer weiteren Gruppenaktivität an, die wöchentlich stattfindet: zu einem Laufclub, einem Yogakurs oder einer beliebigen anderen Unternehmung in der Gruppe. Aktivitäten in einer Gruppe machen nicht nur Spaß, sondern helfen Ihnen auch, eine tiefere Verbindung zu der jeweiligen Aktion herzustellen, da Sie durch die soziale Interaktion unmittelbar belohnt werden. Nehmen Sie die guten Gefühle wahr und erinnern Sie sich daran, dass diese gesunde Herausforderung wahrscheinlich mit wenig Vorlaufzeit durch einen Anruf oder eine Textnachricht erreichbar ist.

Diese Suppe beginnt als veganer Maiseintopf und wird dann zum Inbegriff einer wirklich erfrischenden, kalten Sommerköstlichkeit. Basilikum und Koriander sind zur selben Jahreszeit wie der Mais in großen Mengen verfügbar und können auch als Handvoll statt als Tassen abgemessen werden, wenn Sie mehr von diesen leckeren Kräutern verwenden möchten, damit Sie ihre sommerliche Wachstumsphase gut nutzen können. (Vielleicht haben sie auch in Ihrem Garten überhandgenommen, wie das bei meiner Mama jedes Jahr im Juli der Fall ist.) Wählen Sie die frischesten Maiskolben, die Sie bekommen können, und lassen Sie sie von einer Freundin oder einem Kind vorbereiten, während Sie die Frühlingszwiebeln anbraten.

Roher Mais *mit Basilikum*

2 l Wasser
3 Maiskolben, Maiskörner abgeschnitten und Maiskolben halbiert (etwa 3 Tassen Maiskörner)
½ TL Meersalz
1 TL Olivenöl
1 Bund Frühlingszwiebeln, nur weiße und hellgrüne Teile, gehackt (etwa 3 Tassen)
1 locker gefüllte Tasse frisches Basilikum, in Stücke gerissen
½ locker gefüllte Tasse frische Korianderblätter

1. In einem mittelgroßen Topf auf hoher Stufe das Wasser mit den Maiskolben und Salz zum Kochen bringen. Die Hitze auf niedrige Stufe reduzieren und etwa 15 Minuten köcheln lassen. Die Maiskolben wegwerfen.
2. Währenddessen in einer Pfanne auf mittlerer Stufe das Öl erhitzen. Die Frühlingszwiebeln 3 Minuten braten, bis sie weich sind.
3. In einem Standmixer Frühlingszwiebeln, rohe Maiskörner und die Hälfte der Maisbrühe pürieren. Basilikum und Koriander hinzufügen und pürieren, gegebenenfalls weitere Brühe hinzufügen. (Die Suppe sollte stückig bleiben.)
4. Warm oder kalt servieren.

Mais ist zu Unrecht in die Kritik geraten, weil er genetisch verändert wird. Doch wenn Sie Ihren Mais von einem kleinen Bauernhof kaufen, sind Sie höchstwahrscheinlich auf der sicheren Seite. Sollten Sie sich wirklich Sorgen machen, dass es eine Verunreinigung mit gentechnisch verändertem Mais auf anderen Feldern in Ihrer Region gegeben haben könnte, fragen Sie am besten höflich beim Bauern nach, ob er das für möglich hält. Einheimischer Mais hat ein köstlich süßes Aroma und ist reich an wasserunlöslichen Ballaststoffen sowie an Vitamin C. Da diese Suppe kaum gekocht ist, bleibt das hitzeempfindliche Vitamin C erhalten.

Es macht Spaß, diese kühlende Suppe mit Kindern zuzubereiten, da sie nicht gekocht werden muss – und außerdem: Wer mag im Sommer keine Wassermelone? Ein bisschen Ingwer, viel Pfefferminze und Chiasamen verleihen der kalten Suppe ein erwachseneres Aroma. Darüber hinaus heben die Chiasamen mit ihrem Eiweiß den Nährwert dieser Suppe.

Melone-Chia mit Minze

1 kernlose Wassermelone, gewürfelt (etwa 6 Tassen)
¼ Tasse gemahlene Chiasamen
Meersalz und gemahlener schwarzer Pfeffer nach Geschmack
2 EL frisch geriebener Ingwer
abgeriebene Schale von 1 Zitrone (etwa 2 TL)
Saft von 1 Zitrone
1 Tasse Wasser
1 locker gefüllte Tasse frische Pfefferminzblätter, in hauchdünne Streifen geschnitten (für weitere Informationen zur Schneidetechnik siehe rechts „Chiffo-was? Chiffonade!")

1. In einem Standmixer die Hälfte der Wassermelone, Chiasamen, Salz, Pfeffer, Ingwer, Zitronenschale, Zitronensaft, Wasser und die Hälfte der Pfefferminzblätter pürieren, bis eine geschmeidige Mischung entsteht.
2. Die restliche Wassermelone auf 4 Schalen aufteilen. Die pürierte Melonenmischung auf die Schalen verteilen. Die restliche Pfefferminze darüberstreuen.

CHIFFO-WAS? CHIFFONADE!

Diese Technik klingt verrückt, doch ich mag sie, weil sie es meiner Meinung nach erleichtert, frische Kräuter in feine Streifen zu schneiden. Am besten funktioniert das bei Kräutern mit breiten Blättern wie der Pfefferminze in diesem Rezept, bei Basilikum oder Salbei. Pflücken Sie einfach die Blätter vom Stängel, stapeln Sie sie übereinander (gegebenenfalls in mehreren Stapeln, wenn es sich um sehr viele Blätter handelt wie in diesem Rezept) und rollen Sie die Stapel eng zu winzigen Röllchen zusammen. Dann schneiden Sie quer durch die Röllchen von einem Ende zum anderen. So entsteht ein zerknüllter Haufen Kräuter. Schütteln Sie den Haufen auf, sodass sich die aufgerollten Stücke zu langen Bändern auseinanderfalten. Wenn Sie Ihre Schnitte dicht nebeneinander setzen, werden die Kräuterbänder ganz fein. Einfach, oder? Fertig ist die Chiffonade.

Alle Welt spricht von Chia als dem geheimen Superfood aus Mittel- und Südamerika. Diese winzigen Samen quellen in Kombination mit Wasser auf und werden gelartig. Besonders ist auch ihre Mischung aus Omega-3- und Omega-6-Fettsäuren. Darüber hinaus sind Chiasamen eine sehr effiziente Eiweißquelle (5 g in einem einzigen Teelöffel). Die beste Art, Chiasamen zu sich zu nehmen, damit Ihr Körper Fett und Eiweiß besonders gut aufnehmen kann, ist in gemahlener Form. Ähnlich wie bei Leinsamen kann Ihr Körper die äußere Schale der Chiasamen nicht aufbrechen, sodass Sie sich einen großen Gefallen tun, wenn Sie gemahlene Chiasamen kaufen oder sie selbst mahlen.

Kaki und Granatapfel haben Ende November Saison. Wir im Nordosten der USA importieren sie, sie dienen uns als festliche Vorankündigung für Thanksgiving und Weihnachten. Diese Suppe kombiniert geröstete Süßkartoffeln und Kakis mit rohem Granatapfel, sodass Sie den vollen Gehalt an Vitamin C genießen können, den diese kräftigen Kerne zu bieten haben. Das ist klasse, denn wenn die Temperaturen sinken, braucht unser Immunsystem Unterstützung, um sich an den veränderten Luftdruck und die Feuchtigkeit sowie an die verschiedenen Tierchen anzupassen, die gern in dieser neuen Umgebung leben. Ich runde die hübsche, orangefarbene Suppe mit leuchtender Limette und einem Löffel zerdrückter Avocado ab.

Süßkartoffelsuppe
mit Kaki und Granatapfel

- 2 große Süßkartoffeln, geschält und gewürfelt
- 3 sehr reife Fuyu-Kakis, in 1,2 cm große Stücke geschnitten (etwa 2 Tassen)
- 2 EL Olivenöl
- abgeriebene Schale von 2 Limetten (etwa 4 TL)
- Saft von 2 Limetten
- Prise Meersalz
- ½ Jalapeñoschote, Kerne entfernt, fein gehackt (verwenden Sie Handschuhe, wenn Ihre Haut empfindlich auf Chili reagiert)
- 1 l Wasser
- 1 Tasse Granatapfelkerne
- ½ Avocado, zerdrückt (nach Wunsch)

1. Den Backofen auf 220 °C vorheizen.
2. Auf einem Backblech Süßkartoffeln und Kakis mit dem Öl besprenkeln und in einer einzigen Schicht ausbreiten. Mit Alufolie abdecken und 20 Minuten rösten. Die Folie entfernen und weitere 15 Minuten rösten.
3. In einem Standmixer die gerösteten Süßkartoffeln und Kakis, Limettenschale, Limettensaft, Salz und Jalapeñoschote pürieren. Dabei nach und nach Wasser hinzufügen, um eine milchshakeartige Konsistenz zu erreichen. (Möglicherweise ist es nicht nötig, das gesamte Wasser zu verwenden.)
4. In 4 Schalen jeweils ein Viertel der Granatapfelkerne füllen und die orangefarbene Suppe darübergießen. Sie schmeckt wunderbar auf Zimmertemperatur oder ein wenig angewärmt, aber auch kalt. Ich rühre gern einen Löffel zerdrückte Avocado hinein.

Ich verwende am liebsten Fuyu-Kakis, da Hachiya-Kakis sehr herb schmecken, wenn sie nicht ganz reif sind. Fuyu-Kakis haben einen mild-süßen Geschmack, der an Papaya erinnert. Zum Vorbereiten schälen Sie die Früchte mit einem Kartoffelschäler, schneiden den Stielansatz heraus und würfeln oder hacken das Fruchtfleisch.

Ein Moment der Achtsamkeit

Granatäpfel

Ich habe eine besondere Vorliebe für Granatäpfel, die mit der Geburt meines zweiten Sohnes Caleb zusammenhängt. Ich wachte gegen 3 Uhr morgens auf und mir war klar, dass innerhalb der nächsten 24 Stunden die Wehen einsetzen würden. Ich fühlte mich nicht besonders wohl und begann, Kontraktionen zu spüren, es war aber noch nicht an der Zeit, meine Hebamme zu rufen oder mich auf die Fahrt ins Krankenhaus vorzubereiten. Caleb wurde am 7. Dezember geboren, mitten in der Granatapfelsaison, und ich hatte eine Menge dieser roten, runden Früchte in einer Schüssel auf der Küchenarbeitsplatte stehen – sie sahen aus wie Weihnachtsbaumschmuck. Von 3 Uhr früh bis zum Anbruch des Morgens öffnete ich langsam diese Granatäpfel und holte ihre Kerne heraus. Für mich war es eine meditative Arbeit, die glasigen, rot leuchtenden, essbaren Samen aus den Früchten zu holen. Ich hatte das Gefühl, ich müsste meinem älteren Sohn Grover etwas Süßes zum Genießen vorbereiten für die Zeit, in der ich nicht zu Hause war. Außerdem war es hilfreich, mich auf diese friedliche Aufgabe zu konzentrieren, während mein Körper weiterhin mit den Wehen beschäftigt war – das war das meditative Element. Immer, wenn ich heute einen Granatapfel aufschneide, komme ich zur Ruhe und genieße die Zeit, die ich brauche, um diese süßen Samen herauszuholen. Das tue ich folgendermaßen: Ich halbiere den Granatapfel (Sie sehen nun die Samen, die sich in kleinen Kammern befinden, welche durch dünne Wände voneinander getrennt sind) und öffne die Kammern ein wenig, sodass ich mit den Fingerspitzen immer ein paar Kerne auf einmal aus einer Kammer herausdrücken kann. Das tue ich über einer Schale oder einem verschließbaren Behältnis, damit die Kerne leicht abgedeckt zur Aufbewahrung in den Kühlschrank gestellt werden können. Eine andere Methode: Halten Sie den halbierten Granatapfel mit der Schale nach oben und schlagen Sie mit der Rückseite eines hölzernen Löffels darauf. Dadurch fallen die Kerne in eine große Schüssel, die vor Ihnen steht. Für mich ist das aus verschiedenen Gründen ein reinigender oder meditativer Vorgang, doch wenn es um Granatäpfel geht, bin ich eher der langsame, methodische Typ.

Diese cremige Suppe ist wie ein Chai Latte ohne den ganzen Zucker. Das ist vielleicht die süßeste Suppe, aber Nelken, Ingwer und abgeriebene Orangenschale verhindern, dass die Süße zu sehr vorherrscht. Die Suppe schmeckt mit getrockneten Feigen köstlich – und ganz himmlisch mit frischen Feigen. Die Cashewmilch hält alles zusammen und fügt die richtige Menge Eiweiß und Fett hinzu, um den natürlichen Zuckergehalt der Früchte auszugleichen und Ihren Körper davon abzubringen, diesen zu schnell aufzunehmen.

Gewürzfeigen *und Cashewkerne*

½ Tasse Cashewkerne
6 Tassen Wasser
450 g frische oder 2 ½ Tassen getrocknete Feigen, halbiert
½ Tasse getrocknete Datteln, halbiert
½ TL gemahlene Gewürznelken
½ TL gemahlener Ingwer
½ TL Zimtpulver
abgeriebene Schale und Saft von 1 Orange

1. In einem mittelgroßen Topf auf hoher Stufe die Cashewkerne, 3 Tassen Wasser, Feigen, Datteln, Gewürznelken, Ingwer und Zimt zum Kochen bringen. Die Hitze auf niedrige Stufe reduzieren, abdecken und 30 Minuten köcheln lassen, bis die Cashewkerne weich und die Datteln (sowie gegebenenfalls die getrockneten Feigen) mit Wasser vollgesogen sind.
2. In einem Standmixer die restlichen 3 Tassen Wasser, die Cashewmischung, Orangenschale und Orangensaft pürieren, bis eine sehr geschmeidige Konsistenz entsteht (wie bei einem dünnen Milchshake).
3. Warm oder gekühlt genießen.

Wie Kürbisse für den Herbst stehen, läuten Esskastanien den Winter ein. Esskastanien sind Nüsse, die auf Bäumen im Nordosten der USA wachsen und eine gesunde Dosis Ballaststoffe, Eiweiß und Vitamine des B-Komplexes liefern, die gut für die Hirnfunktionen sind. Ersetzen Sie Ihr Glas Eierpunsch durch diese gesunde Suppe, die darüber hinaus als duftender Handwärmer dienen kann.

Geröstete Kastanien *mit Zimt*

900 g Esskastanien in der Schale, eingeschnitten, oder 4 Tassen Esskastanien aus der Dose
1 EL Olivenöl
1 kleine Zwiebel, gewürfelt
1 großer Apfel, beliebige Sorte, gewürfelt (etwa 2 Tassen)
2 Stangen Sellerie, gewürfelt
1 Knoblauchzehe, fein gehackt
2 TL Saigon-Zimtpulver oder konventionelles Zimtpulver
Prise gemahlener roter Pfeffer (nach Wunsch)
1 l Wasser
½ TL Meersalz

1. Den Backofen auf 220 °C vorheizen.
2. Die Kastanien in einer einzigen Schicht auf einem Backblech ausbreiten und 20 Minuten rösten, bis sie duften und sich die Schalen öffnen. Aus dem Backofen holen und mit einem sauberen Geschirrtuch abdecken, sodass sie 10 Minuten weitergaren. Die harte äußere Schale entfernen und die Kastanien vierteln. Sie sollten geschält werden, solange sie noch warm sind, ansonsten wird diese Aufgabe zu einer Herausforderung!
3. Während die Kastanien abkühlen, in einem mittelgroßen Topf auf mittlerer Stufe das Öl erhitzen. Darin Zwiebel, Apfel, Sellerie und Knoblauch unter häufigem Rühren 5 bis 10 Minuten anbraten, bis die Apfel- und Zwiebelstücke weich sind. Zimt, roten Pfeffer (nach Wunsch) und geviertelte Kastanien unterrühren und 10 Minuten braten, bis es duftet.
4. Wasser und Salz hinzufügen und auf großer Stufe zum Kochen bringen. Dann alles 20 Minuten bei geringer Hitze köcheln lassen, bis die Kastanien sehr weich sind und das Wasser etwas eingekocht ist.
5. Mit einem Stabmixer sehr fein pürieren. (Die Suppe soll eine dicke Konsistenz haben.)
6. Warm aus einer Tasse trinken!

Kastanien wirken zu Unrecht einschüchternd. Diese Nuss ist von einer Schale umgeben, die undurchdringlich wirkt. Doch tatsächlich ist sie recht weich und kann leicht mit einem Gemüsemesser eingeschnitten werden. Zum Rösten schneiden Sie Kastanien am besten kreuzweise mit einem Messer ein.

Die Nuss vergrößert sich beim Rösten, und Sie können nach dem Rösten die flexible äußere Schale abziehen, sodass das Innere freiliegt. Vergessen Sie nicht, die Kastanien einzuschneiden – sonst verursachen Sie eine heiße und fast nicht mehr wegputzbare Schweinerei, wenn sie explodieren (nicht, dass ich das schon mal am eigenen Leib erfahren hätte ...).

Ein Moment der Achtsamkeit

Löffeln Sie mit Ihrer nicht dominanten Hand.

Sie werden lachen und feststellen, dass Veränderungen nicht leicht sind, doch Sie werden es hinkriegen. Sie können sogar Freude daran haben. Wann immer Sie das tun, erinnern Sie sich an die positiven Veränderungen, die Sie mit Ihrem Suppenritual vollziehen, und stärken diese gesunde Gewohnheit.

Kapitel 8

STÄRKENDE EINTÖPFE

Zum Abendessen mag ich am liebsten Eintöpfe.

Bei „Splendid Spoon“ werden die Eintöpfe mit einer reichhaltigen Brühe, einer Menge Gemüsestückchen und ausreichend Gelegenheit zum Kauen gekocht. Eintöpfe haben einen komplexeren Geschmack als einige der anderen Suppen, da sie tendenziell aus mehr Zutaten bestehen. Traditionell war ein Eintopf früher eine Art Resteverwertung: Was in der Küche übrig war, kommt in einen Topf und köchelt zusammen, bis eine homogene Masse entsteht. Ich gehe bei Eintöpfen anders vor: Frisches Gemüse und eine aromatische, nahrhafte Brühe werden mit aromatischen Zutaten wie Zwiebeln und Knoblauch, Frühlingszwiebeln und Sellerie kombiniert. Eintöpfe sind häufig vielschichtiger – das werden Sie bei Ihrem Suppen-Abenteuer beim Löffeln bemerken. Sie werden sich daran erinnern, dass die Zubereitung im Vergleich zur Brühe einen zusätzlichen Arbeitsschritt enthält, und feststellen, wie unterschiedlich der Geschmack deshalb ausfällt. Das Zusammenspiel unterschiedlicher Texturen und Aromen macht den Eintopf so beliebt. Außerdem enthalten diese Rezepte mehr Gemüse. Kauen Sie also langsam und genießen Sie die Mahlzeit, denn vermutlich wird es keine Reste im Topf geben.

Ich liebe diesen Eintopf! Die Basis erhält ihre Würze durch einfache Chiliflocken und die Kichererbsen – einer Grundzutat bei „Splendid Spoon" – machen ihn nahrhaft. Doch das ist kein gewöhnlicher Eintopf. Hanfsamen liefern ein komplettes Set an Aminosäuren und versorgt Ihren Körper folglich mit allem, was er benötigt, um die Muskeln zu stärken.
(Und hoffentlich bewegen Sie diese immer mehr, je stärker Ihre Verbindung zum Suppenverzehr wird und Sie Mantras und Bewegung in Ihre tägliche Routine übernehmen.) Besonders köstlich finde ich die frischen Brokkolistückchen, doch die werden schnell zu Püree. Reste dieser Suppe püriere ich tatsächlich gern mal für ein würziges Frühstück. Es ist interessant, wie eine andere Konsistenz die Wahrnehmung einer Suppe so vollständig verändern kann, nicht wahr?

Würziger Brokkoli-Eintopf
mit Hanfsamen

- 1 ½ l Wasser
- 4 Tassen Brokkoliröschen (mundgerechte Stücke)
- 1 TL Kokosöl
- 2 Frühlingszwiebeln, in Scheiben geschnitten
- 1 Tasse getrocknete Kichererbsen, über Nacht eingeweicht und abgetropft, oder 1 Dose (430 g) salzarme Kichererbsen, abgespült und abgetropft
- ½ Tasse Hanfsamen
- 1 TL Meersalz (bei Verwendung von Bohnen aus der Dose weglassen)
- ½ TL Chiliflocken
- Saft von 1 Limette
- abgeriebene Schale von 1 Limette (etwa 2 TL)
- 1 EL gehackte frische Korianderblätter
- 1 EL gehackte frische Pfefferminzblätter

1. Einen Dämpfeinsatz in einen großen Topf mit 1 l Wasser stellen. Auf hoher Stufe zum Kochen bringen. Den Brokkoli im Dämpfeinsatz 15 Minuten garen, bis er weich ist. (Für weitere Informationen über diese Zubereitungsart siehe „Über das Dämpfen" auf Seite 129.) Das Dämpfwasser aufbewahren.
2. In einem mittelgroßen Topf auf mittlerer Stufe das Öl erhitzen. Darin die Frühlingszwiebeln 5 Minuten anbraten, bis sie weich und glasig sind. Kichererbsen, das aufbewahrte Dämpfwasser des Brokkoli und den restlichen ½ l Wasser hinzufügen. 1 Stunde kochen (beziehungsweise 15 Minuten bei Verwendung von Kichererbsen aus der Dose), bis die Kichererbsen weich sind.
3. Hanfsamen, Salz, Chiliflocken, Limettensaft und Limettenschale hinzufügen und einige Minuten kochen. Mit einem Stabmixer die Suppe pürieren. Alternativ einen Standmixer verwenden und dann die Suppe wieder in den Topf füllen.
4. Den gedämpften Brokkoli, Koriander und Pfefferminze hinzufügen und auf mittlerer Stufe 2 bis 3 Minuten erhitzen, bis der Brokkoli wieder warm ist.
5. In warme Schalen füllen.

Lassen Sie sich von diesem reichhaltigen Gemüseeintopf verführen, der eine Menge gelbe oder grüne Zucchini, frischen und aromatischen Thymian sowie rot leuchtende Tomaten enthält, welche die Energie der Sonne gespeichert haben.

Zucchini-Eintopf

- 2 EL Olivenöl
- 1 große Zwiebel, gewürfelt
- 2 große Knoblauchzehen, fein gehackt
- 1 EL frischer oder 1 TL getrockneter Thymian
- 2 Zucchini (gelb oder grün, beliebige Sorte), gehackt (etwa 3 Tassen)
- Meersalz und gemahlener schwarzer Pfeffer nach Geschmack
- 1 EL Tomatenmark
- 1 l Wasser
- 900 g gehackte oder 1 Dose (800 g) gewürfelte Tomaten
- Zitronenspalten zum Garnieren (nach Wunsch)

1. In einem großen Topf auf mittlerer Stufe das Öl erhitzen. Darin die Zwiebeln 5 Minuten unter gelegentlichem Umrühren anbraten, bis sie weich und glasig sind. Knoblauch und Thymian hinzufügen und 1 Minute braten, bis es duftet.
2. Zucchini, Salz und Pfeffer unterrühren. Hitze auf niedrige bis mittlere Stufe reduzieren. Unter häufigem Rühren 8 Minuten braten, bis die Zucchini weich sind.
3. Tomatenmark, Wasser und Tomaten unterrühren. Die Hitze auf große Stufe erhöhen, alles zum Kochen bringen. Die Mischung auf mittlerer Stufe ohne Deckel 40 Minuten köcheln lassen, bis sie eindickt.
4. Warm oder kalt genießen und nach Wunsch mit Zitronenspalten garnieren.

Ist das eine Zucchini?

Oder ist das ein Kürbis?
Beides. Zucchini gehören zur Familie „Cucurbita pepo" (Gartenkürbis). Während Kürbisse aus Nord- und Südamerika stammen, ist die lange, grüne, einer Salatgurke ähnelnde Zucchini eine Sorte, die einige Generationen später in Italien gezüchtet wurde.

Ein Moment der Achtsamkeit

Beim Gehen loslassen.

Wenn Sie sich direkt vor oder nach dem Verzehr Ihrer Suppe unruhig fühlen, sollten Sie Ihr Ritual durch ein wenig Bewegung ergänzen. Nehmen Sie sich 15 Minuten Zeit zum Gehen und wiederholen Sie dabei immer wieder den Satz: „Ich darf in Frieden und entspannt sein.“ Wenn Ihr Geist abschweift, führen Sie ihn einfach wieder zurück zu diesem Mantra. Sie haben es wirklich verdient, Frieden zu haben. Nehmen Sie das Mantra mit jedem Einatmen an und atmen Sie die Sorgen aus, während Sie Ihre Füße auf dem Boden spüren.

Versuchen

Sie, sich im Winter von regionalen Produkten zu ernähren? Wurzelgemüse aus lokalem Anbau ist häufig selbst während der kältesten Monate verfügbar, kaufen Sie also wenn möglich beim nächstgelegenen Bauernmarkt oder (Öko-)Produkte aus regionaler Erzeugung. Wählen Sie Wurzelgemüse und eingelagerte Feldfrüchte, die Form, Geschmack und Nährstoffe länger beibehalten, wenn sie im Ganzen an einem kühlen, trockenen Ort aufbewahrt werden. Sie tun das Richtige, wenn Sie Gemüse essen, das ganz in der Nähe gewachsen ist, obwohl die Erde gerade von Schnee bedeckt ist.

Süßkartoffeln enthalten eine Menge Vitamin A, B, C und D, während Gemüsekohl eine ordentliche Dosis Vitamin K für die gesunde Knochenbildung beisteuert und das Kräuterkraftpaket Rosmarin antimykotische und entzündungshemmende Wirkung hat. Das gesamte Gemüse in diesem Eintopf ist selbst in kälteren Gefilden im Winter zu haben. (Auch Spinat, da er immer häufiger regional im Gewächshaus gezogen wird!) Ich liebe diese Suppe, denn obwohl sie mit eher unauffälligerem Wurzelgemüse zubereitet wird, ist sie frisch, leicht und belebend. Sie erdet und verleiht zugleich neue Energie – genau das Richtige für einen Wintertag, wenn ich weniger Zeit draußen verbringen kann.

Winterlicher Wurzelgemüseeintopf

1 kleiner Knollensellerie, geschält und gewürfelt (etwa 4 Tassen)
1 Süßkartoffel, gewürfelt (etwa 2 Tassen)
2 Karotten, gewürfelt
3 EL Olivenöl
1 Zwiebel, gewürfelt
1 große Knoblauchzehe, gehackt
2 EL gehackter oder ½ TL getrockneter frischer Rosmarin
1 TL Meersalz
1 gehäufter TL Currypulver
½ TL gemahlener schwarzer Pfeffer
1 l selbst gemachte Gemüsebrühe (wie die vegane Knochenbrühe auf Seite 186) oder salzarme gekaufte Brühe
2 locker gefüllte Tassen Gemüsekohl, harte Stiele entfernt und Blätter in feine Streifen geschnitten (für weitere Informationen zur Schneidetechnik siehe „Chiffo-was? Chiffonade!“ auf Seite 144)

1. Den Backofen auf 220 °C vorheizen.
2. Auf einem Backblech Knollensellerie, Süßkartoffeln und Karotten mit 2 EL Öl beträufeln. Das Gemüse in einer einzigen Lage ausbreiten und mit Alufolie abdecken. 25 Minuten rösten. Die Folie entfernen, das Gemüse schwenken und ohne Abdeckung weitere 20 Minuten rösten, bis es weich ist, wenn man mit einer Gabel hineinsticht.
3. In einem mittelgroßen Topf auf mittlerer Stufe den restlichen EL Öl erhitzen. Darin Zwiebeln und Knoblauch 7 bis 10 Minuten unter Rühren anbraten, bis die Mischung weich und glasig ist.
4. Rosmarin, Salz, Currypulver und Pfeffer unterrühren und die Gewürze 2 bis 3 Minuten anbraten. Dann das geröstete Gemüse hinzufügen und vorsichtig umrühren.
5. Die Brühe hineingießen und bei großer Hitze zum Kochen bringen. Den Kohl hinzufügen, den Topf abdecken und etwa 10 Minuten auf mittlerer Stufe köcheln lassen.
6. In warme Schalen füllen, mit Olivenöl beträufeln und langsam essen – genießen Sie jeden Löffel!

Mit gehaltvollem Rotwein, geschmacksintensivem Kakaopulver und leuchtend gefärbten Roten Rüben ist dieser Eintopf vielleicht die romantischste all meiner Suppen. Ich verwende gern Kakao in herzhaften Gerichten – ein einziger Esslöffel reicht schon aus, um der Speise einen leicht bitteren Geschmack und eine feine Konsistenz zu verleihen, die gut zur Süße der Roten Rüben und zur Säure des Rotweins passen.

Antioxidantien-Eintopf

- 2 EL Olivenöl
- 1 Zwiebel, gehackt
- 1 Knoblauchzehe, fein gehackt
- 1 EL reines Kakaopulver
- 1 TL Meersalz
- Prise gemahlener schwarzer Pfeffer
- 1 große Rote Rübe, geschält und gehackt (etwa 4 Tassen)
- 1 l Wasser
- ⅓ Tasse schwarzer Reis oder Wildreis
- 1 Tasse trockener Rotwein (siehe Hinweis)

1. In einem großen Topf auf mittlerer Stufe das Öl erhitzen. Die Zwiebeln darin 3 bis 5 Minuten anbraten, bis sie weich und glasig sind. Den Knoblauch unterrühren und 2 Minuten braten, bis er duftet.
2. Kakaopulver, Salz und Pfeffer hinzufügen und 1 Minute braten. Rote Rüben unterrühren und 15 Minuten braten, bis sie weich sind.
3. Das Wasser hineingießen und umrühren, damit sich alles miteinander vermischt. Das Wasser auf großer Stufe zum Kochen bringen. Dann Reis und Wein hinzufügen, den Topf abdecken und alles bei niedriger bis mittlerer Hitze 35 Minuten köcheln lassen, bis der Reis weich, aber noch bissfest ist (al dente).
4. Warm servieren.

HINWEIS: Der Alkohol des Weins verkocht in Arbeitsschritt 3, doch das antioxidativ wirkende Resveratrol, das für die Herzgesundheit gut ist, bleibt erhalten.

Ähnlich wie Kaffee ist Kakao ein hervorragender Lieferant von Antioxidantien, die krebserregende freie Radikale bekämpfen. Wenn wir Kaffee trinken, fügen wir oft große Mengen an tierischem Fett und Zucker hinzu, um die Bitterkeit auszugleichen – dasselbe tun wir bei Kakao, der in Form von Schokolade verzehrt wird, worauf wir zumeist doch lieber verzichten sollten. Doch in diesem Fall ist der Kakao so verarbeitet, dass Sie beruhigt zugreifen können.

Palmkohl wird auch als Italienischer oder Toskanischer Kohl bezeichnet und hat tiefgrüne, blasige Blätter, die hübsch anzusehen sind. Doch auch Grünkohl hat seine Vorteile. In diesem Eintopf gebe ich ihm den Vorzug, weil seine krausen Blätter in vielen Kombinationsmöglichkeiten gut passen – hier zu Kokosmilch, Ingwer und Chili. Eintöpfe sind ein besonders angenehmer Bestandteil einer Suppen-Detox-Kur, da sie Ihnen vor Augen führen, wie unterschiedlich die Konsistenz von Suppen sein kann. Und bei diesem Eintopf können Sie sich auf feine Ingwerschärfe und cremige Kokosbrühe freuen.

Grünkohl-Eintopf

2 EL Kokosöl
1 große Zwiebel, gewürfelt
3 Knoblauchzehen, fein gehackt
1 TL Tomatenmark
1 TL Meersalz
1 EL Madras-Currypulver
½ TL Chiliflocken
2 Tassen gehackte Tomaten oder 1 Dose (400 g) pürierte Tomaten
2 Tassen gehackter Grünkohl
1 Dose (430 g) Kokosmilch
1 EL frisch geriebener Ingwer
½ l Wasser plus gegebenenfalls mehr

1. Das Öl in einem großen Topf auf mittlerer Stufe erhitzen. Zwiebeln und Knoblauch 5 bis 7 Minuten darin anbraten, bis die Mischung weich ist und duftet. Tomatenmark, Salz, Curry und Chiliflocken unterrühren und 1 Minute mitgaren.
2. Tomaten, Kohl, Kokosmilch, Ingwer und ½ l Wasser hinzufügen. Die Mischung zum Kochen bringen, dann alles auf mittlerer Stufe 25 Minuten köcheln lassen, bis die Mischung einzudicken beginnt und der Grünkohl weich ist. Wenn die Suppe zu dick ist, etwas mehr Wasser dazugießen.
3. Warm oder gekühlt genießen.

Achtsamkeitsmantra

Durch meine Handlungen gewinne ich Zuversicht.

Zuversicht ist ein Bewusstseinszustand – und Bewegung hilft unserem Körper, ihn zu erreichen. Eine Schale aus dem Schrank holen, eine Schublade öffnen, um einen Löffel rauszunehmen, sich hinsetzen – all das sind Bewegungen, die zu einem lohnenswerten Ritual gehören. Tun Sie diese Überlegungen nicht ab! Registrieren Sie die Handlungen und halten Sie sich aufrechter als sonst, wenn Sie sie ausführen. Wiederholen Sie für sich bei jeder Bewegung dieses Mantra, vom Anfang bis zum Ende Ihres Suppenrituals: Durch meine Handlungen gewinne ich Zuversicht.

Bissen für Bissen sommerlich reifes Aroma liefert dieser schöne Eintopf. Suchen Sie dafür auf dem örtlichen Bauernmarkt die frischesten Tomaten, Zucchini und Pak Choi aus.

Sommer-Ratatouille

- 1 kleine Aubergine, in mundgerechte Stücke geschnitten (etwa 8 Tassen)
- 2 TL Meersalz
- 2 EL Olivenöl
- 1 Zwiebel, fein gehackt
- 2 große Knoblauchzehen, gehackt
- 2 EL fein gehackter frischer oder 2 TL getrockneter Oregano
- 1 TL Chiliflocken (nach Wunsch)
- 1 Zucchini, gewürfelt (etwa 2 Tassen)
- gemahlener schwarzer Pfeffer nach Geschmack
- 2 EL Tomatenmark
- 3 Tomaten (etwa 2 Tassen, gehackt) oder 1 Dose (400 g) gewürfelte oder pürierte Tomaten
- 1 l Wasser
- 1 kleiner Kopf Pak Choi, nur die grünen Blätter, in dünne Scheiben geschnitten (etwa 2 Tassen)
- ½ Tasse frisches Basilikum, in dünne Streifen geschnitten

1. Die Auberginenstücke in ein Sieb füllen, das in eine Schüssel gehängt wird. 1 TL Salz darüberstreuen. Ruhen lassen, während das restliche Gemüse vorbereitet wird und Zwiebeln und Knoblauch gebraten werden.
2. In einem großen Topf das Öl auf mittlerer Stufe erhitzen. Zwiebeln, Knoblauch, Oregano (und nach Wunsch Chiliflocken) unter Rühren 7 bis 10 Minuten darin anbraten, bis die Mischung weich und glasig ist. Die Hitze ausschalten.
3. Die gesalzenen Auberginenstücke unter fließendem Wasser abspülen und leicht mit den Händen ausdrücken, um möglichst viel Flüssigkeit zu entfernen.
4. Im selben Topf auf mittlerer Stufe Aubergine und Zucchini erhitzen. Mit Pfeffer und dem restlichen TL Salz würzen. Unter häufigem Rühren 10 bis 15 Minuten braten, bis Aubergine und Zucchini weich sind.
5. Tomatenmark, Tomaten, Wasser und Pak Choi unterrühren. Alles bei großer Hitze zum Kochen bringen. Dann die Mischung ohne Deckel auf mittlerer Stufe 30 Minuten köcheln lassen, bis sie eindickt und das Gemüse sehr weich ist.
6. Mit Basilikum bestreuen und warm oder kalt servieren.

Bei einem gehaltvollen Eintopf

wie diesem ist die Frische Ihrer Kräuter ganz entscheidend für die Intensität des Aromas. Wenn Sie ganze Kräuter und Gewürze kaufen und sie dann zerkleinern wie in diesem Rezept gefordert, erhalten Sie garantiert das frischeste Aroma. Kaufen Sie ganze Muskatnüsse und Zimtstangen und mahlen Sie diese beispielsweise mit der feinsten Seite Ihrer Reibe. Halten Sie im Lebensmittelladen nach ganzem Kreuzkümmel Ausschau und verwenden Sie eine Kaffeemühle oder eine kleine Küchenmaschine, um ihn zu Pulver zu mahlen, oder verwenden Sie einen Mörser zum Zerkleinern.

Dieses Ratatouille ist meine Lieblingszuflucht, wenn im Herbst die Schule wieder beginnt und es gelegentlich hektisch zugeht. Denken Sie daran, dass die entspannenden Sommertage nicht lange zurückliegen und dass auch der Herbst schöne neue Geschenke mitbringt. Diese herzhafte Suppe kombiniert spät gereifte Tomaten und Kohl mit einem angenehmen neuen Geschmack, der für den Herbstanfang steht: Butternusskürbis.

Herbst-Ratatouille

2 EL Olivenöl
1 Zwiebel, gewürfelt
1 Knoblauchzehe, fein gehackt
1 EL Tomatenmark
½ TL Kreuzkümmel, zerdrückt
1 EL gehackter frischer oder ½ TL getrockneter Rosmarin
1 TL Meersalz
gemahlener schwarzer Pfeffer nach Geschmack
2 Tassen mundgerechte Stücke Butternusskürbis
2 Tassen Wasser
4 Tomaten (etwa 3 Tassen, gehackt) oder 1 Dose (400 g) gewürfelte oder pürierte Tomaten
2 Tassen in dünne Streifen geschnittener Grün- oder Palmkohl (für die beste Schneidetechnik siehe „Grünkohl vorbereiten")

1. In einem großen Topf auf mittlerer Stufe das Öl erhitzen. Die Zwiebeln unter Rühren 10 Minuten darin anbraten, bis sie weich und glasig sind. Knoblauch hinzufügen und 1 Minute braten, bis er duftet. Tomatenmark, Kreuzkümmel, Rosmarin, Salz und Pfeffer unterrühren und 2 Minuten braten, bis es duftet.
2. Den Butternusskürbis hinzufügen und unter häufigem Rühren 15 Minuten braten, bis er weich ist. Wasser und Tomaten hinzufügen. Die Mischung bei großer Hitze zum Kochen bringen. Dann den Kohl hinzufügen und auf kleiner Stufe 25 Minuten köcheln lassen, bis die Mischung eindickt und der Kürbis sehr weich ist und auseinanderfällt.
3. Warm oder gekühlt genießen.

Grünkohl vorbereiten

Rollen Sie mehrere Kohlblätter der Länge nach auf. Mit der Messerspitze schneiden Sie nun den dickeren Stängel in der Mitte heraus und werfen ihn weg. Die so vorbereiteten Blätter rollen Sie zu kleinen, zigarrenförmigen festen Röllchen zusammen und schneiden diese in dünne Streifen. Das ist dieselbe Technik wie bei der Chiffonade, die Sie für das Rezept „Melone-Chia mit Minze" auf Seite 144 brauchen, nur dass hier ein zusätzlicher Arbeitsschritt nötig ist, um die harten Stiele der Grünkohlblätter zu entfernen.

Ich verwende häufig Pilze. Wenn möglich, kaufe ich Bioprodukte, insbesondere wenn es um Pilze geht, denn sie nehmen stark alle möglichen Stoffe aus dem Boden auf. Außerdem enthalten Bioprodukte keine Pestizide oder anderen Chemikalien. Pilze sind einzigartig. Es gibt wirklich kein Gemüse, das Aroma und Konsistenz von Pilzen nachahmen kann. Wenn Sie keine Pilze mögen, könnten Sie stattdessen Kabocha-Kürbis oder Süßkartoffeln und Spinat verwenden. Ich finde, die Kombination aus süßem, stärkehaltigem Kürbis oder Süßkartoffeln und die leichte Bitterkeit von Spinat erzeugt ein Umami-Aroma, das dem von Pilzen ähnelt. Umami – die „fünfte Geschmacksrichtung" neben süß, sauer, salzig und bitter – beschreibt ein würziges, schmackhaftes Aroma, das meistens mit Fleisch, Parmesankäse oder gerösteten Nüssen in Verbindung gebracht wird. Pilze haben einen typischen Umami-Geschmack und das ist ein Grund, weswegen ich mich so zu ihnen hingezogen fühle.

Pilzeintopf mit Hafergrütze

2 EL Olivenöl
1 Zwiebel, gehackt
1 Knoblauchzehe, gehackt
1125 g gemischte Pilze (Champignons, Austernpilze und Shiitake sind meine Favoriten), grob gehackt
2 Stangen Sellerie, gehackt
4 Zweige frischer Rosmarin, Stiele entfernt und Blätter gehackt
Prise Chiliflocken
Prise gemahlener schwarzer Pfeffer
2 TL Meersalz
2 l Wasser
1/3 Tasse Hafergrütze
Saft von ½ Zitrone

1. In einem großen Topf auf mittlerer Stufe das Öl erhitzen. Zwiebeln und Knoblauch unter häufigem Rühren 5 bis 7 Minuten darin braten, bis die Mischung weich und glasig ist. Pilze, Sellerie, Rosmarin, Chiliflocken, schwarzen Pfeffer und Salz hinzufügen und unter häufigem Rühren 10 Minuten braten, bis der Sellerie weich ist und die Pilze weich und gebräunt sind. Wasser hinzugießen und 5 Minuten kochen.
2. Mit einem Stabmixer die Suppe pürieren, bis sie teilweise geschmeidig ist. Alternativ 1 l der Mischung in einem Standmixer pürieren und wieder zurück in den Topf füllen.
3. Hafergrütze und Zitronensaft hinzufügen, abdecken und 15 bis 20 Minuten kochen, bis der Hafer weich, aber noch bissfest ist. Die Hafergrütze wird noch weicher und setzt Stärke frei, auch wenn keine Hitze mehr zugeführt wird. So wird die Suppe gehaltvoll und dick.

Was ist eigentlich Hafergrütze?

Es handelt sich um gehackten Vollkornhafer, und obwohl er länger gekocht werden muss, hat diese Form des Hafers im Vergleich zu normalen Haferflocken ein herrlich nussiges Aroma. Hafergrütze ist weniger stark verarbeitet und liefert ebenso viel Ballaststoffe und Eiweiß wie die stärker verarbeiteten Haferflocken, aber darüber hinaus mehr Kalzium. Hafergrütze kann als Ersatz für Reis dienen, wenn Sie ein Risotto, Pilaw oder andere Reisgerichte zubereiten wollen. Sie können sie sogar statt der Quinoa in der Mungo-Quinoa-Congee auf Seite 103 verwenden.

Achtsame Bewegungen

Herausforderungen annehmen und sich intensiver damit beschäftigen – das wird Sie stärken und die Herausforderung geringer werden lassen.

Unser Körper möchte sich aufgrund unserer Biologie Veränderungen widersetzen; lieb gewonnene Gewohnheiten beizubehalten ist sicherer, als etwas Neues, Ungewohntes zu testen. So schützen wir uns vor potenziellem Schaden – doch das macht es auch schwer, etwas zu verändern, selbst wenn wir wissen, dass das besser wäre. Manchmal müssen Sie lediglich die Intensität ein klein wenig verstärken und tiefer in die große Herausforderung, Ihre Gesundheit zu verbessern, eintauchen. Beginnen Sie Ihr Suppenritual jeden Tag mit fünf bis zehn Liegestützen oder Hampelmännern. Sie werden dadurch schnell eine Endorphinausschüttung haben; und obwohl es vielleicht schwieriger sein mag, die sportliche Übung zusätzlich zum Suppenverzehr einzuführen, werden Sie vielleicht mehr Freude daran haben.

Die Roten Rüben wirken wie leuchtend rote Rubine zwischen den schwarzen Reiskörnern und die Sesamsamen liefern ein Röstaroma, das gut zu den Gewürzen des Mittleren Ostens passt.

Schwarzer Reis
mit Roten Rüben und Sesam

- 2 EL Olivenöl
- 2 Stangen Lauch, nur die weißen Teile, in dünne Scheiben geschnitten (etwa 1 ½ Tassen)
- 3 Knoblauchzehen, fein gehackt
- 1 TL Meersalz
- Prise gemahlener schwarzer Pfeffer
- 2 EL Zatar oder 1 TL getrockneter Oregano, 1 TL getrockneter Thymian, 1 TL Sesam und 2 TL Gewürzsumach
- 1 Karotte, gewürfelt
- 1 große Rote Rübe, geschält und gewürfelt (etwa 3 Tassen)
- ¼ Tasse plus 1 l Wasser
- 2 EL Tahin
- ⅓ Tasse schwarzer Reis oder gemischter Wildreis, in einem Sieb abgespült, bis das Wasser klar wird, und während der Vorbereitung der übrigen Zutaten eingeweicht
- abgeriebene Schale von 1 Zitrone (etwa 2 TL)

1. In einem großen Topf auf mittlerer Stufe das Öl erhitzen. Lauch und Knoblauch unter gelegentlichem Rühren 5 bis 7 Minuten darin braten, bis die Mischung weich und glasig ist. Salz, Pfeffer und Zatar unterrühren und 2 Minuten braten, bis es duftet.
2. Karotten und Rote Rüben unterrühren und 15 Minuten braten, bis das Gemüse weich ist.
3. In einer kleinen Schale ¼ Tasse Wasser und Tahin darin verrühren, bis es aufgelöst ist. Unter die Gemüsemischung rühren.
4. Den Reis und das restliche Wasser hinzufügen. Das Wasser auf größter Stufe zum Kochen bringen. Den Topf abdecken und den Eintopf 35 Minuten bei wenig Hitze köcheln lassen, bis der Reis weich, aber noch bissfest ist (al dente).
5. Warm mit etwas Zitronenschale garniert servieren.

Sesam ist reich an Vitaminen, Mineralstoffen, Fett, Eiweiß und Kohlenhydraten und passt folglich hervorragend in Ihren Speiseplan. In der US-amerikanischen Küche kennt man Sesam meist als Dekoration auf Bagels und Hamburger-Brötchen, doch die Samen und ihr Öl sind rund um die Welt in der Küche beliebt, vom Mittleren Osten über Asien bis in die Karibik und Teile Afrikas.

Die leichte Süße der nahrhaften Kokosmilch und des Kokosöls wird hier kombiniert mit den grünen Aromen von Brokkoli, Pak Choi und frischen Currykräutern. Am leckersten sind Currys, die aus frisch gemahlenen Kräutern zubereitet werden, doch wenn Sie dazu keine Zeit haben, können Sie auch grüne Thai-Currypaste im Asialaden kaufen oder im Internet bestellen.

Grünes Kokoscurry *mit Brokkoli*

2 EL Kokosöl
1 große Zwiebel, gewürfelt
1 Jalapeñoschote, entkernt und fein gehackt (verwenden Sie Handschuhe, wenn Ihre Haut empfindlich auf Chili reagiert)
3 Knoblauchzehen, fein gehackt
1 EL frisch geriebener Ingwer
2 EL grünes Curry (Pulver oder Paste, siehe unten „Rezept für frisches grünes Curry)
1 Kopf Brokkoli, in kleine Röschen geteilt (etwa 4 Tassen)
¼ Tasse plus 1 l Wasser
1 Dose (430 g) Kokosmilch
Meersalz und gemahlener schwarzer Pfeffer nach Geschmack
1 Kopf Pak Choi, nur die grünen Blätter, in dünne Streifen geschnitten (etwa 4 Tassen)
¼ Tasse gehackte frische Korianderblätter (nach Wunsch)

1. Das Öl in einem großen Topf auf mittlerer Stufe erhitzen. Zwiebeln und Jalapeño darin unter gelegentlichem Umrühren 5 bis 7 Minuten braten, bis die Zwiebeln weich und glasig sind. Knoblauch und Ingwer hinzufügen und unter Rühren 2 Minuten anbraten, bis es duftet.
2. Grünes Currypulver, Brokkoli und ¼ Tasse Wasser hinzufügen, abdecken und 5 Minuten unter gelegentlichem Rühren kochen.
3. Kokosmilch, Salz, schwarzen Pfeffer und den restlichen Liter Wasser hinzufügen. Die Mischung bei großer Hitze zum Kochen bringen, dann auf mittlere Stufe herunterschalten, sodass es nur noch köchelt. Pak Choi hinzufügen und Topf abdecken. 15 Minuten bei niedriger Hitze fertig kochen, bis Brokkoli und Pak Choi weich, aber noch bissfest sind.
4. Warm oder kalt und gegebenenfalls mit Koriander bestreut genießen. Einige Stückchen der frischen Jalapeñoschote darüberstreuen, wenn die Suppe schärfer sein soll.

REZEPT FÜR FRISCHES GRÜNES CURRY

Grünes Curry stammt aus Thailand und ist als Paste beispielsweise im Glas erhältlich. Sie können es aber auch selbst herstellen. Es gibt nichts Schöneres als den Geschmack und Geruch, der beim Verarbeiten der aromatischen Zutaten zu einer Paste entsteht – und zudem kräftigen Sie dabei Ihren Unterarm. Das Aroma grünen Currys ist eher frisch als scharf, doch Sie können der Mischung eine Jalapeñoschote hinzufügen, damit sie schärfer wird. In einem Mörser oder auf einem großen Schneidebrett zerkleinern Sie jeweils 1 EL Korianderblätter, gehackten Knoblauch, Galgant (oder Ingwer) sowie abgeriebene Schale und Saft einer Kaffirlimette (oder normalen Limette), 1 in Scheiben geschnittene Frühlingszwiebel, jeweils ½ TL Korianderkörner und Kreuzkümmel, 1 TL Salz und 5 oder 6 grüne Thai-Chilischoten beziehungsweise 2 grüne Paprikaschoten. Mit dem Stößel oder einem Messer verarbeiten Sie diese Zutaten zu einer Paste. Sie können für die Zubereitung auch eine Küchenmaschine verwenden: Dann füllen Sie einfach all diese Zutaten gleichzeitig hinein und pürieren sie, bis eine einheitliche Masse entsteht.

Achtsamkeitsmantra

Ich bin stark, ich bin zuversichtlich, ich bin entspannt.

Buddha lehrte: „Seele und Körper sind eine Einheit. Was ich denke, werde ich." Bevor Sie Ihre Suppe zu sich nehmen, schließen Sie Ihre Augen und strecken Ihre Wirbelsäule, sodass Sie aufrecht sitzen oder stehen, als würde Ihr Kopf am Scheitel von einem Faden nach oben gezogen. Wiederholen Sie für sich im Stillen: „Ich bin stark, ich bin zuversichtlich, ich bin entspannt." Ihre Suppengewohnheit hilft Ihnen, Ihren Körper zu stärken, sodass Ihre Zuversicht zunimmt und Ihr Geist sich entspannt. Sie sind ganz im Hier und Jetzt, also legen Sie los und denken Sie das Mantra in Gegenwartsform! Setzen Sie sich aufrecht hin und wiederholen Sie es am Ende Ihres Suppenrituals erneut – und wann immer Sie einen Moment für sich haben.

Achtsamkeitsmantra

Überraschungen helfen mir dabei, mein Potenzial zu entfalten.

Wiederholen Sie dieses Mantra, während Sie Ihren Detox-Speiseplan zusammenstellen, Zutaten auswählen und Ihre Suppe zubereiten. Wiederholen Sie es, wenn Sie die Suppe essen. Dieses Mantra honoriert jeden Augenblick, in dem Sie etwas Neues tun, und stärkt Ihre Verbindung zu diesem Neuen. Wenn Sie einen Gang runterschalten, um Kontakt mit jedem Augenblick aufzunehmen, der mit Ihrem neu etablierten Suppenritual zusammenhängt, haben Sie möglicherweise sogar den Eindruck, die Zeit vergehe langsamer. Genießen Sie diesen Extraraum und nehmen Sie ihn als Möglichkeit wahr, auf Ihrer Reise zur Entdeckung Ihres bestmöglichen Ichs weiter voranzuschreiten.

Wen immer Sie auch fragen, welche Speise am besten ist, wenn man sich gerade nicht so wohlfühlt – ich garantiere Ihnen, die Antwort wird meistens „Hühnerbrühe" oder ähnlich lauten. Diese Suppe konzentriert sich auf die angenehme Schlichtheit von Hühnersuppe und stellt zugleich die klassische Aromakombination von Dill, Sellerie, Karotte und Zwiebel in den Mittelpunkt. Die Nährwertdichte wird durch Wildreis gesteigert (oder Rundkornreis, wenn Sie es mögen, dass der Reis in Ihrer Suppe stärker verkocht). Und als Ersatz für Hähnchenfleisch dienen natürlich: Kräuterseitlinge. Kräuterseitlinge sind große, zylindrisch gewachsene Pilze, die in dieser Suppe eine verblüffende Ähnlichkeit mit Hähnchen aufweisen. Sie haben ein helles Fleisch, das etwas fester ist als bei vielen anderen Pilzen, und nehmen die Aromen der Brühe und Gewürze wunderbar auf. Ein wichtiger Grund, warum wir so gern Hähnchenfleisch essen, ist sein mildes Aroma; außerdem dient es als leckere Zutat zum Kauen, die das Suppenaroma auf Ihren Geschmacksknospen verstärkt. Auch Austernpilze oder Maitake (auch Gemeiner Klapperschwamm genannt) sind für diese Suppe geeignet.

„Hähnchen-"Eintopf mit Reis

- 2 EL Olivenöl
- 1 Zwiebel, gewürfelt
- 3 Knoblauchzehen, fein gehackt
- 2 Karotten, gewürfelt
- 2 große Stangen Sellerie, gewürfelt
- 1 TL Meersalz
- ½ TL gemahlener schwarzer Pfeffer
- 1 TL getrockneter Oregano
- ½ TL getrockneter Thymian
- 3 Tassen Kräuterseitlinge oder Austernpilze oder Maitake-Pilze, gehackt (etwa 285 g)
- 4 Tassen selbst gemachte Gemüsebrühe oder salzarme gekaufte Brühe
- 2 Tassen Wasser
- ⅓ Tasse Wildreis oder Rundkornreis, abgespült
- ¼ Tasse gehackter frischer oder 1 TL getrockneter Dill
- Zitronenspalten (nach Wunsch)

1. Das Öl in einem großen Topf auf mittlerer Stufe erhitzen. Zwiebeln, Knoblauch, Karotten und Sellerie darin unter häufigem Rühren 7 bis 10 Minuten braten, bis die Mischung weich ist. Salz, Pfeffer, Oregano und Thymian hinzufügen und 2 Minuten unter Rühren anbraten.
2. Die Pilze hinzufügen und 10 Minuten mitbraten, bis sie weich und ein wenig gebräunt sind. Bei diesem Arbeitsschritt entsteht das Aroma der Suppe, er sollte also nicht zu kurz ausfallen, damit die Pilze tatsächlich Farbe annehmen.
3. Brühe und Wasser hineingießen und auf hoher Stufe zum Kochen bringen. Dann den Reis hinzufügen, den Topf abdecken und den Eintopf bei mittlerer bis geringer Hitze 45 Minuten lang kochen, bis der Reis weich ist, aber noch ein wenig Biss hat (al dente).
4. Kurz vor dem Servieren Dill hinzufügen. Warm und gegebenenfalls mit den Zitronenspalten servieren.

Ein Bund Mangold mit verschiedenfarbigen Stielen auf dem Markt sieht einfach bezaubernd aus! Auch wenn Sie bisher noch keinen Mangold mit verschiedenfarbigen Stielen gesehen haben, können Sie sich sicher vorstellen, wie fröhlich bunt er anzusehen ist: Die leuchtenden Farben der Stiele reichen von Pink, Gelb und Weiß bis zu Violett. Bei Lebensmittelfotografen sind sie deshalb besonders beliebt. Es gibt allerdings keinen Unterschied zu normalem Mangold, Sie brauchen also die vielen bunten Farben nicht, um mit Ihrem Suppen-Detox fortzufahren. Mangold ist ein winterhartes Blattgemüse, das sowohl Hitze als auch sehr niedrige Temperaturen aushalten kann, sodass er in den meisten Klimazonen eine lange Anbausaison hat.

Mangoldeintopf *mit Harissa-Hirse*

- 2 EL Olivenöl
- 1 Zwiebel, gewürfelt
- 2 große Stangen Sellerie, gewürfelt
- 3 Knoblauchzehen, fein gehackt
- 2 EL Harissa-Paste oder 1 TL rote Chiliflocken, 1 TL Kümmel und ½ TL gemahlene Koriandersamen
- 1 Bund Mangold mit verschiedenfarbigen Stielen, harte Stiele entfernt und grob in mundgerechte Stücke geschnitten (etwa 5 Tassen)
- 1 TL Meersalz
- gemahlener schwarzer Pfeffer nach Geschmack
- 4 Tassen vegane Knochenbrühe (Seite 186) oder salzarme gekaufte Brühe
- 2 Tassen Wasser
- ⅓ Tasse Hirse

1. Das Öl in einem großen Topf auf mittlerer Stufe erhitzen. Zwiebeln und Sellerie unter häufigem Rühren 5 bis 7 Minuten darin anbraten, bis die Mischung weich und glasig ist. Knoblauch und Harissa unterrühren und 1 bis 2 Minuten braten, bis es duftet.
2. Mangold, Salz und Pfeffer hinzufügen und unter häufigem Rühren 10 Minuten braten, bis die Mangoldblätter in sich zusammenfallen und die Stiele weich sind.
3. Brühe und Wasser hineingießen. Die Mischung zum Kochen bringen. Die Hirse hinzufügen, den Topf abdecken und den Eintopf 25 Minuten bei niedriger bis mittlerer Hitze köcheln lassen, bis die Hirse weich ist.
4. Warm servieren.

Harissa ist mein absoluter Favorit, wenn es um scharfe Würzmittel geht. Es erinnert ein wenig an Curry, da die Hauptzutaten identisch sind, doch es kann auf unzählige Weisen zusammen gestellt werden, mit mehr oder weniger Zutaten. Harissa spielt in der tunesischen Küche eine große Rolle und enthält üblicherweise eine Mischung aus scharfen und geräucherten Chilischoten, Knoblauch, Olivenöl, Kreuzkümmel, Kümmel und Koriander. Darüber hinaus können auch Pfefferminze, Tomaten und Rosenblätter zum Einsatz kommen. Meine aktuelle Lieblingsmischung stammt von der Marke Mina.

Mit frischen Bohnen zu kochen ist toll, da sie nicht so viel Vorbereitungszeit erfordern wie getrocknete Bohnen, die ausgehülst und getrocknet wurden, damit sie länger haltbar sind. Das Aroma frischer Bohnen unterscheidet sich deutlich von jenem getrockneter Bohnen oder von Bohnen aus der Dose – und zwar in jeder Hinsicht. Die Konsistenz ist elastischer und zarter, während der Geschmack reiner und weniger mehlig ist und eindeutig eine pflanzliche Note hat. Frische Borlotti-Bohnen passen hervorragend zu dem ausgereiften Aroma des Kabocha-Kürbisses. Das ist ein harter Kürbis, der zur selben Jahreszeit erhältlich ist wie Butternusskürbis. Er hat eine dunklere, unebenere Schale als die meisten anderen auf dem Markt erhältlichen Kürbisarten. Wenn Sie keine Lust haben, ihn zu schälen, können Sie ihn auch halbieren, die Kerne herausholen, das Fleisch mit Olivenöl einreiben und die Kürbishälften mit Alufolie abgedeckt 1 Stunde im Backofen rösten. Dann löffeln Sie das weiche Fleisch einfach heraus, um es in diesem Rezept zu verwenden.

Eintopf mit Borlotti-Bohnen
und Kabocha-Kürbis

- 4 Tassen gehackter Kabocha-Kürbis oder Butternusskürbis
- 3 EL Olivenöl
- 1 kleine Zwiebel, gewürfelt
- 3 Knoblauchzehen, fein gehackt
- 1 EL fein gehackter frischer Salbei
- 1 TL Zimtpulver
- ½ TL Chiliflocken (mehr, wenn es scharf sein soll)
- 1 Tasse frische Borlotti-Bohnen oder eingeweichte getrocknete Borlotti-Bohnen (über Nacht eingeweicht, abgespült und abgetropft) oder 1 Dose (430 g) salzarme Kichererbsen oder Cannellini-Bohnen, abgespült und abgetropft
- 1 l Wasser (plus 2 Tassen bei Verwendung getrockneter Bohnen)
- 1 TL Meersalz (bei Verwendung von Bohnen aus der Dose weglassen)

1. Den Backofen auf 200 °C vorheizen.
2. Auf einem Backblech den Kürbis mit 1 EL Olivenöl mischen und in einer einzigen Schicht ausbreiten. 40 Minuten rösten, bis der Kürbis weich ist, wenn man mit einer Gabel hineinsticht; nach der Hälfte der Zeit umrühren. Zum Abkühlen beiseitestellen.
3. Während der Kürbis im Backofen ist, in einem mittelgroßen Topf auf mittlerer Stufe die restlichen 2 EL Öl erhitzen. Die Zwiebeln unter Rühren 5 bis 7 Minuten darin braten, bis sie weich und glasig sind. Knoblauch, Salbei, Zimt und Chiliflocken hinzufügen und unter Rühren 1 Minute anbraten, bis es duftet.
4. Die Bohnen hinzufügen und umrühren. (Bei der Verwendung von Bohnen aus der Dose bleibt der Arbeitsschritt unverändert, doch wenn getrocknete Bohnen zum Einsatz kommen, müssen nun 2 Tassen Wasser hineingegossen werden, um die Bohnen 45 Minuten zu kochen, bevor der Kürbis hinzugefügt wird.)
5. Das Wasser und den abgekühlten Kürbis hinzufügen. Alles zum Kochen bringen, dann die Hitze auf mittlere Stufe reduzieren und die Mischung 45 Minuten köcheln lassen, bis der Eintopf eingedickt ist und die Bohnen weich sind. Das Salz unterrühren.
6. Heiß servieren.

Dieses Rezept ist von dem ungarischen Gericht inspiriert, das traditionell mit viel Sahne und Hähnchenfleisch zubereitet wird. Es ist köstlich und beschert mir jedes Mal nach dem Essen einen erholsamen Schlaf. Erstaunlicherweise ist auch diese Suppe wunderbar cremig und liefert zugleich unglaublich viel Energie. Alle Zutaten, von den Cashewkernen über den Weißkohl bis hin zu den Kartoffeln, werden auf Ihren Rippen bleiben, ohne sich an der Hüfte abzusetzen – wenn Sie wissen, was ich meine. Diese Suppe ist geradezu magisch.

Kartoffel-Weißkohl-Paprikasch

2 EL Olivenöl
1 Zwiebel, gewürfelt
3 Knoblauchzehen, fein gehackt
1 TL Meersalz
¼ TL Kümmel, zerstoßen
1 TL süßes ungarisches Paprikapulver (siehe Hinweis)
gemahlener schwarzer Pfeffer nach Geschmack
2 Tassen geraspelter Weißkohl
2 Tassen (ca. 115 g) Austernpilze, in mundgerechte Stücke geschnitten
1 Tasse gehackte neue Kartoffeln
1 l plus 1 Tasse Wasser
½ Tasse Cashewkerne, über Nacht eingeweicht und abgetropft (für weitere Informationen siehe „Warum soll ich Nüsse und Samen einweichen?" auf Seite 86)
1 EL Apfelessig
¼ Tasse gehackte, frische glatte Petersilie (nach Wunsch)

1. Das Öl in einem großen Topf auf mittlerer Stufe erhitzen. Zwiebeln und Knoblauch 5 bis 7 Minuten darin anbraten, bis die Mischung weich ist und duftet.
2. Salz, Kümmel, Paprika und Pfeffer hinzufügen und 1 Minute umrühren. Den Kohl dazugeben und weitere 10 bis 15 Minuten braten, bis er in sich zusammenfällt. Nun die Pilze hineingeben und 6 Minuten braten, bis sie weich sind.
3. Die Kartoffeln unterrühren und 1 l Wasser dazuschütten. Das Wasser zum Kochen bringen, dann alles bei mittlerer Hitze 25 Minuten köcheln lassen, bis die Kartoffeln zerfallen und der Kohl sehr weich ist.
4. Die Cashewkerne in einem Standmixer mit der restlichen Tasse Wasser pürieren, bis eine geschmeidige Mischung entsteht. Cashewcreme und Apfelessig in den Topf füllen, den Topf vom Herd nehmen.
5. Nach Wunsch mit Petersilie bestreuen und warm servieren.

HINWEIS: Ungarisches Paprikapulver wird auch als „edelsüß" bezeichnet. Diese Mischung aus getrockneten Paprikaschoten, die zu feinem Pulver gemahlen werden, ist sehr weitverbreitet. Es gibt auch geräuchertes Paprikapulver (aus Spanien, dort als „Pimentón" bezeichnet), dessen charakteristisch kräftiger Geschmack durch die Verwendung geräucherter Paprikaschoten entsteht und das bei der Zubereitung von Paella zum Einsatz kommt; bei scharfem Paprikapulver wiederum wird edelsüßem Paprikapulver einfach gemahlener roter Pfeffer zugesetzt. Alle Paprikasorten enthalten eine Mischung aus verschiedenen Paprikaschoten in unterschiedlichen Anteilen – probieren Sie einfach ein paar davon aus und nehmen Sie dann die Sorte, die Ihnen am besten schmeckt.

Ein Moment der Achtsamkeit

Wir können immer mit der Aufmerksamkeit auf unseren Atem zurückkommen. Die Blätter fallen von den Bäumen, die Tage werden kürzer und die Temperaturen sinken, doch die Bäume sind noch da, verwurzelt in demselben Boden, der im Sommer noch heiß war und jetzt an einem Herbstmorgen frostig ist. Unser Atem erinnert uns daran, dass auch wir wie Bäume sind; unsere Umgebung verändert sich, aber wir sind da, wir atmen und sind in der Lage, das Unerwartete einfach als Teil unseres Lebens anzunehmen. Vor und nach Ihrer Suppenmahlzeit sollten Sie sich fünf Minuten Zeit nehmen und sich auf Ihren Atem konzentrieren. Einatmen, Pause, ausatmen, Pause, einatmen. Finden Sie Ihren eigenen Rhythmus. Das Ziel besteht darin, die Aufmerksamkeit einfach immer wieder zurück zu Ihrem Atem zu lenken, wann immer Ihr Geist abschweift. Ihr Atem ist eine konstante, sanfte Erinnerung daran, dass Sie ruhig und verwurzelt sein können, unabhängig von Ihrer sich stets verändernden Umgebung.

Acht-same Essensübung

Achtsames Essen, von Chiasamen inspiriert: Stellen Sie einen Wecker auf 15 Minuten ein. Wenn Sie einen Löffel Suppe in Ihren Mund schieben, kauen Sie langsam, damit Sie Konsistenz und Aroma mit allen Sinnen wahrnehmen. Spüren Sie den Hauch Kimchi, die Schärfe des Chilis im Kimchi und die Cremigkeit der pürierten Avocados. Wenn Sie auf Chiasamen stoßen, versuchen Sie, diese zu Ihren Zähnen zu bewegen, sie aufzubeißen und sich dabei vorzustellen, wie die kleinen Eiweißmoleküle sich aufspalten und in Ihren Verdauungstrakt gelangen. Wenn Ihr Geist abschweift, führen Sie ihn mit dem nächsten Löffel Suppe sanft zurück. Genießen Sie neu auftauchende Aromen und nutzen Sie die Chiasamen, um Ihre Gedanken auf Ihre Ernährung zu fokussieren. Wenn die Zeit abgelaufen ist, genießen Sie die restlichen Löffel Suppe oder nehmen einfach die Schönheit der leeren Schale vor Ihnen auf dem Tisch wahr.

Da es sich hierbei um eins meiner wenigen rohen Rezepte handelt, empfehle ich Ihnen, diese Suppe innerhalb von drei Tagen nach der Zubereitung zu verzehren, weil der Nährstoffverlust bei geschnittenem, rohem Gemüse deutlich schneller vonstattengeht als bei gekochtem Gemüse. Die cremige, köstliche Konsistenz ist der perfekte Gegensatz zu dem scharfen, würzigen Kimchi. Wenn Sie noch nie Kimchi gegessen haben, sollten Sie diese Chance nutzen. Sie finden es heutzutage in der Kühlabteilung vieler großer Lebensmittelmärkte, meist auch in einer veganen Variante. (Traditionell wird Kimchi mit Austern hergestellt.) Es handelt sich dabei um eine der ältesten Formen der Lebensmittelkonservierung, bei der das Gemüse (in diesem Fall Kohl) mithilfe von Bakterien fermentiert wird, die sich während des Prozesses stark vermehren. Wie Joghurt ist auch Kimchi eine wunderbare Quelle für Probiotika – die gesunden Bakterien, deren Wachstum in Ihrem Bauch Sie fördern wollen.

Avocado-Kimchi-Eintopf

4 sehr reife Avocados, halbiert und Fleisch herausgelöffelt
2 Frühlingszwiebeln, grob gehackt
Saft von 2 Limetten
2 ½ Tassen Wasser
Meersalz und gemahlener schwarzer Pfeffer nach Geschmack
3 Tomaten, gewürfelt (so viel Saft auffangen wie möglich; Samen sind okay), etwa 3 ½ Tassen
1 Tasse Kimchi
1 EL Chiasamen

1. In einem Standmixer Avocados, Frühlingszwiebeln, Limettensaft und Wasser sehr geschmeidig pürieren. Mit Salz und Pfeffer würzen. Die Tomaten unterrühren.
2. ¼ Tasse des Kimchi in eine Schale füllen und die Avocadosuppe darauflöffeln. Mit Chiasamen bestreuen.

Chiasamen als Dekoration

Ich mag ganze Chiasamen zum Garnieren dieses Eintopfs, da sie eine knackige Konsistenz haben. Doch Sie müssen langsamer und bewusster kauen, wenn Sie diese kleinen Samen aufbrechen wollen, um die darin enthaltenen Nährstoffe freizusetzen. (Denken Sie daran: Chiasamen und Leinsamen werden deswegen für gewöhnlich gemahlen, bevor man sie einem Rezept beifügt.) Sie könnten das als achtsame Essensübung nutzen! Sie können die Chiasamen natürlich auch unter Ihre pürierte Suppe rühren, statt sie als knackige Dekoration darüberzustreuen. Die Samen werden dann langsam gelartig und der Eintopf bekommt dadurch eine eher haferbreiartige Konsistenz.

STÄRKENDE

Kapitel 9

BRÜHEN

Je nachdem, wo Sie löffeln, kann eine Brühe auch als Bouillon oder klare Suppe bezeichnet werden. Gemeint ist in jedem Fall Wasser, das mit einer Reihe von Gemüsesorten und Kräutern (sowie häufig auch Fleisch) eine Zeit lang sanft geköchelt wird, damit es das Aroma der Zutaten annimmt. Natürlich verwenden wir beim „Splendid Spoon" kein Fleisch, da wir uns auf einfache, pflanzliche Nahrung konzentrieren (und Ihrer Ernährung eine zusätzliche Gemüsemenge hinzufügen!), aber die Vorgehensweise und Ziele sind sehr ähnlich. Brühen wirken wie ein Elixier: Sie sehen wässerig und klar aus, stecken aber voller unterschiedlicher Aromen. Ich finde, ihr Effekt erinnert ein wenig an Tees: Sie sind beruhigend und fühlen sich eher wie ein Ritual an. Aus diesem Grund lieben wir es beim „Splendid Spoon", einen Suppentag mit einer Brühe abzuschließen. Füllen Sie sie dampfend heiß in eine Tasse und genießen Sie zunächst die Aromen, die sich nun im Raum verbreiten. Dieser erste Atemzug, mit dem Sie den Duft der Kräuter und des Gemüses aufnehmen, ist besonders wohltuend. Wenn Sie gegen eine Erkältung kämpfen oder am Ende des Tages ein schärferes Aroma bevorzugen, können Sie eine Brühe mit mehr Ingwer wählen. Oder vielleicht sehnen Sie sich nach einer Brühe mit einer größeren Menge Gemüse, sodass Sie den Tag mit köstlichen knackigen Karotten und Rettich beenden möchten.

Brühen sind hinsichtlich Konsistenz und Aroma leichter als meine anderen Suppen, doch ich filtere selten das Gemüse heraus, sodass Sie mehr Ballaststoffe und ein besonderes Kauerlebnis erhalten. Ich verwende wenig Salz in diesen Brühen, damit Sie vor dem Schlafengehen eine wirklich hydratisierende Nahrung zu sich nehmen. Sie können ein wenig Meersalz oder sogar Rauchsalz hinzufügen, wenn Sie eine salzigere Brühe trinken oder löffeln wollen. Ich gehe nie mit knurrendem Magen ins Bett. Wenn ich den Tag mit einer warmen Brühe im Bauch beende, kann ich besser entspannen und zu einer friedvollen Ruhe finden.

Diese Brühen können bei allen Rezepten in diesem Buch auch anstelle von Wasser verwendet werden. Sie fügen dann eine weitere Dimension und zusätzliches Aroma hinzu. Ich empfehle, das Salz in Ihrem Brühenrezept wegzulassen, wenn Sie planen, die Brühe zur Zubereitung einer anderen Suppe zu verwenden. Bei manchen Rezepten in diesem Buch führe ich als Zutat vegane Knochenbrühe (Seite 186) auf, da sie ein mildes Aroma hat und zu vielen Rezepten passt. Natürlich können Sie auch eine andere Brühe dafür verwenden, wenn Sie mögen.

Knackig und würzig mit einem Hauch Schärfe – diese Suppe fühlt sich leicht und frisch an. Säuerliche Tamarinde wird mit leicht blumiger abgeriebener Limettenschale und der herben Schärfe von Daikon kombiniert, die typisch ist für die meisten Gemüsesorten aus der Familie der Rettiche. Ich verwende eine Menge Korianderblätter zum Garnieren, um das grüne Aroma des Spinats zu betonen, doch Sie können auch Petersilie oder Pfefferminze beziehungsweise eine Kombination aller drei Kräuter verwenden.

Daikon mit Tamarinde und Spinat

- 2 EL Sesamöl oder Olivenöl
- 4 Frühlingszwiebeln, in dünne Scheiben geschnitten
- 1 Knoblauchzehe, fein gehackt
- 3 Tassen gewürfelter Daikon oder Radieschen
- ½ TL Chiliflocken
- ½ TL Meersalz
- ½ TL Tamarindenpaste
- 2 l Wasser
- 4 locker gefüllte Tassen junger Spinat
- 1 TL abgeriebene Limettenschale
- 1 Tasse gehackte frische Korianderblätter

1. Das Öl in einem großen Topf auf mittlerer Stufe erhitzen. Frühlingszwiebeln und Knoblauch 1 Minute darin anbraten, bis es duftet.
2. Rettich, Chiliflocken und Salz unterrühren. Die Hitze auf niedrige Stufe reduzieren und 10 Minuten braten, bis der Rettich weich ist.
3. Tamarindenpaste hinzufügen und unterrühren. Wasser dazugießen und die Paste darin auflösen. Alles zum Kochen bringen, dann die Hitze auf niedrige bis mittlere Stufe reduzieren und 10 Minuten köcheln lassen.
4. Spinat und Limettenschale unterrühren. Die Suppe vor dem Servieren 5 Minuten abgedeckt ruhen lassen.
5. Großzügig mit Koriander bestreuen.

Daikon

enthält viele Enzyme, die bei der Verdauung von Fett und Stärke helfen, sowie große Mengen an Vitamin C, Kalium und Phosphor. Erwiesenermaßen trägt dieser Rettich dazu bei, Migräne zu lindern, indem er verengte Blutgefäße öffnet.

Tamarinde

enthält Weinsäure, wie Zitrusfrüchte Zitronensäure enthalten, und erfreut damit nicht nur die Geschmacksknospen, sondern liefert auch ein kräftiges Antioxidans, das schädliche freie Radikale in Ihrem System bekämpft.

Traditionelle Knochenbrühe wird aus Tierknochen hergestellt, die Collagen liefern, und verbessert so die Gesundheit des Magens und des Immunsystems. Unser Körper muss das Collagen in Aminosäuren aufbrechen, bevor er es nutzen kann, wo es benötigt wird; und Sie können die gleichen Aminosäuren, aus denen Collagen besteht, auch aus pflanzlichen Quellen erhalten. Neben aminosäurereichem Gemüse und aromatischen Shiitake-Pilzen kommen in diese vegane Version auch Zwiebeln und Knoblauch, die präbiotische Bestandteile enthalten, um das Mikromilieu in Ihrem Darm in Balance zu halten. Dieses Rezept enthält viele verschiedene Gemüsesorten, sodass Sie auch Gemühereste dafür verwenden können. Damit sind einfach die festeren Endstücke gemeint, die Sie normalerweise wegwerfen oder auf dem Kompost entsorgen. Diese groben Stücke werden Ihrer Brühe Nährstoffe und Aroma verleihen – und darüber hinaus wird die Abfallmenge reduziert!

Vegane Knochenbrühe

60–85 g getrocknete Pilze (beliebige Sorte)
5 Tassen kochendes Wasser
2 EL Olivenöl
1 große Zwiebel, gewürfelt, oder 1 Tasse Zwiebelreste
2 Karotten, gewürfelt, oder 2 Tassen Karottenreste
2 Stangen Sellerie, gewürfelt, oder 2 Tassen Selleriereste
4 Tassen Shiitake-Pilze, in Scheiben geschnitten
3 Knoblauchzehen, zerdrückt
3 EL frisch geriebener Ingwer
1 TL gemahlener Kreuzkümmel
1 TL getrockneter Rosmarin
3 Tassen Spinat, gehackt
3 Tassen gehackter Pak Choi
1 locker gefüllte Tasse Thai-Basilikumblätter oder normales Basilikum
Prise Meersalz
2 ½ l Wasser
Saft von 1/2 Zitrone
½ TL Spirulinapulver (siehe Hinweis)

1. Die getrockneten Pilze in einem Schälchen 15 Minuten in kochendem Wasser einweichen, bis sie weich sind. Die Pilze herausfischen und das Wasser aufbewahren. Die Pilze in Streifen schneiden.
2. Das Öl in einem großen Topf auf mittlerer Stufe erhitzen. Zwiebeln, Karotten und Sellerie unter Rühren 5 bis 7 Minuten darin braten, bis die Mischung weich ist.
3. Shiitake-Pilze, Knoblauch, Ingwer, Kreuzkümmel und Rosmarin hinzufügen und unter Rühren 5 Minuten braten, bis es duftet.
4. Eingeweichte Pilze und Einweichwasser, Spinat, Pak Choi, Basilikum, Salz und Wasser hinzufügen. Das Wasser zum Kochen bringen, dann alles 1 Stunde bei niedriger Temperatur köcheln lassen, bis die Brühe leicht eindickt und eine bräunlich-grüne Farbe annimmt.
5. Den Topf vom Herd nehmen, die Flüssigkeit filtern, Zitronensaft und Spirulina unterrühren.
6. Langsam trinken oder als Basis für andere Suppen verwenden.

HINWEIS: Spirulina ist eine antioxidativ wirkende, kalziumreiche Alge, die in den meisten Reformhäusern und Naturkostläden in Pulverform verkauft wird. Weitere Informationen über Spirulina finden Sie im Abschnitt „Die Kraft der Pflanzen“ in Kapitel 2 auf Seite 42.

Achtsamkeitsmantra

Ich erkenne meine Schönheit an.

„Schön zu sein bedeutet, du selbst zu sein. Du musst nicht von anderen angenommen werden. Du musst dich selbst annehmen", sagte Thich Nhat Hanh. Es braucht Zeit, um sich selbst anzunehmen. Geben Sie sich Raum, dies zu tun, indem Sie das folgende Mantra wiederholen: *Ich erkenne meine Schönheit an.* Dieses einfache Mantra soll Sie daran erinnern, dass Sie bereits eine angeborene Schönheit besitzen – Sie müssen sie nur noch annehmen. Wiederholen Sie das Mantra, während Sie Ihre Suppe zu sich nehmen, wenn Sie zur Arbeit gehen und wann immer Sie daran denken. Sagen Sie es drei Mal, atmen Sie ein, und sagen Sie es drei weitere Male.

Oh, diese Brühe wird die Kälte nur so aus Ihnen herausschütteln! Mexikanische Tortillasuppe diente hierfür als Inspiration – wer hätte gedacht, dass eine schlichte Brühe solch verlockende Aromen entwickeln könnte? Die erfrischende Säure der Limetten, der kleine Schärfekick der Jalapeñoschote und die Frische des Korianders tun gemeinsam ihr Bestes, um Ihre Seele zu besänftigen und Ihre Sinne zu beleben.

Paprikaschote-Limette

1 EL Olivenöl
1 Zwiebel, in Scheiben geschnitten
1 rote Paprikaschote, in 1,2 cm lange Würfel geschnitten
2 Knoblauchzehen, fein gehackt
1 EL Tomatenmark
1 große Tomate, gewürfelt
1 Jalapeñoschote, entkernt und fein gehackt (je nach Vorliebe mehr oder weniger davon verwenden – wenn es schärfer sein soll, die Kerne ebenfalls nutzen; verwenden Sie Handschuhe, wenn Ihre Haut empfindlich auf Chili reagiert)
½ Tasse gehackte frische Korianderblätter
1 TL gemahlener Kreuzkümmel
1 TL Meersalz
gemahlener schwarzer Pfeffer nach Geschmack
2 l Wasser
Saft von 3 Limetten

1. Das Öl in einem großen Topf auf mittlerer Stufe erhitzen. Zwiebeln, Paprikaschote und Knoblauch 7 bis 10 Minuten darin braten, bis die Mischung weich ist. Tomatenmark, Tomate und Jalapeñoschote hinzufügen und unter Rühren 5 Minuten braten, bis die Paprikaschote weich ist.
2. Koriander, Kreuzkümmel, Salz, schwarzen Pfeffer und Wasser hinzufügen. Alles zum Kochen bringen, dann die Hitze auf niedrige Stufe reduzieren und die Mischung 10 Minuten köcheln lassen.
3. Den Topf vom Herd ziehen und den Limettensaft unterrühren.
4. Warm oder gekühlt genießen.

Wenn Sie einer gesunden Mahlzeit etwas scharfen Chili hinzufügen, hilft das, ein paar zusätzliche Kalorien und etwas mehr Fett zu verbrennen. Er ist keine Wunderwaffe, doch dieser kleine Schub für Ihren Stoffwechsel bringt es auf etwa 100 zusätzlich verbrannte Kalorien pro Tag bei einer Frau, die 50 Kilo wiegt, beziehungsweise auf 200 Kalorien bei einem 90-Kilo-Mann.

Diese kräftige Brühe ist durch knackige Knoblauchsprossen und die leichte Meeresbrise der Wakame frisch wie ein Frühlingsmorgen. Waka-was, fragen Sie sich? Wakame wird seit dem 8. Jahrhundert in Japan gezüchtet und ist eine essbare Braunalgenart, die in der japanischen, koreanischen und chinesischen Küche zu den Grundnahrungsmitteln zählt. Sie enthält eine Menge Magnesium, Jod, Kalzium Eisen und Folsäure. Wakame verleiht der Brühe erdige, grüne Aromen und lebensnotwendige Mineralstoffe. Hinzu kommt in diesem Fall der Geschmack von Enoki- und Shiitake-Pilze.

Wakame-Brühe

mit Pilzen und Knoblauchsprossen

- 1 EL Kokosöl
- 1 Zwiebel, in Scheiben geschnitten
- 2 Stängel Knoblauchsprossen oder Frühlingszwiebeln, in dünne Scheiben geschnitten
- 1 Tasse Shiitake-Pilze, Stiele entfernt und Kappen in dünne Scheiben geschnitten
- 1 Tasse Enoki-Pilze, Wurzeln entfernt und lange Stiele abgetrennt (siehe Hinweis)
- 1 TL Meersalz
- abgeriebene Schale von 1 Limette (etwa 2 TL)
- Chiliflocken nach Geschmack
- ¼ Tasse getrocknete Wakame
- 2 l Wasser
- ½ Tasse getrocknete Steinpilze
- Saft von 1 Limette

1. Das Öl in einem großen Topf auf mittlerer Stufe erhitzen. Zwiebeln und Knoblauchsprossen oder Frühlingszwiebeln unter Rühren 5 bis 7 Minuten darin anbraten, bis die Mischung weich ist. Shiitake- und Enoki-Pilze hinzufügen und 5 bis 10 Minuten braten, bis die Pilze weich sind; nach der Hälfte der Garzeit umrühren.
2. Salz, Limettenschale, Chiliflocken, Wakame, Wasser und getrocknete Pilze hinzufügen. Die Mischung zum Kochen bringen, dann auf niedriger Stufe 45 Minuten köcheln lassen.
3. Mit Limettensaft abschmecken und warm genießen.

HINWEIS: Die Enoki-Pilze müssen nicht gehackt werden. Sie sind sehr lecker, schnell gar und verleihen Ihrer Suppe eine schöne Konsistenz und ein interessantes Aussehen.

Ah, ein guter Borschtsch wirkt an einem regnerischen Tag rundum wohltuend und beruhigend. Diese typische Kohlsuppe ist ukrainischen Ursprungs und in der Küche vieler ost- und mitteleuropäischer Länder bekannt. Kohl dominiert das vollmundige Aroma dieser Borschtsch-Version, in den meisten traditionellen Rezepten wird er jedoch mit Roten Rüben als Hauptzutat hergestellt. In einigen Regionen stehen Tomaten im Mittelpunkt, während Rote Rüben die zweite Geige spielen. Bei manchen Varianten – wie beim grünen und weißen Borschtsch – werden auch überhaupt keine Roten Rüben verwendet.

Kohl-Borschtsch

2 EL Olivenöl
1 rote Zwiebel, in Scheiben geschnitten
1 Rote Rübe, geraspelt oder in dünne Scheiben geschnitten (etwa 2 Tassen)
3 Tassen in Scheiben geschnittener Rotkohl (etwa ⅓ Kopf)
1 große Karotte, geraspelt oder in feine Streifen geschnitten
¼ TL getrockneter Thymian
½ TL Meersalz
Prise gemahlener schwarzer Pfeffer
1 Rezept vegane Knochenbrühe (Seite 186) oder 2 l salzarme gekaufte Gemüsebrühe
¼ Tasse Cashewkerne, über Nacht eingeweicht und abgetropft (für weitere Informationen siehe „Warum soll ich Nüsse und Samen einweichen?“ auf Seite 86)
¾ Tasse Wasser
1 EL Rotweinessig
¼ Tasse gehackter frischer Dill

1. Das Öl in einem großen Topf auf mittlerer Stufe erhitzen. Zwiebeln, Rote Rübe, Kohl, Karotte, Thymian, Salz und Pfeffer unter gelegentlichem Rühren 12 bis 15 Minuten darin anbraten, bis der Kohl weich ist.
2. Die Brühe hineingießen und zum Kochen bringen. Dann 1 Stunde bei mittlerer Hitze köcheln lassen, bis das Gemüse weich ist.
3. In einem Standmixer oder einer Küchenmaschine Cashewkerne und Wasser pürieren, bis eine geschmeidige Creme entsteht.
4. Essig und Dill in den Borschtsch rühren. Einen Klecks Cashewcreme daraufsetzen und heiß genießen.

Wie man Kohl schneidet

Schneiden Sie das harte Ende ab und entfernen Sie die äußeren Kohlblätter. Teilen Sie den Kohl in drei Teile, schneiden Sie aus jedem Stück den Strunk heraus und werfen Sie ihn weg. Schneiden Sie eines der Stücke in feine Scheiben (das ergibt etwa 3 Tassen). (Sie können dazu auch die grobe Raspel Ihrer Küchenmaschine oder einer Reibe verwenden.) Die beiden restlichen Stücke wickeln Sie in Frischhaltefolie ein und bewahren sie im Kühlschrank auf.

Alternativ können Sie diese ebenfalls in Scheiben schneiden, dünsten und einfrieren, um die Nährstoffe zu erhalten und ein andermal Borschtsch daraus zuzubereiten.

In der Nähe der Stadt, in der ich aufgewachsen bin, gibt es einen Ort, den ich als „das X" bezeichne, da zahlreiche Straßenkreuzungen das Fahren oft erheblich erschweren. Wenn man doch den richtigen Weg gefunden hat, stößt man dort auf ein vietnamesisches Restaurant namens „Pho Saigon". Als ich das erste Mal dort war, ein absoluter Laie in der vietnamesischen Küche, bestellte ich das namensgebende Gericht. Eine riesige Schüssel mit kochend heißer Brühe wurde vor mir auf den Tisch gestellt. Drumherum lagen große Mengen Basilikumblätter, knackige Sprossen, saftige Limettenspalten, Chilischoten und ein Berg Nudeln. Das Aroma der frisch zerrupften Blätter und Chilischoten und die Säure des Limettensafts in der heißen Brühe machen mich ganz schwindelig, selbst wenn ich erkältet bin. Genau nach dieser Suppe werden Sie sich sehnen, wenn Ihre Nebenhöhlen verstopft sind. Bei jeder Schale Pho, die ich seitdem gegessen habe, versuche ich, dieses erste dampfende Vergnügen wieder aufleben zu lassen. In meiner Version werden die traditionellen Reisnudeln durch farbenfrohes Wurzelgemüse ersetzt, um Ihre Gemüsemenge zu erhöhen.

Konfetti-Pho

- 1 Rezept vegane Knochenbrühe (Seite 186) oder 2 l salzarme gekaufte Gemüsebrühe
- 1 Stängel Zitronengras, zerdrückt
- 1 EL frisch geriebener Ingwer
- 1 Tasse spiralisierte oder in feine Streifen geschnittene oder geschälte Karotten (siehe „Gemüsenudeln herstellen")
- 1 Tasse spiralisierte oder in feine Streifen geschnittene oder geschälte Speiserüben (siehe „Gemüsenudeln herstellen")
- ½ Tasse in Scheiben geschnittene Shiitake-Kappen
- 1 Frühlingszwiebel, in Scheiben geschnitten

Nach Geschmack am Tisch dazu servieren:

- zerrupfte Thai-Basilikumblätter
- Bohnensprossen
- Limettenspalten
- in Scheiben geschnittene Jalapeñoschote (verwenden Sie Handschuhe, wenn Ihre Haut empfindlich auf Chili reagiert)
- Pfefferminzblätter

1. Die Brühe in einem großen Topf zum Kochen bringen. Zitronengras, Ingwer, Karotte, Speiserübe, Pilze und Frühlingszwiebel hinzufügen. Die Brühe 30 Minuten auf niedriger Stufe köcheln lassen, bis die Pilze weich und die Gemüse-„Nudeln" bissfest sind.
2. Dampfend heiß in großen Schalen mit Garnierungen nach Wahl servieren. (Achten Sie darauf, dass die Schalen groß genug sind, damit alle frisch hinzugefügten Zutaten noch hineinpassen!)

GEMÜSENUDELN HERSTELLEN

Sie denken, dass Sie für dieses Rezept einen Spiralschneider brauchen? Natürlich eignet er sich gut, aber es gibt auch andere Tricks, um lange, köstliche Gemüse-„Nudeln" herzustellen.

- Verwenden Sie einen Julienneschneider.
- Schneiden Sie das Gemüse mit Ihrem Messer in streichholzgroße Stifte. Denken Sie daran: Es ist nicht so wichtig, dass die Stifte ganz fein sind – Hauptsache, sie sind relativ dünn.
- Mit einem Kartoffelschäler können Sie eine Art Bandnudeln herstellen. Diese breiten, dünneren Gemüsenudeln sind möglicherweise am einfachsten herzustellen und besonders hübsch anzusehen!

Diese Brühe schmeckt wie purer Sonnenschein, mit frischen Zitrusfrüchten, die Ihre Sinne beleben, und der angenehmen Wärme von Fenchel.

Zitronen-Fenchel-Consommé

2 EL Olivenöl
1 Zwiebel, in Scheiben geschnitten
1 Knoblauchzehe, zerdrückt und gehackt
1 Fenchelknolle, in dünne Scheiben geschnitten (wenn möglich eine runde Knolle; ergibt etwa 2 ½ Tassen)
2 l Wasser
1 TL Meersalz
1 rote Chilischote, beliebige Sorte, (verwenden Sie Handschuhe, wenn Ihre Haut empfindlich auf Chili reagiert) oder ½ TL Chiliflocken
abgeriebene Schale von 1 Zitrone
abgeriebene Schale und Saft von 1 großen Orange
¼ Tasse gehackter frischer Dill

1. Öl in einem großen Topf auf mittlerer Stufe erhitzen. Zwiebeln, Knoblauch und Fenchel unter Rühren 5 bis 7 Minuten darin braten, bis die Mischung weich ist.
2. Wasser, Salz, Pfeffer, Zitronenschale, Orangenschale und Orangensaft hinzufügen. Alles zum Kochen bringen, dann die Suppe auf niedriger Stufe 1 Stunde köcheln lassen.
3. Dill unterrühren und die Suppe heiß genießen.

Eine traditionelle Consommé ist eine klare Suppe aus geklärter aromatischer Brühe oder Bouillon; dazu wird Hühnereiweiß verwendet, um Fett und Sedimente zu entfernen. Da dieses Rezept rein pflanzlich ist, stammt das einzige Fett vom Olivenöl. Ich lasse die pflanzlichen Bestandteile in der Suppe, um von der Konsistenz und dem Nährwert der Ballaststoffe zu profitieren. Aber natürlich können Sie diese Suppe auch klären, damit sie klarer ist und eher wie eine traditionelle Consommé aussieht. Dadurch kann sie zudem als Basisbrühe in anderen Rezepten verwendet werden.

Hallo, Herbst! Schmecken Sie den Wechsel der Jahreszeiten mit jedem Löffel dieser süßlich gewürzten Brühe. Riesen- und Butternusskürbis liefern goldene Aromen voller Nostalgie und Nährstoffe, während Pilze eine erdige, fleischige Tiefe beisteuern. Nur wenige Pflanzen können mit diesen herzhaften Pilzen mithalten.

Kürbis und Pilze *mit Sternanis*

- 2 EL Olivenöl
- 1 kleine Zwiebel, gewürfelt
- 1 Knoblauchzehe, fein gehackt
- 1 Zweig Rosmarin, Stiele entfernt und fein gehackt, oder eine große Prise getrockneter Rosmarin
- 2 Tassen gewürfelter Riesenkürbis (1,2 cm Seitenlänge) oder Kabocha-Kürbis oder Butternusskürbis
- 2 große Champignon-Kappen, in mundgerechte Stücke geschnitten (etwa 3 Tassen)
- 1 TL Meersalz
- 2 l Wasser
- 1 TL Zimtpulver
- Prise gemahlener roter Pfeffer
- 2 ganze Sternanisfrüchte (nicht nur die Samen)
- 1 EL frisch geriebener Ingwer

1. Das Öl in einem großen Topf auf mittlerer Stufe erhitzen. Zwiebeln und Knoblauch unter Rühren 5 bis 7 Minuten darin anbraten, bis die Mischung sehr weich ist. Rosmarin hinzufügen und 1 Minute braten, bis es duftet.
2. Kürbis, Pilze und Salz dazugeben und unter gelegentlichem Rühren etwa 15 Minuten mitbraten, bis die Pilze weich sind.
3. Wasser, Zimt, Pfeffer, Sternanis und Ingwer hinzufügen. Alles zum Kochen bringen, dann 1 Stunde auf niedriger bis mittlerer Stufe köcheln lassen, bis der Kürbis weich ist.
4. Sternanis entfernen, sofern gewünscht. (Ich lasse ihn gern in der Brühe, doch die Hülsen selbst sind nicht essbar.) In angewärmten Schalen servieren.

Ingwer ist ein guter Lieferant für Vitamin C, Magnesium, Kalium, Kupfer und Mangan. Er wird in der Pflanzenheilkunde als Mittel gegen Blähungen verwendet, da er den Abgang von Luft im Darm fördert. Außerdem wirkt Ingwer krampflösend und entspannt damit den Verdauungstrakt. Folglich kann er Magenverstimmungen, Brechreiz und Durchfall lindern. Darüber hinaus wird Ingwer gegen Übelkeit eingesetzt.

Ein Moment der Achtsamkeit

Kraft in Ihrer Tasche

„Das Schwierigste ist die Entscheidung zum Handeln, der Rest ist reine Beharrlichkeit. Ängste sind Papiertiger. Sie können alles tun, wozu Sie sich entscheiden. Sie können handeln, um Ihr Leben zu verändern und zu kontrollieren; und der Vorgang, die Handlung, ist Ihre Belohnung", sagte Amelia Earhart. Schreiben Sie das ab, stecken Sie den Zettel in Ihre Tasche und ziehen Sie ihn immer dann heraus, wenn Sie sich unsicher oder ängstlich fühlen.

Meerrettich wird schon seit Jahrhunderten verwendet, um eine Vielzahl von Leiden zu lindern, und nahezu jeder Bestandteil der Meerrettichpflanze scheint aus heilkundlicher Sicht nutzbar zu sein. Tee aus der Wurzel dient als Schleimlöser, während Tee aus den Blüten gegen herkömmliche Erkältungen hilft. Bei Gelenkproblemen kann ein Wickel aus Meerrettichwurzel zur äußerlichen Behandlung gemacht werden. Außerdem dienen die rohen Blätter der Pflanze der Schmerzlinderung und können, gegen die Stirn gedrückt, gegen Kopfschmerzen helfen.

Das ist die perfekte Sommersuppe, mit einer Mischung lebendiger, kräftiger Aromen, die zur intensiven Farbe passt! Ich empfehle, frische Tomaten zu verwenden, wenn sie von Mitte Mai bis Oktober Saison haben, denn sie sind aromatischer und liefern die größte Nährstoffmenge, wobei das enthaltene Lycopin besonders wichtig für uns ist.

Jalapeño-Tomaten-Brühe

- 8 Tomaten oder 2 Dosen (à 800 g) pürierte Tomaten ohne Salzzusatz (siehe Hinweis)
- 2 EL Olivenöl
- 3 große Knoblauchzehen, fein gehackt
- 1 Jalapeñoschote, entkernt und gewürfelt (verwenden Sie Handschuhe, wenn Ihre Haut empfindlich auf Chili reagiert)
- ½ l Wasser
- 1 TL Meersalz
- gemahlener schwarzer Pfeffer nach Geschmack
- 1 EL frisch geriebener Ingwer
- 3 EL vorbereiteter Meerrettich
- Saft von 1 Limette

1. Einen großen Topf mit Wasser zum Kochen bringen. Eine Rührschüssel mit Eis und Wasser füllen und beiseitestellen.
2. Die Stielansätze der Tomaten herausschneiden, dann jede Tomate auf der Unterseite leicht kreuzweise einschneiden.
3. Einige Tomaten vorsichtig ins kochende Wasser legen und 45 bis 60 Sekunden kochen, bis die Haut sich abzulösen beginnt. Mit einem Schaumlöffel die Tomaten aus dem Wasser fischen und ins Eiswasser legen. Auf diese Weise alle Tomaten blanchieren.
4. Die Tomaten mit den Händen oder einem Gemüsemesser häuten.
5. In einer Küchenmaschine oder mit einem Passiergerät die Tomaten pürieren.
6. Das Öl in einem großen Topf auf mittlerer Stufe erhitzen. Knoblauch und Jalapeñoschote unter Rühren 3 bis 5 Minuten darin anbraten, bis es duftet.
7. Tomatenpüree, Wasser, Salz, schwarzen Pfeffer, Ingwer, Meerrettich und Limettensaft hinzufügen. Alles zum Kochen bringen, dann die Mischung auf mittlerer Stufe unter gelegentlichem Rühren 30 Minuten köcheln lassen.
8. Falls gewünscht: Für eine feinere, klarere Brühe die Mischung durch ein mit einem Mulltuch ausgelegtes Sieb streichen.
9. Heiß oder gekühlt servieren.

HINWEIS: Bei der Verwendung von Tomaten aus der Dose überspringen Sie einfach die Arbeitsschritte 1 bis 5. Wenn die Haut und die Tomatenkerne Sie nicht stören, können Sie auf die Arbeitsschritte 1 bis 4 ebenfalls verzichten und die Tomaten einfach so pürieren.

In Kapitel 2 habe ich etwas über Spirulina geschrieben, und hier ist sie nun, in all ihrer tiefgrünen Algenpracht. Unter Umständen ist es nicht ganz einfach, Spirulina zu finden: Im Zweifelsfall kann sie durch gehackte Noriblätter, getrockneten Kelp oder Wakame ersetzt werden. Meeresalgen oder Seetang sind eine einzigartige Quelle für die Omega-3-Fettsäure DHA, die üblicherweise in fetthaltigem Fisch wie Lachs vorkommt. Diese Nährstoffkraftpakete sind darüber hinaus reich an Eisen und entzündungshemmenden Wirkstoffen, was jedem zugutekommt, der sich von intensivem Training erholen oder sich darauf vorbereiten möchte. Immer mehr Lebensmittelhändler haben die antioxidantienreichen Algen in getrockneter Form vorrätig. Wenn Sie keine bekommen, können Sie stattdessen auch die Grünkohlmenge verdoppeln.

Spirulina und Grünkohl

1 EL Olivenöl
1 Zwiebel, in Scheiben geschnitten
2 Knoblauchzehen, fein gehackt
2 EL frisch geriebener Ingwer
½ TL Meersalz
1 TL getrockneter Oregano
½ TL gemahlener roter Pfeffer
3 Tassen in dünne Scheiben geschnittene Grünkohlblätter (wenn möglich der Sorte Lacinato)
2 ½ l Wasser
1 TL Spirulinapulver
abgeriebene Schale von 1 Zitrone (etwa 2 TL)
Saft von 1 Zitrone

1. Das Öl in einem großen Topf auf mittlerer Stufe erhitzen. Zwiebeln und Knoblauch unter Rühren 7 bis 10 Minuten darin braten, bis sie sehr weich sind. Ingwer, Salz, Oregano und roten Pfeffer unterrühren und 1 Minute mitbraten.
2. Grünkohl und Wasser hinzufügen. Alles zum Kochen bringen, dann die Mischung ohne Deckel 1 Stunde auf niedriger Stufe köcheln lassen, bis die Flüssigkeitsmenge etwa um ein Viertel reduziert ist.
3. Den Topf vom Herd nehmen und Spirulina, Zitronenschale und Zitronensaft unterrühren.
4. Warm genießen!

Lieber Grünkohl,

neugierige Menschen möchten wissen, wer du wirklich bist. Kein Wunder, dass meine Schwiegermutter verwirrt ist – jedes Blatt sieht anders aus, hat einen anderen Geschmack und verhält sich beim Kochen anders. Die krausen, bräunlich-violetten Sorten werden häufig als Braunkohl bezeichnet und sind meine Favoriten für Eintöpfe, die langsam vor sich hin köcheln. Ganz dunkle Blätter behalten einen Teil ihres ursprünglichen Krautgeschmacks bei, wenn sie in dünne Streifen geschnitten werden und kurz vor dem Servieren in die Suppe gerührt werden. Lacinato sollte ein wenig länger köcheln, damit der Krautgeschmack etwas abgemildert wird und dann eine aromatische Brühe liefert.

Ein Moment der Achtsamkeit

Die Welt umarmen

Bevor Sie Ihre Suppe löffeln, wecken Sie Ihren Körper auf, indem Sie Ihre Welt „umarmen": Strecken Sie Ihre Arme nach oben und öffnen Sie Ihr Herz für Ihre Umgebung. Wiederholen Sie diese Bewegung im Laufe des Tages und immer, wenn Sie sich gestresst oder unsicher fühlen. Die körperliche Bewegung, mit der Sie sich selbst länger machen und Ihre Brust für die Welt öffnen, wird sofort Ihre Wahrnehmung des Augenblicks verändern und ein tieferes Verständnis dafür wecken, dass Sie wach sind und offen für die Möglichkeiten des Tages. Stress geht vorüber – Sie haben die Möglichkeit, sich jederzeit für einen frischeren, ruhigeren und zuversichtlicheren Geisteszustand zu öffnen. Dazu müssen Sie sich einfach nur strecken und ihn annehmen.

Diese wohltuende Misosuppe mit frischen Erbsen und pfefferigem Thai-Basilikum schmeckt sehr umami. Wenn Sie bislang noch nie mit Miso gekocht haben, sollten Sie es unbedingt einmal ausprobieren. Diese Grundzutat der chinesischen und japanischen Küche ist eine Paste, die aus fermentierten Sojabohnen, Salz, Getreide und einem Pilz namens Aspergillus oryzae besteht. Fermentierte Lebensmittel wie Miso sind eine gute Quelle für nutzbringende Bakterien, Eiweiß, B-Vitamine und Ballaststoffe.

Weißes Miso
mit Erbsen und Thai-Basilikum

1 EL Sesamöl oder Olivenöl
4 Frühlingszwiebeln, in Scheiben geschnitten
1 Knoblauchzehe, gehackt
1 l Wasser
4 EL weißes Miso
1 1/2 Tassen frische oder tiefgefrorene Erbsen
1 Tasse Thai-Basilikum, in Stücke gerissen

1. Das Öl in einem großen Topf auf mittlerer Stufe erhitzen. Frühlingszwiebeln und Knoblauch 3 bis 5 Minuten darin braten, bis es duftet. Wasser dazugießen und zum Kochen bringen. Dann die Hitze herunterschalten, sodass es weiterköchelt, während das Miso vorbereitet wird.
2. Die Misopaste mit ½ Tasse des heißen Wassers in einem Schälchen verquirlen, bis sie sich aufgelöst hat und keine Klümpchen mehr vorhanden sind.
3. Die Erbsen in den Topf füllen. 10 Minuten bei mittlerer Hitze köcheln lassen. (Bei der Verwendung von gefrorenen Erbsen die Kochzeit auf 5 Minuten reduzieren.)
4. Basilikum und Misomischung direkt vor dem Servieren unterrühren.
5. Warm oder kalt servieren.

Miso
wird nicht immer auf dieselbe Weise hergestellt: Manchmal enthält es probiotische Bakterien, doch das hängt von der Mikroorganismenkombination ab, die für den Fermentierungsprozess verwendet wird. Bei chinesischem Miso ist die Wahrscheinlichkeit größer, dass es probiotische Bakterien enthält, als bei japanischem Miso (Koji).

Die längere Fermentierungsdauer bei rotem Miso hat zur Folge, dass es einen intensiveren Geschmack hat, der sich auch gegen herzhafte Zutaten wie schwarze Bohnen behaupten kann. Nährstoffreiches Sesamöl sorgt für ein warmes Gesamtaroma und Speiserüben verleihen dem Ganzen etwas Biss.

Rotes Miso

mit Speiserüben und Sesamöl

- 1 EL Sesamöl oder Olivenöl
- 1 kleine Zwiebel, gewürfelt
- 1 Knoblauchzehe, fein gehackt
- 1 l Wasser
- 4 EL rotes Miso
- ½ Tasse getrocknete schwarze Bohnen, über Nacht eingeweicht und abgetropft, oder ⅓ Dose (140 g) salzarme schwarze Bohnen, abgespült und abgetropft
- 1 Tasse geschälte und gewürfelte weiße Speiserüben
- 1 EL getrocknete Wakame

1. Das Öl in einem großen Topf auf mittlerer Stufe erhitzen. Zwiebeln und Knoblauch unter Rühren 5 bis 7 Minuten darin anbraten, bis die Mischung weich ist und duftet. Das Wasser zum Kochen bringen, dann auf niedriger bis mittlerer Stufe weiterköcheln lassen, während das Miso vorbereitet wird.
2. Misopaste mit ½ Tasse des heißen Wassers in einem Schälchen verquirlen, bis sie sich aufgelöst hat und keine Klümpchen mehr vorhanden sind.
3. Bohnen, Speiserüben und Wakame in den Topf füllen. Alles 15 Minuten bei mittlerer Temperatur köcheln lassen, bis Speiserüben und Bohnen weich sind.
4. Die Misomischung direkt vor dem Servieren unterrühren.
5. Warm servieren.

WORIN UNTERSCHEIDEN SICH WEISSES, GELBES UND ROTES MISO?

Es gibt viele widersprüchliche Informationen über die verschiedenen Misoarten. Sorgen wir also für etwas Klarheit.

- Weißes Miso: Es besteht aus Sojabohnen, die mit einem großen Reisanteil fermentiert werden. Die Farbe reicht von Weiß bis zu einem hellen Beige, und das Miso hat einen süßlichen Geschmack. Es wird in Würzmitteln wie Mayonnaise, Salatdressings oder leichten Soßen verwendet.
- Gelbes Miso: In der Regel wird es aus Sojabohnen hergestellt, die mit Gerste, manchmal auch mit ein wenig Reis fermentiert werden. Es kann eine gelbe bis hellbraune Färbung haben. Dieses Miso hat ein mildes, erdiges Aroma und bietet mehr Verwendungsmöglichkeiten – nicht nur in Würzmitteln, sondern auch in Suppen, Marinaden und Glasuren.
- Rotes Miso: Auch das wird für gewöhnlich aus Sojabohnen gemacht, die mit Gerste oder anderen Getreidesorten fermentiert werden. Es enthält jedoch einen höheren Anteil an Sojabohnen und/oder hat eine längere Fermentierungszeit. Die Farbe geht von Rot bis Dunkelbraun. Der intensive Umami-Geschmack des roten Misos kann milde Gerichte überlagern, eignet sich aber perfekt für herzhafte Suppen, Schmorgerichte und Glasuren.

Frischer Ingwer kann durch Ingwerpulver ersetzt

werden in einem Verhältnis von 6 zu 1, doch die Aromen des frischen und des getrockneten Ingwers sind etwas unterschiedlich. Pulverisierte, getrocknete Ingwerwurzel wird üblicherweise zur Aromatisierung bei Rezepten wie Lebkuchen, Keksen, Crackern, Kuchen, Ingwerlimonade und Ingwerbier eingesetzt. Doch es geht wirklich nichts über frisch geriebenen Ingwer, deshalb verwende ich ihn immer lieber in dieser Form.

Diese Suppe steckt voller Aromen! Robuste Karotten und knackiger Kohl liefern leuchtende Farben, eine Menge Antioxidantien und Ballaststoffe. Würziger Ingwer übernimmt die Führung und steuert lebhafte Wärme bei, die Entzündungen bekämpft und Ihren Bauch beruhigt.

Ingwerbrühe
mit Chinakohl und Karotten

2 EL Kokosöl
¼ Jalapeñoschote, fein gehackt (verwenden Sie Handschuhe, wenn Ihre Haut empfindlich auf Chili reagiert)
2 Frühlingszwiebeln, in dünne Scheiben geschnitten
1 EL frisch geriebener Ingwer
2 Tassen in dünne Streifen geschnittener Chinakohl
1 Tasse in dünne Streifen geschnittene oder geraspelte Karotte
½ TL Meersalz plus mehr, je nach Geschmack
1 l Wasser
1 Dose (430 ml) Kokosmilch
abgeriebene Schale und Saft von ½ Orange
gemahlener schwarzer Pfeffer nach Geschmack
Pfefferminzblätter (nach Wunsch)

1. Das Öl in einem großen Topf auf mittlerer Stufe erhitzen. Die Jalapeñoschote 1 Minute darin braten, bis sie weich ist. Frühlingszwiebeln und Ingwer hinzufügen und 30 Sekunden mitbraten, bis es duftet.
2. Kohl, Karotten und ½ TL Salz unterrühren und unter gelegentlichem Rühren 5 bis 10 Minuten braten, bis Kohl und Karotten relativ weich sind und die Mischung duftet.
3. Wasser, Kokosmilch, Orangenschale und Orangensaft hinzufügen. Die Mischung zum Kochen bringen, dann 10 Minuten auf mittlerer Stufe köcheln lassen, bis Karotten und Kohl weich sind. Mit zusätzlichem Salz und schwarzem Pfeffer abschmecken.
4. Warm oder kalt servieren, nach Wunsch mit Pfefferminzblättern garnieren.

Galgant ist ein passabler Ersatz für Ingwer, da er ein ähnliches, wenn auch feineres und irgendwie blumiges Aroma hat. Wie Ingwer, Kurkuma und Kardamom gehört Galgant zur Familie der Zingiberaceae (Ingwergewächse). Galgantwurzel ist in der selbst gemachten grünen Currypaste von Seite 170 enthalten. Sie können sie außerdem in jedem der Rezepte verwenden, um Ingwer zu ersetzen.

Sinigang ist ein philippinischer Eintopf, der sich durch seinen säuerlich-herzhaften Geschmack auszeichnet. Dieser geht auf saure Tamarindenpaste, knackige grüne Bohnen, die erdigen Noten der Aubergine und den spritzigen Saft von Calamondinorangen (oder Limetten) zurück, der zum Schluss untergerührt wird. Dieser Eintopf wird häufig mit Schweinshaxe, einem butterzarten, weißen Fisch, Hühnerfüßen oder irgendeinem anderen Fleisch zubereitet, das gerade vorhanden ist und langsam geköchelt werden kann. Meine Großmutter machte Sinigang gewöhnlich mit Rinderkeule, und ich löffelte eine dampfend heiße Schüssel nach der anderen in mich hinein, während ich zusah, wie sich durch das fettige Fleisch auf der Oberfläche der Suppe Fettaugen bildeten. Wenn ich mich als Erwachsene nach diesem Eintopf sehnte, dann eher nach der herzhaft-säuerlichen Brühe aus meiner Erinnerung, weniger nach dem fettigen Fleisch. Diese pflanzliche Version ist deutlich leichter und frischer als die Brühe meiner Kindheit, doch sie wirkt ebenso kräftigend.

Klassische philippinische Sinigang

- 2 EL Olivenöl
- 1 kleine Zwiebel, gewürfelt
- 1 Knoblauchzehe, fein gehackt
- 1 Tasse gehackte Aubergine
- 1 TL Tamarindenpaste
- 1 ½ l Wasser
- 1 ½ TL Meersalz, eventuell mehr, je nach Geschmack
- 1 kleine Kartoffel, gewürfelt
- 1 Tasse halbierte grüne Bohnen, Enden abgeschnitten
- 1 Tomate, gewürfelt
- gemahlener schwarzer Pfeffer nach Geschmack
- 1 Calamondinorange oder kleine Limette, in Spalten geschnitten

1. Das Öl in einem großen Topf auf mittlerer Stufe erhitzen. Zwiebeln, Knoblauch und Aubergine unter Rühren 5 bis 10 Minuten darin braten, bis die Mischung weich ist.
2. Tamarindenpaste, Wasser und 1 1/2 TL Salz unterrühren. Die Mischung zum Köcheln bringen, Kartoffeln hinzufügen und 15 Minuten garen, bis sie weich sind.
3. Grüne Bohnen und Tomaten hinzufügen und 5 Minuten köcheln lassen, bis die grünen Bohnen bissfest sind. Mit zusätzlichem Salz und Pfeffer würzen.
4. Heiß mit Calamondinorangen- oder Limettenspalten servieren.

Die Calamondinorange (Calamansi) schmeckt wie eine Mischung aus Mandarine und Limette. Sie hat eine süße Schale und saures Fruchtfleisch/sauren Saft. Tatsächlich handelt es sich um eine Kreuzung zwischen einer Zitrusfrucht und der Kumquat, die häufig in philippinischen Gerichten verwendet wird.

Ein Moment der Achtsamkeit

Atmen Sie tief ein, bevor Sie Ihr Suppenritual beginnen. Fühlen Sie das Fleisch unter Ihren Sitzbeinhöckern und den Fußboden unter Ihren Füßen. Sie sind ein Körper im Hier und Jetzt und Sie versorgen sich mit Energie, die sauber und rein in Ihrem Inneren verbrannt wird. Setzen Sie sich etwas aufrechter hin, atmen Sie tief ein, atmen Sie aus und lassen Sie Stress und Sorgen dabei los. Während Sie löffeln, danken Sie sich selbst für die Mahlzeit, die Sie ausgewählt haben.

Dicke Bohnen und Morcheln gehören für mich zu den besonders interessanten und geheimnisvollen Frühlingsboten. Während Spargel und Schnittlauch sich fröhlich, aufgeweckt und verzehrfertig auf dem Marktstand präsentieren, ist es etwas schwieriger, Dicke Bohnen und Morcheln aufzutreiben und zu genießen. Ansonsten ist diese Suppe jedoch unglaublich schnell und einfach zuzubereiten.

Dicke Bohnen und Morcheln in Pilzbrühe

60 bis 85 g getrocknete Pilze (beliebige Sorte)
½ kleine Zwiebel, in dünne Scheiben geschnitten
2 Knoblauchzehen, in dünne Scheiben geschnitten
1 EL frischer Ingwer, in dünne Scheiben geschnitten
1 EL gehackter frischer Majoran oder Oregano
2 Tassen Pilzstiele (beliebige Sorte), in Mulltuch eingewickelt
2 ½ l Wasser
1 Tasse Morcheln oder Shiitake-Pilze, in Scheiben geschnitten
1 Tasse frische oder tiefgefrorene Dicke Bohnen oder Limabohnen
½ TL Meersalz
Saft von ½ Zitrone

1. Getrocknete Pilze, Zwiebeln, Knoblauch, Ingwer, Majoran oder Oregano, Pilzstiele und Wasser in einem großen Topf zum Kochen bringen. Hitze auf niedrige bis mittlere Stufe reduzieren und alles 25 Minuten köcheln lassen, bis die Pilzstiele sehr weich sind. Herd abschalten. Das Pilzstielpäckchen herausholen und die Pilzstiele wegwerfen.
2. Morcheln oder Shiitake-Pilze, Bohnen und Salz hinzufügen. Den abgedeckten Topf auf der Resthitze der Herdplatte 8 Minuten kochen lassen, bis alles gar ist. Zuletzt den Zitronensaft unterrühren.
3. Genießen Sie diese Suppe warm. Besonders lecker ist es, wenn Sie bei jedem Löffel eine Morchel oder Dicke Bohne erwischen.

Frische Dicke Bohnen vorbereiten

Frische Dicke Bohnen bereiten Sie in zwei Arbeitsschritten vor. (1) Palen Sie die Bohnen aus ihrer harten, äußeren Hülse, die Sie wegwerfen. (2) Befreien Sie die hellgrünen Bohnen nun von ihrer undurchsichtigen äußeren Schale. (Ich mache meist ein kleines Loch in die äußere Schale und drücke dann die Bohne heraus.) Das frische, butterige Aroma dieser saisonalen Bohnen ist diese zusätzliche Mühe auf jeden Fall wert.

Endnoten

Kapitel 1

1 „Profiling Food Consumption in America". USDA Office of Communications Agriculture Fact Book, 2001-2002 (Washington, DC: US Government Printing Office, 2003), 13–19.

2 Tom Philpott, „The American Diet in One Chart, with Lots of Fats and Sugars". Grist.org, 6. April 2011, grist.org/industrial-agriculture/2011-04-05-american-diet-one-chart-lots-of-fats-sugars/.

3 „FastStats: Obesity and Overweight". Centers for Disease Control and Prevention, letzte Änderung am 25. Februar 2016, cdc.gov/nchs/fastats/obesity-overweight.htm.

4 „FastStats: Leading Causes of Death". Centers for Disease Control and Prevention, letzte Änderung am 25. Februar 2016, cdc.gov/nchs/fastats/leading-causes-of-death.htm.

5 „The Nutrition Source: Vegetables and Fruit". Harvard T. H. Chan School of Public Health, aufgerufen am 7. März 2016, hsph.harvard.edu/nutritionsource/what-should-you-eat/vegetables-and-fruits; Frank B. Hu, „Plant-Based Foods and Prevention of Cardiovascular Disease: An Overview," American Journal of Clinical Nutrition 78, Nr. S3 (September 2003): 544S–551S.

6 Latetia V. Moore und Frances E. Thompson, „Adults Meeting Fruit and Vegetable Intake Recommendations--United States, 2013". Morbidity and Mortality Weekly Report 64, Nr. 26 (10. Juli 2015): 709–13.

7 Jennifer M. Poti et al., „Is the Degree of Food Processing and Convenience Linked with the Nutritional Quality of Foods Purchased by US Households?" American Journal of Clinical Nutrition 101, Nr. 6 (5. Mai 2014): 1251–1262.

8 Philpott, „American Diet in One Chart."

9 Ann Gibbons, „The Evolution of Diet". National Geographic, aufgerufen am 24. Februar 2016, nationalgeographic.com/foodfeatures/evolution-of-diet/.

10 Ebd.

11 Dan Buettner, „The Island Where People Forget to Die". New York Times Magazine, 24. Oktober 2012, nytimes.com/2012/10/28/magazine/the-island-where-people-forget-to-die.html?_r=0.

12 Dan Pardi, „Does Protein Restriction and Fasting Slow the Aging Process? Better Aging Part 3". Dan's Plan (Blog), 9. Dezember 2015, blog.dansplan.comdoes-protein-restriction-and-fasting-slow-the-aging-process-better-aging-part-3/.

13 J. B. Johnson, D. R. Laub und S. John, „The Effect on Health of Alternate Day Calorie Restriction: Eating Less and More Than Needed on Alternate Days Prolongs Life". Medical Hypotheses 67, Nr. 2 (2006): 209–211; Eliza Barclay, „Eating to Break 100: Longevity Tips from the Blue Zones," NPR The Salt, 11. April 2015, npr.org/sections/thesalt/2015/04/11/398325030/eating-to-break-100-longevity-diet-tips-from-the-blue-zones.

14 R. J. Davidson et al., „Alterations in Brain and Immune Function Produced by Mindfulness Meditation". Psychosomatic Medicine 65, Nr. 4 (Juli–August 2003): 564–570.

15 „Product Gallery". Water Footprint Network, aufgerufen am 7. März 2016, waterfootprint.org/en/resources/interactive-tools/product-gallery.

16 Peter Scarborough et al., „Dietary Greenhouse Gas Emissions of Meat-Eaters, Fish-Eaters, Vegetarians and Vegans in the UK". Climatic Change 125, Nr. 2 (Juli 2014): 179–192.

17 M. E. Clegg et al., „Soups Increase Satiety through Delayed Gastric Emptying Yet Increased Glycaemic Response". European Journal of Clinical Nutrition 67, Nr. 1 (Januar 2013): 8–11.

18 Michaeleen Doucleff, „Got Gas? It Could Mean You've Got Healthy Gut Microbes". NPR The Salt, 28. April 2014, npr.org/sections/thes-alt/2014/04/28/306544406/got-gas-it-could-mean-you-ve-got-healthy-gut-microbes.

Kapitel 2

1 L. V. Moore und F. E. Thompson, „Adults Meeting Fruit and Vegetable Intake Recommendations--United States, 2013". Morbidity and Mortality Weekly Report 64, Nr. 26 (10. Juli 2015): 709–713.

2 „FastStats: Obesity and Overweight". Centers for Disease Control and Prevention, letzte Änderung am 25. Februar 2016, cdc.gov/nchs/fastats/obesity-overweight.htm.

3 T. T. Fung und F. B. Hu, „Plant-Based Diets: What Should Be on the Plate?" American Journal of Clinical Nutrition 78, Nr. 3 (September 2003): 357–358.

4 Lynne Olver, „Why Do We Call It Soup?" Food Timeline, aufgerufen am 24. Februar 2016, foodtimeline .org/foodsoups.xhtml#soupword.

5 Kaye Spector, „Raw Veggies Pack a Punch, But Cooking Can Unlock Key Benefits". Cleveland.com, 3. August 2010, cleveland.com/healthfit/index .ssf/2010/08/raw_veggies_can_pack_a_punch_b .html.

6 Blaine Friedlander, „Italian Chefs Knew It All Along: Cooking Plump Red Tomatoes Boosts Disease-Fighting, Nutritional Power, Cornell Researchers Say". Cornell Chronicle, 19. April 2002, news.cornell.edu/stories/2002/04/cooking -tomatoes-boosts-disease-fighting-power.

7 „Beta-Carotene". WebMD, aufgerufen am 24. Februar 2016, www.webmd.com/vitamins-supplements/ingredientmono-999-beta-carotene.aspx?activeingredientid=999&activeingredientname =beta-carotene.

8 Cristiana Miglio et al., „Effects of Different Cooking Methods on Nutritional and Physicochemical Characteristics of Selected Vegetables". Journal of Agricultural and Food Chemistry 56, Nr. 1 (Januar 2008): 139–147.

9 S. T. Talcott, L. R. Howard, and C. H. Brenes, „Antioxidant Changes and Sensory Properties of Carrot Puree Processed with and without Periderm Tissue". Journal of Agricultural and Food Chemistry 48, Nr. 4 (April 2000): 1315–1321.

10 Zahid Naeem, „Vitamin D Deficiency – An Ignored Epidemic". International Journal of Health Sciences 4, Nr. 1 (Januar 2010): v–vi.

11 „The Nutrition Source: Fiber". Harvard T. H. Chan School of Public Health, aufgerufen am 24. Februar 2016, hsph.harvard.edu/nutritionsource /carbohydrates/fiber/.

12 Diane E. Threapleton et al., „Dietary Fibre Intake and Risk of Cardiovascular Disease: Systematic Review and Meta-Analysis". BMJ 347 (19. Dezember 2003): f6879.203

Danksagungen

EINE FRAU IST NICHTS OHNE DIE MENSCHEN, DIE SIE UNTERSTÜTZEN.

Mama! Du scheinst so hell, dass meine Welt immer erleuchtet war. Ich sehe Schönheit und Gelegenheit und Hoffnung, jeden Morgen, wenn ich meine Augen öffne, und ich danke dir dafür. Du bist meine Orientierung und meine Inspiration und ich bin so dankbar dafür, dass dein Geist den meinen hervorgebracht hat. Papa! Ich habe mehr Eigenliebe und Unabhängigkeit entwickelt, da ich diese Eigenschaften an dir beobachtet habe, meinem Vater. Ich bin unglaublich glücklich darüber, dass ich von einem Mann aufgezogen wurde, der Stärke durch Empathie und Mitgefühl zeigt. Courtney, liebe jüngere Schwester, ich blicke nun zu dir auf. Ich danke dir, dass du mich auf den einen oder anderen Punkt hingewiesen hast – zum Beispiel auf meine Überbeanspruchung des Wortes „amazing". Danke, dass du meine ältere Schwester bist, wenn ich eine brauche. Brian, es steckt so vieles von dir und mir in der Geschichte des „Splendid Spoon". Ich danke dir für deine Freundschaft, dafür, dass du unserer Liebe Raum gibst, sich zu entfalten, und dafür, dass du unseren beiden Jungs ein wunderbarer Vater bist. Grover und Caleb: mein Berg und meine Sonne. Eines Tages werdet ihr das lesen und wissen, dass ich mit euch beiden wiedergeboren worden bin. Ich bin euch auf ewig dankbar dafür, dass ihr mir Stärke und Verletzlichkeit gezeigt habt und dass man beides braucht. Diana, Diana, Diana – an dem Tag, an dem du mit deiner Katze Pants in mein Leben tratst und überraschend zu meiner dritten Mitbewohnerin wurdest, war klar, dass unsere Wege von nun an miteinander verwoben sind. Ich werde für immer in deiner Schuld stehen wegen deiner nicht enden wollenden Unterstützung und Liebe, ganz zu schweigen von den zahllosen Stunden Arbeit, die du für die Realisierung dieses Buches investiert hast. Emma, du bist während dieses sehr temporeichen Projekts ein nie versiegender Quell der Zuversicht, Erleichterung und Ermutigung gewesen. Danke, dass es dich gibt, so wie du bist: detailverliebt, pünktlich, mit Liebe zum Essen und vor allem als mitfühlende Freundin, Ehefrau und Mutter. Ohne dich gäbe es keine Rezepte und kein Kochbuch. Mitchell und Ada, euch danke ich dafür, dass ihr diese besondere Frau für dieses Projekt mit mir geteilt habt. Ich bin noch immer überwältigt von der einzigartigen Schönheit und Stärke, die mein Spoon-Team Tag für Tag mit mir teilt, und ich bin dankbar, dass jeder von euch sehen konnte, was ich sah, als es noch sehr wenig zu sehen gab. Leah, du verkörperst den Geist und die Stimme des „Splendid Spoon". Danke für deine Intelligenz, deinen Sinn für Humor und deine Fürsorge. Sathish, du bist mein Halbbruder und hast eine andere Mutter. Ich bin so dankbar für unsere Partnerschaft. Ich hoffe, ich werde dich weiterhin in derselben Weise inspirieren, in der du mich motivierst. Rene, auch wenn du nicht direkt an diesem Buch mitgearbeitet hast, so steckt dein Herz doch in jeder Seite. Ich danke der Sonne dafür, dass sie ihren Strahl auf dich gerichtet hat, als unsere Wege sich kreuzten. Danke, Jane von Mehren, dass du mich so richtig getreten hast, dieses erste Buch zu schreiben. Ich hoffe, das ist erst der Anfang. Marisa Vigilante – du bist eine so große Stütze, dass es wehtut. Danke, dass du es mit mir gewagt hast. Danke, dass du mich geschubst hast, klarer, schärfer, besser zu sein. Ich hoffe, das ist für dich und mich erst der Anfang. Danke, Tara Donne, dass du viel zu lange Suppe als Bezahlung akzeptiert hast. Dein Sinn für Ästhetik ist verblüffend und ich bin so glücklich, deine schönen Fotos in diesem Buch zu haben. Isabelle Hughes, dir danke ich dafür, dass ich mich bei jedem Schritt während dieses Prozesses wohlgefühlt habe … und dafür, dass du meine Abgabetermine um Mitternacht oder manchmal sogar um vier Uhr morgens akzeptiert hast! Ein Dank geht auch an das Team von Rodale: Gail Gonzales, Jennifer Levesque, Melissa Miceli, Sindy Berner, Chris Gaugler und Hope Clarke. Ich bedanke mich darüber hinaus bei Martha Bernabe, Hadas Smirnoff und Prop Haus dafür, dass sie die Seiten dieses Buches mit ihrer

Sorgfalt und einem Auge für Details und Schönheit zum Leben erweckt haben. Colleen Rafferty – Mädel, du hast alles ins Rollen gebracht. Ein großes Dankeschön an meine Partner im Privat- und Geschäftsleben, dass sie an mich geglaubt haben. Alle, die hier aufgeführt sind, haben mir auf die eine oder andere Weise entscheidend geholfen, ob mit einem klugen Rat, unentgeltlicher Unterstützung des Spoon-Teams, einer Politik der offenen Tür in ihrem Haus, Geld oder, was am allerwichtigsten ist, durch gute Freundschaft: Kelsey Kyro, Lani Free, Jason Lepes, Scott Crawford, Ali Pugliese, Anthony Robustelli, Greg Stefano, Ami Kealoha, Amy und Govindasami Naadimuthu, Alexis Ohanian, Chris und Emily Tomson, Tom und Cevrem Campbell, Nick und Tessa Mencia, Elisabeth und Tyler Pulvermann, Carl Forsberg, Helen White, Jim White, Alex Gorman, Rebecca Connolly, DJ Haley, Dan Glickberg, Dan Pardi, Allison Monti, Karin Weidenmueller, Chivas deVinck, Sarah Watson, Karen Freer, Murf Meyer, mein Centeno-Clan, mein MacDonald-Clan, mein Arcellana-Clan, Lexi Green, Noah Rosenberg, Liz Fulton, Fane Googins, Zach Haigney, Anne Reilly, Monique Hypes, Billy Clark, Michael Krueger und Nick Dziekonski. Ich bin euch allen so dankbar!

Rezeptverzeichnis

Index